Staread
星文文化

谈判的逻辑

VERHANDLUNGSFLOW

[德]弗洛里安·韦 著 全栎 译

四川人民出版社

图书在版编目（CIP）数据

谈判的逻辑 / (德) 弗洛里安・韦著 ; 全栎译 . --
成都 : 四川人民出版社 , 2022.1
ISBN 978-7-220-12481-5

Ⅰ . ①谈… Ⅱ . ①弗… ②全… Ⅲ . ①谈判学 Ⅳ .
① C912.35

中国版本图书馆 CIP 数据核字 (2021) 第 235221 号

TANPAN DE LUOJI
谈判的逻辑
[德] 弗洛里安・韦 著　全栎 译

出 版 人	黄立新
出 品 人	柯　伟
监　　制	郭　健
责任编辑	魏宏欢
特约编辑	刘思懿
封面设计	水　沐
内文设计	李琳璐
责任校对	舒晓利　申婷婷
责任印制	周　奇

出版发行	四川人民出版社（成都槐树街 2 号）
网　　址	http://www.scpph.com
E-mail	scrmcbs@sina.com
新浪微博	@ 四川人民出版社
微信公众号	四川人民出版社
发行部业务电话	（028）86259624　86259453
防盗版举报电话	（028）86259624
照　　排	天津星文文化传播有限公司
印　　刷	三河市嘉科万达彩色印刷有限公司
成品尺寸	145mm × 210mm
印　　张	11.25
字　　数	210 千
版　　次	2022 年 1 月第 1 版
印　　次	2022 年 1 月第 1 次印刷
书　　号	ISBN 978-7-220-12481-5
定　　价	49.80 元

目 录

前言：不仅要分蛋糕，还要分大蛋糕

为什么谈判是高难度的？

原因要么在于局势，要么在于你的对手。我们很容易将问题归咎于对手，归咎到人的身上。根据我的经验，冷静来看，问题通常更多地来自局势，而不是人。

如今，商业和政治谈判变得越来越复杂，谈判双方都是由许多存在利益关系的参与者组成。谈判的问题是多种多样的，许多问题需要渊博的专业知识才能解决。它们都在一个动态环境中随着条件的变化而变化，这就对我们提出了很高的要求，对我们的对手也是。

现代谈判者首先得是复杂性管理者。

当然，在谈判中，对手会试图通过施压、要花招或防守来获得不公平的优势。对此，后面会给出一些解决方法。

而对于如何处理复杂的谈判，并没有什么万能秘诀。如果有人向你提供简单且永久奏效的解决方案，那你就要小心了。现在的确有很多很好的谈判策略，但是每场谈判都是不同的，主题、人员和条件因谈判而异。所以，世上不可能存在一种万能的谈判方法，你必须采用适合当前情况的策略和工具。

许多谈判书籍会引发流派之争。比如说，谈判的本质到底是合作与双赢（哈佛谈判术），还是一方胜利一方失败（施汉纳谈判术）。事实上，你需要同时掌握这两种理念。如果你想设计谈判流程或把蛋糕做大，则必须先合作（详情请参阅第二章第四节），而后，双方需要进行蛋糕分配。在整个过程中，如果没有讨价还价，这几乎是不可能实现的。

如何应对谈判过程的复杂性?

单单一个大错误，往往不是导致复杂谈判失败的关键，其关键在于许多小错误的叠加。那么，我们就要留心会影响到谈判的众多细节。这正是这本书的主要思想。

我将基于七个相互联系的原则（详情请参阅第二章）向你介绍谈判的核心技能。每一个原则，我都会为你提供一些大大小小的、全新的或已知的谈判辅助工具，这些工具的共同点是，我在实践中都使用过，并且自认为很有帮助。需要注意的是，我们选择的工具一定要适合具体的情况。

你必须使这些微能力与战略目标保持一致。否则，你会像初学者下象棋那样毫无头绪：你知道每个棋子的行走方式，但是该把它下到哪里，你仍然是一头雾水。关于如何根据你的利益为谈判制定一个目标，我们将在收益优化原则那一节里谈到（详情请参阅第二章第一节）。

现实的发展是否从根本上改变了我们的谈判方式呢？由于我们与整个世界的联系越来越紧密，谈判的复杂性和冲突在增加，信息量、语言种类和文化障碍也在增加。当然，我们可以使用数字化工具去应对这种复杂性。例如，完善的谈判团队现在可以实时计算因变更一揽子解决方案而产生的附加值。我的观察是，复杂性的增加和解决是平衡的，一方面，全球合作伙伴给我们带来了复杂性；另一方面，完善的通信技术也带来了解决途径。视频会议、聊天功能和数字化同传弥补了物理距离。但是，在全球化和数字化的大势下，谈判的核心没有改变，谈判的核心仍然是人的核心能力：在合作与竞争的基础上共同解决问题。

如何让谈判变得简单？

拥有积极的人际关系和人际冲突的人在谈判时会更轻松。人类与其他生物的区别在于，人类能够灵活而深入地合作。人工智能想要模仿这一点并不容易，我在谈判时会尝试着激发这种能力，我把我的谈判对手和我自己视为一个团队，我们的任务是为我们共同的问题找到良好的解决方案，因为只有在双方都同意的情况下，交易才能达成。

谈判的冲突并不是双方在立场上的冲突，而是在利益上的冲突。之所以存在冲突，是因为人与人不同，各自的处境也不同。这一点实属正常。而利益冲突会导致双方之间的紧张氛围，这种紧张氛围会释放某种能量，而这种能量是取得更好解决方案的推力。冲突可以推动改变。解决这种冲突的简单且有效的方法则是好的谈判技巧。

让我们始终将冲突视为改变的动力，相信人们一旦承担起共同解决问题的责任，就能够很好地合作。

怎样才叫有效谈判?

我的谈判训练主要为劳资谈判。我最初接触的是航空业。我入职的第一天，就要与飞行员进行劳资谈判。诚然，谈判心流并没有出现。在那之后，我进行了无数次谈判，对象是技术人员、值机人员、空乘人员和飞行员等，他们来自各个阶层。在劳资谈判中，各方都在奋力争取，而罢工激化了相互之间的矛盾冲突。同时，谈判的内容也具有挑战性，从换班制度到时区，到复杂的退休金，再到外包，无所不有。可以说这是谈判人员的训练营。

许多谈判者的直觉式谈判已无法应对日益增加的复杂性，不断升级的冲突多半以糟糕的解决方案收尾。显然，冲突的解决需要进行更专业化的推动。我越来越多地将谈判学研究上的科学发现融入我的工作当中。此外，我通过参加欧洲管理技术学院和哈佛大学的定期谈判培训来保持我的状态。

有效谈判需要将科学与实践结合在一起。

实证谈判学研究为我们提供了激动人心的发现，它为我们指明了思维误区，告诉我们哪些策略是有望成功的。我会在本书的许多地方提到这些发现。另一方面，谈判的科学地图是白色的，几乎没有彩色斑点。因此，在高难度的谈判中，除了实用的谈判经验外，基础知识的补充也至关重要。

这本书是写给谁的?

本书介绍的是复杂环境下团队的商务谈判——如今已成为大中型企业管理者常常要面对的事务。本书介绍的原则可以在你进行私人或政治谈判时发挥导向作用。如果你是单枪匹马去谈判，或者谈判话题不是那么复杂时，例如在纯粹的价格谈判中，许多小建议同样可以帮到你。

下文谈到谈判者时，我假设他们身处理想状况，在这一理想状况中，谈判者同时是谈判过程的架构师、解决方案的设计者和谈判桌上的主持人。如果我们以团队的形式进行谈判，我们有可能仅负责这些任务的一部分，那么这本书也同样适合你，许多建议和策略都是可以直接采用的。对每个团队成员来说，将自己置于谈判者的角色是非常有必要的。

我在本书中大多使用男性谈判者的案例，当然，这本书也针对女性谈判者。让人高兴的是，现在女性谈判者越来越多了。在我的实践过程中，我能够从女性谈判者那里学到很多东西，我也把这些收获写进了书中。

本书的结构是什么？

第一章介绍的是实现流畅谈判的重要基础知识。

从第一批谈判指南类书籍的出版到现在，谈判学已经取得了很大的发展。我在第一章第一节中为你简要总结了现代谈判知识中最为重要的部分，其中基本的技巧是本书的基础。也许你以前没有接触过这方面的基础知识，那么，这一总结可以让你有机会简要了解最新的知识，所以你无须事先阅读其他指南类书籍。

在第一章第二节中，我们将讨论谈判流程。照本宣科地进行谈判是行不通的。谈判是一个反反复复的过程，在此过程中，你需要在多个循环中不断向最后的结果靠近。同时，我还介绍了一些谈判的思维误区，因为它们会阻碍你充分发挥当下谈判的潜力。

在第一章第三节中，我希望能启发大家去思考，并对谈判有一个积极的态度。我建议大家要乐观且坚定地相信，人们有不凡的能力去解决共同的问题。

在本书的第二章，我将为你介绍成功谈判的七大原则。这些原则会如指南针一般给你指引和导向，让你有把握掌控自己的谈判之旅。在每个原则的开头部分，我会介绍我遇到的典型错误；在每个原则的结尾处，我以清单的形式总结了具体内容。这样，你就可以在谈判之前判断自己是否处于有利位置，或者在谈判陷入困境之时也能急中生智解决问题，使合作顺利达成。

我从谈判实践经常遇到的不足中得出了以下原则：

收益优化原则：为你和你的谈判对手创造更多价值；

知情原则：谈判就是你需要赢得胜利的信息游戏；

领导原则：对有效的谈判流程负责；

合作原则：发挥共同智慧，打造解决方案；

“双管齐下”原则：充分发挥解决方案的潜力；

理性原则：专注于寻找智慧的解决方案；

创造力原则：在每种情况下都能产生最佳想法。

在第三章中，我会谈到五种特殊情况，它们不一定适用于所有谈判，但在大部分情况下都很有意义。我针对谈判僵局和难对付的谈判对手提供了相应的策略。在第三章第五节中，我将会介绍通过网络会议进行电子谈判的特殊规程。

在最后一章中，我会和大家讨论如何最佳地应用本书中的知识，成为谈判专家。

第一章

着眼于利益，而非立场

许多高要求的谈判中往往缺少两个要素，第一个要素是对冲突的兴趣，尤其是对有效解决冲突的兴趣，谈判是一种值得庆祝的创造性行为，对此，我想要提起你的兴趣；第二个要素是专业性，即使涉及上亿的金额或一万个人，谈判者采用的谈判策略和技巧，与简单的集市交易或二手车买卖几乎没有什么不同。

现在是时候从根本上改变这一状况了。我们掌握了一些谈判工具，现在需要做的是，将它们运用到我们的日常谈判中。

谈判是一种反复而复杂的社会互动。但是，大多数谈判者都把它想成一个简单的、按时间顺序进行的谈判过程。因此，我们会揭开人们对谈判的四个认识误区，以便你在以后的谈判中不会被限制住。

基础：以现代谈判基本理论为基石

在德国，曾经只有30%的管理人员的培训内容里包含谈判，38%的公司在谈判任务上为他们的谈判人员提供了某一形式的帮助。不过，我发现，许多谈判团队都具备一些基本谈判知识。进行高难度谈判的人都应该具备一些关于现代谈判的、扎实有用的基本知识，哪怕单单是为了自己能和上级、谈判对手或团队处于同一高度之上，并且说同一种“谈判语言”。

一、根据 BATNA、免谈价格和 ZOPA 做预估

在每场谈判中，你需要用到关于谈判分析的三个概念。这些概念是在价格谈判的基础上被提出的。但是，这些概念可以应用到任何一场谈判中。

制定 BATNA。 BATNA 是 Best Alternative to a Negotiated Agreement 的缩写，即谈判协议的最佳替代方案。它指的是，如果谈判双方无法达成一致，可用替代选择作为最佳的方案。如果某位候选人要求你开出 10 万欧元的年薪，但你事先已经和另一位候选人谈妥了 9 万欧元，那么你的谈判地位就很稳固，因为你有 BATNA。BATNA 有助于你形成清晰的思路。谈判时，替代方案越好，你

的地位越稳固。同样，对你的谈判对手来说也是如此。所以，我们的准则是：制定并完善自己的替代方案，并尽可能影响对方的方案。

但在实际情况中，要么是因为难以确定，要么是因为缺乏相关信息，所以通常双方的 BATNA 都不明确。在招聘时，你什么时候遇到过两个真正旗鼓相当、可直接拿来做比较的候选人？如果你的候选人声称另一家公司给自己开的价更高，同时，你也不确定他说的是真是假，你该如何应对？所以，寻求替代方案的道路并不总是一帆风顺的。试想一下与垄断者的谈判，如果他们作为航空公司与你的机场关系密切，他们不同意机场费用，你也不能把你的飞机和员工推给另一家航空公司，即便你与他们达成了更优的方案。所以说，你手头的替代方案通常不是真正等效的，你必须在它们之间进行权衡。需要注意的是，BATNA 虽然是增强你谈判实力的一个重要手段，但不是唯一的。我们将在第二章第三节中对其进行更深入的讨论。

关于 BATNA 的重要提示：BATNA 并非漫天要价，而是一种基于事实的评估，是在谈判没有成功时你可采取的措施。许多谈判者并没有这样做，他们误认为自己处在极其安全的局势中，并试图在谈判桌上提出过高的要求。如果谈判失败了，那么 BATNA 通常也未必能满足谈判者这种过分乐观的预估。

明确你的免谈价格。免谈价格与 BATNA 密切相关，也被称作保留价格或底线。如果提议的解决方案低于这个值，则谈判者没法达成协议。如果你有更好的选择，那么这个选择将决定你的免谈价格。例如，一名猎头为你提供了与你当前职位相当的工作，那么你的免谈价格就是你当前的工资，低于这个价格你不会接受。然而现实情况更加复杂。找工作的过程中，你可能不仅要关注基本工资，还要考虑其他因素，例如奖金、退休金、公司班车、工作内容、上司、风险、头衔或公司文化。那么，你需要构建评分体系进行评估，才能确定免谈价格。你需要给每一个因素及其替代选择打一个分值，再将它们进行比较。即使没有替代方案或替代方案不明确，设定免谈价格也是有意义的。如果你是受委托进行谈判，那么你的委托人会给你一个预先参考值作为免谈价格。又或者，你想设定一个限度，在达到这个限度时，你需要中断谈判，自己单独或者与你的团队、委托人一起，再考虑进一步的策略。

在谈判中，大家撒最多的谎就是关于自己的免谈价格。在这方面，传统的谈判者花了大量的精力，他们试图通过诡计迷惑谈判对手。因此，我们要谨慎对待这类信息并进行查验。至于你自己是否应该采取这样的诡计，我们之后再讨论。这里提前透露一句：我建议不要这样做。

分析你的谈判是否存在 ZOPA。ZOPA 是 Zone of Possible Agreement 的缩写，即可达成协议的空间，是由谈判双方的免谈价格决定的，又被称为协议空间。ZOPA 包含双方都可接受的协商结果。当双方免谈价格重叠时，ZOPA 会扩大。这里举一个简单的例子以说明这一点（参见图 1）：假如你愿意向候选人支付最高 13 万欧元的年薪，而他愿意接受最低的价格是 10 万欧元，那么就产生了 10 万到 13 万欧元的 ZOPA。但是，如果你仅愿意支付 9 万欧元，那么就不存在 ZOPA。这种情况的专业术语是 NOPA，即没有达成协议的空间。

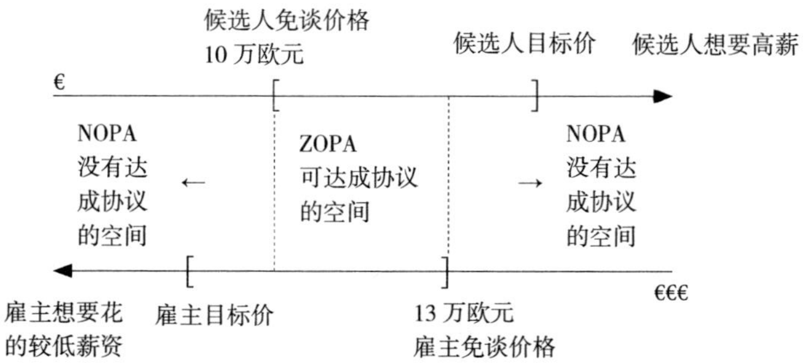

图 1：协议空间

最后一点提示：BATNA 和 ZOPA 虽可以有效帮助我们进行谈判分析，但它们只可以作为一种辅助工具。在复杂的商务谈判中，我对自己的 BATNA 也只是进行了分析，更不用提去窥探对方的 BATNA 了。我们通常都缺乏这方面的技术、信息和时间。一旦你具备了优质的信息和分析师，你就可以通过 BATNA 的分析取得谈判的绝对优势了。如果谈判主体超过两方，那么 BATNA 的分析会更加复杂，因为各方 BATNA 会不断变化。

二、正确定锚，策略让步

谈判中最著名的思维误区是锚定效应，每一场谈判都会受其影响，我们必须掌握其基础知识。在经历了数百场与学生、从业人员的模拟谈判后，我发现，不能高估定锚的作用。那么，定锚指的是什么呢？我们把第一次报价或要价称为锚点。首次定锚，将会影响后续的谈判朝锚点的方向发展。虽然这听起来不合理，但却是可以论证的。在 ZOPA 并不明确的情况下，锚点的影响更显著。尤其在数字方面，定锚的作用极为显著。当然，谈判的其他内容也会受到锚定效应的影响。锚定效应的影响非常大，即便是专家也很难幸免，这一点得到过大量研究的印证。

假设你申请一个职位，觉得工作内容很有趣，但对薪资还一无所知，于是，你暗自设想将年薪谈到12万欧元。那么，当雇主首次报价7万欧元年薪时，你的还价很有可能离你原本设想的12万欧元相差甚远。这是因为你被他的报价锚定了。

掌握锚定效应的基础知识。即便你拥有了关于锚定效应的所有知识，你也应该谨慎，不要过早开价。一旦首次开价，就意味着双方获取信息的阶段结束；如果这一阶段过早结束，可能就会因缺少重要信息而难以达成理想结果。此外，还会造成一种竞争氛围，这样一来，合作收益很难抬高。只有当你比对方更了解协议空间时，你才能定锚，否则你的遭遇会像披头士的经纪人爱泼斯坦一样。虽然他精通唱片业务，但是当他为披头士电影处女秀谈判时，他向制片方“坚决”提出要将电影收益的7.5%作为酬劳。当时，唱片合同普遍约定的价格是5%的利润分成。但是他不了解，电影行业的标准是20%—25%的利润分成。

如果双方专家对协议空间都掌握着关键信息，那么锚定效应就会较小，定锚这一行为或许会有操控嫌疑而显得不公正。

那么，如果你在协议空间方面不如对方了解得多，你可以怎么做呢？有一种方法是“优雅进攻式”定锚。比如，当你认为11万欧元的年薪是可能的，但你又没有掌握确切信息，你可以采取“不固定报价”策略：“如果我有错误的地方，请指正。我是这样想的，根据我具备的能力，我在你那儿或许可以获得13万—15万欧元吧。”这样一来，就有了具体的数字区间。对方会不可避免地受到锚定效应的影响。尽管如此，你也没有欺骗你的谈判对手，你还有别的替代方案可选择。

如果你对免谈价格了解得过少，你就必须考虑让对方首次定锚。因为对你来说，首次出价太具风险性。对方定锚后，你有以下三种常见的应对策略：

①完全忽视对方的锚定价格。

②坚决拒绝对方的开价，并以中止谈判威胁对方。

③休息片刻，再定下一个具有进攻性的锚予以回应。

还有一种可取的办法是，在谈判之初制定好游戏规则，防止被对方锚定。“我们先好好交流一下信息吧，等我们都觉得交流得差不多了之后，再进入下一个定价阶段。”

同样，你也会被自己锚定。一方面，如果你被自己的免谈价格锚定了，就会让你处于劣势。当你接受委托进行谈判时，委托人通常会预先确定一个价格底线，那么这就会存在一定风险：作为谈判主导者，你的目光可能会过于集中在这个价格上，而忽视谈判桌上其他的可能性。你可能会过早地对一个并非最佳的结果表示满意，而这场谈判原本有更多的潜力可挖掘。

另一方面，你也会被有野心的目标给锚定住。有明确的科学证据表明，定下一个具体而又富有挑战的目标，有助于取得从数字上看更好的谈判结果。不过，这也需要付出代价：锚定价格太高的人会被对方列为没有好感的合作对象，以后愿意合作的可能性更小。我们将这种紧张关系称为“谈判人员的两难困境”。在每一次谈判中，我们都难以避免这样的情况。在之后的章节中，我会进一步介绍坚持主张和合作所带来的紧张关系。

系统规划好你的让步。当你开始首次报价或者要价，通常不会一次成功，而是开启了讨价还价的环节。

谈判的入门基础是系统地规划好定锚之后的每一次让步，但如果你直接强调你的每次让步，你就会逐渐被对方轻视。你的让步幅度应该一步步逐渐减少，由此给对方一个信号：这快接近我方底线了。至于是不是真的如此，则另说。

永远不要自我否定。一旦你让了一步，你就要等到对方做出回应，要一直等，直到对方受不了。如果还不行的话，你可以暗示对方如何回应。必要时，你可以具体指出，现在轮到对方出牌了。

如果你时间紧迫，主要目标是谈价，那么阿克曼议价法可以提供有效帮助，让你系统地规划好让步。你需要以目标价为出发点，通过三步来接近你的目标价：分别是目标价的 65%、85%、95%。例如，你在通过大量市场调研后愿意以 2 万欧元的价格购置一辆二手车，按照阿克曼议价法，你第一次可以出价 13000 欧元，“其实我最多只愿意花 13000 欧元。”耐心等一等，不要自我否定。当你的谈判对手给予回应后，下一步就是出价 17000 欧元。接着，再等一等，看对方如何还价。最终，你再提供目标价的 95%，即 19000 欧元，“这已经到我的极限了。”根据这一方法的逻辑，为了最终在 2 万欧元左右落地，该做的都做了。

阿克曼议价法与锚定效应是相联系的，同时，也体现了让步幅度逐渐变小的策略，这一方法可以理解为经验法则。任何公式化的套用对专家来说都是行不通的。

外行人容易走入的一个误区是，给目标价格定一个奇数价（比如给二手车开价 20133 欧元），以此暗示自己已经到达了底线，钱包已掏空。但是要注意的是：在专家看来，这很容易显得有一丝可笑。

每个谈判者都应该掌握定锚和让步的基础知识，同时，这涉及的是精细的分配战术。

三、谈判时关注的三个层面：内容、关系和流程

在培训结束时，我要求参与者写下他们在谈判时将会做出的一处改变。他们频繁地引用了一句话：始终在内容、关系和流程的三个层面上把控谈判。对此，我并不感到惊讶。因为这句话蕴含了很多智慧。

内容指的是什么？显而易见，它指的是谈判的主题以及人们希望达成的可能的交易。内容本身就处于极其重要的地位。在内容层面，我们需要梳理复杂的事实情况，并通过巧妙的解决方案创造价值。

关系层面的核心要点是：你与谈判对手谈的是关系。这是一个非常广泛的层面。在谈判术语中，我们要用到一个法语词“Rapport”。“Rapport”表示关系或联系，这里指的是人的因素，指的是谈判的参与者，他们的情绪、基本需求和在谈判桌上的交流是很重要的。同样重要的是，谈判对手之间是否相互信任。哈佛谈判术提倡把关系和内容分开对待，也就是说，这两个层面都需要谈判者的努力，不过不是同时，而是一个接一个。每当你必须在事实层面上变得特别强硬时，就应该特别注意关系层面。不要被对方所诱导，试图用内容上的让步来改善关系。老虎不会仅仅因为你给它扔一块肉而变成素食动物。不要用金钱去买好感，否则，这会引发错误的动机和学习效应。

谈判的第三个层面是流程层面。不论是整个谈判流程还是单独的对话，都具有值得关注的时间点，你要与你的谈判对手协商好这些阶段。在不同阶段，需要推进或搁置某些事项，你也要与你的伙伴进行协商，这些事项就被称为谈判合同。在谈判期间可以存在多个合同。如果无法将谈判流程系统化，那么谈判者会很快陷入所谓的集市风

格，专家将其称为直觉式谈判。这种风格在复杂的谈判中存在很大的劣势，因为不是每次都能避免“把钱留在谈判桌上”。谈判流程中，并非每一个步骤都是在谈判对手在场的情况下发生的，没有谈判对手的“谈判桌外”的阶段就尤为重要：你遵循的策略和目标是什么？你还能收集到哪些其他方面的信息？你制订 B 计划了吗？

选择从简单还是困难的问题入手，取决于不同的情况。基本上来说，从简单的小练习开始可以建立工作信心。但是，当有困难的问题需要解决时，不应在简单的问题上浪费太多时间。

关于流程层面的另一个经典问题是：你应该按顺序一个接一个地还是同时展开来讨论各个问题？实际上，只能一个接一个地讨论。但是，一开始要注意，在所有问题谈妥之前，先不要达成任何一个协议，这可以让你在最后阶段就不同的问题进行交易协商。如果各个问题对谈判对手而言具有不同的重要性，那么他们可以通过巧妙的交易来创造附加值，我们称之为“折中”。你可以用对你没有价值而对谈判对手有价值的东西，去交换对你有价值而对谈判对手没有价值的东西。想象一下，你正在与新雇员就他们的雇佣合同进行谈判，谈判内容与薪水、假期和培训有关，如果你一开始同意了薪水和假期方面的要求，那么在培训的要求上，你接受的余地可能就会变小。而原本你可以通过支付员工的培训费用从而支付更少的薪水，因为这对你是更有利的。最好不要让雇员觉得你还可以接受其他条件，所以我建议你这样开始：“我们先逐一讨论各个问题，然后我们再分别看看是否可以给出解决方案。最后，我们再一起讨论，看看是否已经找到对双方来说的最优解决方案。我建议在一切谈妥之前不要急于达成任何协议，可以吗？”

这些建议的核心是，你要在整个谈判过程中对内容、关系和流程三个层面进行观察、控制和协商，在谈判对话中要将三个层面明确分开，要让对方始终清楚你现在所处的层面，以避免发生误会。每当你在某个层面的谈判无法继续时，你就可以机智地切换到另一个层面。如果你在内容层面的某个地方卡住了，就切换到关系层面："我建议我们休息一下。之后，我们可以把内容部分先放一放，讨论一下怎么更好地沟通。我觉得我们还存在很多误解。"如果还是不行，下一步就切换到流程层面："我感觉我们一直在兜圈子。午休后我们先一起咨询一下 ×× 专家，你觉得怎么样？之后，我们可以向你介绍关于问题 Z 的解决方案。最后阶段，我们可以再商定下一步。"

四、你了解五种冲突模式吗?

五种经典冲突模式是所有谈判者必须掌握的，它们为你提供了一种分析谈判和制定战略决策的语言。

乍一看，大家会觉得冲突的重点是坚持目标的能力，而如果将这一普遍但过于狭隘的视角扩展到另一个维度，即合作的意愿，这样便可解释冲突中人的不同行为。请看图 2：

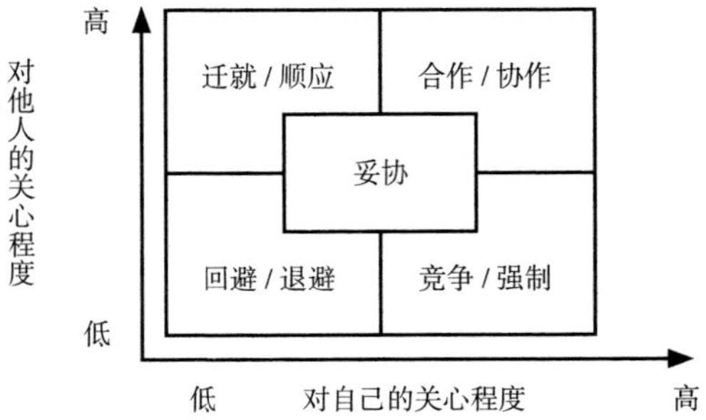

图 2：五种冲突模式

始终分析坚持和合作的意愿。该模型图使用两个轴：对自己的关心程度和对他人的关心程度。每个维度的关心程度有高有低，但也存在特殊情况，即妥协。由此而产生了五种冲突模式：

竞争 / 强制：高度坚持自己的目标，合作意愿低；

迁就 / 顺应：低等程度的坚持，高等程度的合作；

妥协：介于竞争与迁就之间，每方均做出一些坚持和迁就；

回避 / 退避：不坚持也不合作；

合作 / 协作：高度坚持且高度合作，是五个模式中最复杂的。

你可以用这个模型做什么呢？首先，你可以使用“托马斯—基尔曼冲突模式工具（TKI）”，为你自己和你的团队确定一种风格。TKI 可在线获得，无须其他帮助即可使用并获得结果。关键是，你要轻松地看待结果。结果会根据测试情境和人生阶段的变化而变化。

需要强调的是，冲突风格没有好坏之分，每种风格在具体的情境中都具有其存在的合理性。例如，回避风格可以防止你在不重要的问题上浪费时间；迁就风格可以在需要时发出第一个积极信号，或在需要最大程度地减少损失并迅速结束时奏效。专业谈判人员的目标是扩宽自己谈判行为的限度，也就是说，要掌握每种冲突模式，并根据具体情况选择运用适当的风格。在学习过程中，你需要完成两大挑战：首先，要形成一种觉悟，知道在哪类情况下应用哪种冲突模式；然后，一步步地掌握工具，将你认为合适的模式付诸实践。

该工具的另一种应用是，分析谈判对手更倾向哪种冲突模式。某些组合，例如“竞争 + 竞争”蕴含的创造性比“合作 + 合作”的组合更强。当竞争遇到合作时，你需要特别小心，否则，那些愿意合作的人就有被剥削的风险。

最好是各方在谈判一开始都能弄清楚各自的TKI，但是这需要勇气和信任。如果实现不了，就试着尽可能多获取对方的信息，并提前做出假设，在遇到问题时，他更偏向于哪种冲突模式。在谈判期间，你要去检验你的假设是否正确。

充分利用所有冲突模式。通过这五种冲突模式，你不仅可以确定个人偏好，还可以制定整个谈判过程或单个谈判对话的策略，在即将进行的谈判中是坚持主张，还是考虑妥协。你要规划好更复杂的顺序，向对方表明你愿意合作的态度。如果这样做没有成功，你可以中止处理冲突，并遵循你的BATNA，然后在谈判对手让步后返回合作。你要清楚的一点是，每个大谈判都是由上千个小谈判组成的，即使整体战略以合作为主，但不免有一些地方需要坚持，或者需要妥协。

五、有效提问

在实践中，不同谈判者提出的问题存在质量差异。这个是值得我们去下功夫的地方。例如，我会制定一份清单，在上面写下新的有效问题。你要记住：提问更多的谈判者，通常更能在谈判中发挥潜力。

让对方先思考后回答的问题，才算得上是一个好的问题。这样，认知压力就落在你谈判对手的身上了。你要让对方处于解决问题的状态下，同时使他们有控制局势的感觉。有一条经验法则是七三法则，该法则指的是，你应该是30%的谈判时间在说，70%的谈判时间在听。如果双方都遵循此法则，谈判就行不通了，但这种情况很少发生。

这样做的目的是什么呢？谈判是一种信息游戏。当然，你也会在谈判桌之外收集信息，但谈判对话是你发现对方问题盲点的机会，你通过这个过程可以验证自己的假设，因为对话能让你更了解对方的利益和偏好。

开始谈判后，你要第一个提出问题，然后让对方进行回答。不用担心你会透露自己的信息，许多谈判成员只有在信息被公开之后才真正开始聆听。

提问时应注意什么？首先，你要区分开放式和封闭式问题。对于封闭式问题你可以回答是或不是，但开放式问题不能。“在工作条件方面，对你来说什么是重要的？”这是一个开放式问题。“你同意我们的合同草案吗？”这是一个封闭式问题。开放式问题以疑问词导入：何事、何时、何人、何因。专家建议谈判时优先提开放式问题，因为它们是综合型谈判的问题，为新的方面开辟了空间，并提供了更多信息。如果对方开始谈论相关要点，经验丰富的谈判者则会继续努力，推动这种信息的输出。“你能告诉我们更多关于这方面的信息吗”或“你为什么会有这样的想法”之类的问题，在这种情况下就很管用。

在另外一些情况下，封闭式问题会更有用。如果你想让对方做出决定，你可以通过封闭式问题进行施压。“你同意我们的提议吗？”这样的问题会创造一种“是或否”的语境。你也可以通过选择疑问句来缩小决策范围：“你更想在 1 月还是 2 月开始与我们的合作？”在这种情况下，你完全不会提及其他不可能的时间点。但是，这样的施压并非没有风险。在盘问逐渐增多的情况下，对方就会出现一种逃避的趋势，所以你要根据具体情况去权衡利弊，要注意使用恰当的语调。

在语调选择方面应注意什么？这里要用到 7-38-55 定律。实验表明，在交流中影响消息积极接收的因素，内容只占 7%，但是语调占 38%，肢体语言占 55%。有句话不是没有道理的：“听话要听音。”当你提出让对方可能很难回答的问题时，你应该注意自己的语音语调。要尽量用友好和沉着支撑你的声音，让自己放松并会心地微笑。如果情况太仓促的话，则可以像夜间广播主持人一样故意用低沉的声音进入对话。定期请队友给你提供声音方面的反馈，抓住一切机会听听自己的声音，例如在训练过程中录制视频。

反问可以帮助你维持与谈判对手的交流。为此，你要从对方的话语中提取大约一到四个相关的关键词进行重复。在重复的结尾，提高你的语调并进行提问，再沉默片刻，等待对方的回答。试想一下，一个求职者对你说：“这一套建议方案对我来说还不完整。”然后，你可以用问句“还不完整吗？”巧妙地获取更多信息，让求职者继续说。

还有一些进阶类型的问题也属于谈判基本知识，其中一类实用的问题是所谓的“假设”问题。例如，“假设我们建议在你取得两年 MBA 的好成绩之后再资助你，怎么样？”这样提问的优点是：被提问者可以得出自己的结论，你可以发出试探，从而了解对方选择的优先级。

另一类实用的问题类型是循环式问题。通过这类问题，你可以试图让你的伙伴跳出思维局限。这就需要你要么采用外部视角，要么用第三方的名义表达自己的想法。比如，“如果我们同意你每周在家工作两天，你的妻子会怎么想？”或者，“你认为联邦卡特尔局（德国国家竞争监管机构）会对你的提议有何看法？”

为了得到真诚有效的答案，我们需要等待恰当的时机。有时，与其在正式的谈判阶段提出问题，不如利用非正式的时机，例如喝咖啡时或在正式谈判结束之后出门时。

另一个实践小建议：我在谈判中听到过许多好问题，但是没有听到对方的回答。为什么呢？因为提问者忍受不了沉默，用假设的答案来填补了空白。练习谈判时，可以有针对性地训练自己在提问后保持沉默，直到对方回答为止。

六、积极聆听

单单提出好问题，但不会聆听，那是没有多大意义的。然而，这经常发生在我们身上：当另一方仍在说话时，我们已经在考虑下一步要问些什么。

我们该怎么做才能更好地聆听呢？

首先，在谈判对话之前做好准备。思考一下针对对方的关键信息的问题，并将其写到小纸条上，这样你在后期的对话中会更轻松。

如果是团队谈判，可以让你的团队成员担任听众的角色。他们的任务是认真聆听并做好笔记。团队成员要始终记下他们在谈话中听到和观察到的内容，并在谈判休息期间彼此交换信息，你要时刻注意自己的语调和肢体语言，当你说的和想的不一致时，它们偶尔就会出卖你。

如何积极聆听？如果你没有听懂某些重要信息，可以再简短地提问一下，最好直到你弄明白为止。不要害怕自己显得太无知，虽然这会使你看起来不那么完美，但会让人对你更加有好感。我认识一位经纪人兼谈判专家，他喜欢用这样的方式反问：“我反应比其他人慢，我确实还是不太懂。你能像对待六岁的孩子那样再次给我解释一下吗？”这种方式很神奇，被提问者会把这一话题解释得清晰易懂。在这一点上，请记住：谈判不像是在法庭上，不是要用钻牛角尖的问题使对方离题。

积极聆听的典型技巧是重述。一旦有机会出现，就尝试用你自己的话简要总结对方所述的主要信息，但不要试图通过战略性的省略或强调对你有帮助的方面，去加工你的总结，这样会让气氛变得紧张。不如说："如果我没理解错的话，这三点对你很重要……我重述得对吗？"

积极聆听时，禁止评价。你每次要先听，并且只能在对话的后半部分时进行评价。否则，你就无法确定另一方是否会敞开心扉地聊。

还有一点：理解并不意味着同意。不要仅仅因为一方试图设身处地地为另一方着想，就以为一切都已解决。在一开始就说清楚这一点，并将此作为基本规则是很有必要的，这样可以避免误会。

如果你在聆听时明显感受到了对方的情绪，你可以小心谨慎地说："有可能是我想多了，但我感觉你挺失望的。"对此，有个专业术语叫"贴情绪标签"。这种方法有很多优点，它可以使局势缓和，让对方感觉你是一个专注的倾听者和观察者，也可以成为对方重新开启对话的起点。当然，这种方法并非没有风险，因为有可能是你感觉错了，又或者你的谈判对手并不想承认他们的情绪，那你就得自己承担后果了。但是，机会通常大于风险。你要特别注意该方法的细节部分：你要传达的是第一人称的信息，这只是你的感觉。所以不要说"你为什么这么生气"，而是"我感觉你生气了"。你要明确表示，你自己的感觉也可能是错误的。尽可能精确地使用你的情绪标签（不是"我感觉你有点情绪化"，而是"我感觉你生气了"），然后就像问完其他问题一样：保持沉默并等待答案。

七、哈佛谈判术 1：关注所有谈判对手的利益

哈佛谈判术最重要的一条建议是“着眼于利益，而非立场”。立场说的是你想要什么，利益说的是你为什么想要。在薪资谈判中，你对基本工资的要求为 15 万欧元，这是你的立场。但你的利益可能是比现在赚得多，或者是获得针对更高工作量的补偿，又或者是适当参与分成，也可能是三者兼得。

为什么谈判时我们的利益很重要？利益的最大优点是，可以通过多种方式得到满足。这就增大了解决方案的灵活性。“求职者要价 15 万欧元”和“雇主给出 9 万欧元”，这两种立场是冲突的。如果我们看看立场背后的利益，情况就会发生变化。假设求职者的重点利益在于对更高工作量的补偿上，那么我们马上就能想到几种替代解决方案：更高的奖金、更多的补休、更好的托儿服务、更舒适的公司用车或休假的允诺。

并非所有的利益都是冲突的，其中也会存在共同和不同的利益。那么，它们之间有什么区别呢？

对于共同利益，谈判双方会朝着同一个方向努力，双方需要强调和扩大它。共同利益能够稳定谈判局势，稳固各方关系。如果是新入职的员工，那么求职者和雇主具有共同的利益，即求职者在工作上需要有一个好的开始。

冲突的利益就像拔河一样。一方所得为另一方所失，反之亦然。因此，找到一套公平分配可遵循的客观标准就会大有帮助。我们将在“哈佛谈判术 3：找到解决分配冲突的客观标准”中详细阐述这一问题。

不同的利益是指对其中一方而言更为重要的利益。如果谈判对

手将两个不同的利益结合在一起，便会创造价值。试想一下，每周更长的工作时间对雇主来说很重要，但对雇员来说却不那么重要。另一方面，雇员更渴望假期，而雇主则可能剥夺员工的这项权利。双方可以对这两点进行融合，这是良好交易的重要组成部分。如果只顾坚持各自的立场，那些潜力就无法得到挖掘。换言之，更好地理解利益可以让我们找到更优的解决方案。

谈判至少存在两方。我们需要了解自己和另一方的利益是什么。那么，如何获知利益呢？最好的方式是有效提问。你可以以表达的立场为锚点，直接提问："你为什么要求15万欧元的薪水？"或者，间接提问："如果我们满足你的要求，你会怎么样？"再或者，坦率地提问："这对你为什么重要？"另一种选择是让对方具体阐述其需求："你能否更具体地谈谈如何平衡工作与生活的问题？""在表彰方面，你有没有觉得特别重要的东西？"这些问题不仅会为双方的谈判提供帮助，还能用来探索己方利益，或者更好地了解雇主的利益。

想要清晰地理解利益，谈判者就需要做到以下三点：

开放性地表达。"我的利益是拥有34天的假期"，明确的假期不是利益，对利益来说，必须有不止一种可满足的方案。换个表达方式，"与家人在一起的时间对我尤为重要"。这就可以通过不同的方式来实现。

明确而具体地表达。如果你的表达过于抽象，那将无济于事。"我想要愉快的工作氛围"这样的表达还不够具体，通过提问"请具体谈谈愉快的工作氛围由什么组成"的问题时，你就能得到一个更清晰的答案。如果你在多次提问为什么后，对方回答的都是类似"对我来说，稳定很重要"的基本需求时，那就说明你过于纠缠这一问题了。通常，对方之前直接表达的利益就已经很明确了："我希望不用每天为我的职位而担忧。"

正面而非负面地表达。正面的措辞可以为找到解决方案提供更具体的线索："我不想要任何管理方面的任务"这样表达利益是模棱两可的，如果你正面地表达利益的话，就清楚了："我的专业积极性很高，我想为团队贡献自己的专业知识。"

利益在谈判中不仅重要，而且是谈判的中心。

它们是你提问的主题：在这场谈判中真正重要的是什么？为什么？

它们可以帮助你确定目标：我们如何衡量结果是否满足我们的利益？

它们是双赢解决方案的基础：我们如何调和双方的利益？

它们是你论证的着眼点：×××（表明你的利益）对我们很重要。你有什么建议？

为什么我们不总是以利益为导向的方式进行谈判呢？因为立场更容易被清晰地表达和记忆，而利益是复杂和矛盾的，只会让我们更难表达和沟通。与利益打交道的人，必须花费大量时间来组织和表述自己的利益，他必须忍受其复杂性。但并不是每一场谈判，我们都有充足的时间和资源，每个透露自己利益的人都需承担此信息被对方利用的风险。

八、哈佛谈判术 2：寻求多种解决方案

在交流了利益之后，哈佛谈判术提倡为每个问题找到尽可能多的解决方案。我们会在对利益深入了解后获得启发，并在过程中创造性地开发多种解决方案，同时，我们要特别关注符合双方利益的

解决方案。

确实，提出一个好的解决方案，会对谈判过程产生重大影响。这里举一个加利福尼亚垃圾处理公司的例子：

> 加利福尼亚州的一个城市公开招标项目：将垃圾运输到亚利桑那州沙漠。一位企业家以高价获得了该项目，价格比该城市预先计划的还要高，因为她提供了一个条件，在从亚利桑那州沙漠返程的途中免费给城市的海滩带回沙子。对公司而言，附加费用很小；对城市来说，却带来了巨大的好处。

这位企业家就仔细考虑了谈判对手的利益，并找到了创造性的解决方案。

寻求解决方案时应考虑什么？与头脑风暴一样，最重要的是每个问题下新生成解决方案的数量。你创造的方案越多，找到合理方案的可能性就越高。然后是将针对每个问题的解决方案整合成一揽子方案。一揽子方案的质量是根据双方的优先利益进行评价的。研究表明，成功的谈判者在准备过程中创造的解决方案，大约是普通谈判者的两倍。

在寻求解决方案的时候，我们要遵从头脑风暴最基本的原则：先收集，再评判。“评判会阻碍想象力的发挥。”一方面，这个原则适用于收集你自己的解决方案；另一方面，这也适合作为与谈判对手一起收集解决方案时的最高准则。我们一定要把制定解决方案的研讨会与其他谈判阶段分离开来。

你制定的解决方案，一定是对自己有利的，但也可以同时满足谈判对手的利益。在此之前，你要向你的谈判对手明确说明，你只是在思考方案，这并不意味着你同意这一方案。向你自己和你的团队表明，制定有利于另一方的方案没有什么大不了的。在一揽子方案的框架中，可以用这一个提议交换对你有用的东西。只有当你相信“把蛋糕做大”，不走入零和误区时，才可以在不同的议题间进行交换。我们会在“把蛋糕做大”中进一步讨论。为了找到对双方有益的解决方案，我们需要收集大量材料并反复、巧妙地进行布局。

在谈判中，你可能还会遇到计划之外的情况，即需要寻求新的解决方案的情况。即使是这样，你也不要立即进行评判，否则会抑制其他想法的产生。另外，避免使用常见的“对，但是”的反对措辞，相反，使用“对，还有”的肯定措辞，可以激发团队中的创造力。

九、哈佛谈判术 3：找到解决分配冲突的客观标准

在许多问题上，各方的利益完全相互冲突，这其实就是分配冲突。哈佛谈判术提倡以公认的标准为导向，而不是像直觉式谈判那样采用激进的锚定、让步和力量博弈。成功的谈判要靠原则，而不是靠施压。

让我们再次以薪资谈判为例：雇主给出 9 万欧元的年薪，求职者要求 15 万欧元。求职者没有讨价还价，而是引用在线的薪资调查，来支撑他的要价；雇主则展示了来自全球知名薪酬咨询公司的一套基准。双方可以一起讨论这种分歧，之所以出现这种分歧，是因为在线调查和全球基准考虑的因素不同，而全球基准可能忽略了大城市高物价和当前对求职者特殊资格的高需求。如果双方可以针对各个因素做加减法，他们将逐步相互靠近。理论上就说这么多

了，而在实践中，谈判人员之间通常会存在一些差距。

在客观标准方面，有哪些技巧性的东西需要考虑呢？我们最好先大致了解一下现有的标准，然后按顺序整理，把有利于我方观点的标准放在前面，把有利于对方观点的标准放在最后。对很多具体问题来说，会同时存在几种标准，因此我们必须接受这一点，并承认不存在纯粹的客观性。

客观标准可以是市场比较、技术、经济、法律意见、先例、成本、传统、道德、互惠观点，或者权威评估。

说服对方最好的方式是使用他们自己认为公平和公正的标准。你可以寻找对方现在或者曾经认可的标准，来支持你自己的观点，因为这些是最有力的论据。如果你找到了这些标准，你就有了“规范性杠杆”。我们将在“增强你的谈判实力”中更详细地介绍。

如果你不同意对方的标准，那请他们接受换位认可的考验：“如果您在我的位置上，您是否会认可这个标准？”

客观标准也不是万能的。在某些情况下，我们就无法使用合理的标准，例如，出售老爷车部件或利基公司的情况。通常我们都会有好几种标准，但是各方偏好的标准之间往往存在需要填补的缺口。

在有争议的问题上，可以让双方都认可的第三方提供客观的帮助，劳资纠纷中的调解人担任的就是这一职能。在涉及第三方的情况下，将客观标准引入谈判就显得至关重要。第三方通常遵循公认的标准，如果你与对方就正确的标准争论不休，那么第三方可以决定哪个标准更合适或更公平，或者让两者结合起来。

存在的缺口也可以用典型的各让一步的折中方式来填补。

如果流程无法继续进行，抽签或抛硬币也是合法的程序。我永远不会忘记，我们最终是以抛硬币的方式解决了与工会讨论长达几个月的问题，因为当时既没有第三方可以帮助我们，也没有令人信服的标准。幸运的是，硬币落在了正确的一面。

十、把蛋糕做大

迈达斯国王可以把他碰过的任何东西变成金子，谈判者也可以做同样的事情：通过提出巧妙的解决方案，创造真正的价值，把共同的蛋糕做大。怎么实现呢？

在每一次关于谈判基础理论的研讨会中，我都注意到一件事：所有参与者都曾关注过关于做大蛋糕的话题。所谓的谈判蛋糕，是谈判结果中所有得与失的差额，这里指的是所有参与谈判的人员的得失，也就是说，所有人只有一个蛋糕。因此，在每个谈判中都有两个基本原则：把共同的蛋糕做大（价值创造）和分配共同的蛋糕（价值分配）。传统型的谈判者专注于价值的分配，合作型的谈判者专注于价值的创造，而聪明的谈判者已经同时掌握了这两个原则，并且能够调解由此产生的紧张关系。

提出一个能够扩大总体利益的解决方案就是“把蛋糕做大”。做大蛋糕有不同的情况：第一种情况是双方的利益都增加了（双赢）；第二种情况是只增加了一方利益而另一方无损失（高价值/无成本）；第三种情况是给一方带来的利益比给另一方带来的损失要多（高价值/低成本）。不难看出，无法创造价值的分配提议，并不能将蛋糕做大。例如，如果雇主给的基本薪资是 9 万欧元，雇员要价为 11 万欧元，最终谈成的价格为 10 万欧元，那这绝不是双赢或是做大蛋糕，而只是一种妥协，一方的所得正是另一方所失。

许多门外汉对此并不熟悉。他们分不清妥协和双赢的区别。如果雇员建议雇主可以将基本工资的一部分用于养老金，这样雇主在社保方面可以节省一部分资金，而雇员可以从中获得缴税方面的益处，那么该提议就可以将蛋糕做大。于是，第二个问题就是如何分配这个更大的蛋糕。

此外，双方达成的所有谈判结果，如果都比双方各自的最佳替代方案更好，也可以看成是蛋糕的做大。然而，令人兴奋的问题是：是不是所有可能对做大蛋糕有价值的部分都得到了利用呢？还是“把钱留在了谈判桌上”？我们是有宏大目标的，不仅要取得一个结果，而且要取得最佳的结果。关于优化收益的问题，我们将在第二章第一节中进行探讨。

在我的研讨会上，为了让参与者更好地理解将蛋糕做大的含义，我举了一些简明的教科书上的示例：

第一个案例是关于开窗的，它发生在 1925 年，主人公是玛丽·派克·福莱特，她是第一个提出综合型谈判思想的人。此外，她还结合劳资谈判对这一思想进行了探讨，而劳资谈判通常会作为纯粹的分配冲突的典型示例，被公众错误地拿来使用。而恰恰在劳资谈判中，谈判者必须发挥创造性，找到增值的解决方案，才能在狭窄的协议空间下达成协议。

> 玛丽坐在哈佛图书馆的一个较小的房间里，里面空气很闷。有人想打开窗户，让新鲜的空气进入房间，但是外面刮着凉爽的北风，如果打开的话，会直刷刷地吹到玛丽脸上。怎么解决呢？这两个人协商后，只是把隔壁房间的一扇窗户打开了。

这种增值的解决方案满足了双方的利益（新鲜空气和无风）。

如果每个人都坚持自己的立场（开窗与关窗），那么结果只会是一输一赢。

还有一个经典案例是关于橙子的故事，每个谈判者都应记在脑海里：

> 两个孩子在家争最后一个橙子。母亲建议把橙子切成两半。但是，等一下，这里所有的增值潜力都被充分利用了吗？寻求最佳解决方案的方法来自两个孩子的利益：一个孩子想吃果肉，因为他饿了；另一个孩子想用它烤蛋糕，根据配方，她需要整个切碎的橘子皮。在母亲不在场的情况下，两个孩子自然会找到双赢的解决方案：首先可以让一个孩子削皮，然后另一个孩子得到全部的橙肉。在这种情况下，每个孩子都完全实现了自己的利益。生活多美妙。

西奈半岛的例子也清楚地说明了这一点：

> 埃及和以色列就西奈半岛界线划分问题进行了和谈，六日战争后，以色列一直占领着埃及的西奈半岛，无论在哪一处划线，都至少有一方不满意。幸好双方都强调了自己的利益并将利益放在首位：对以色列来说，以色列人民的安全是重中之重；而对当时还很年轻的埃及而言，主权至关重要，自法老时代以来，西奈半岛一直是埃及的领土。这一历史解决方案是怎样的呢？该地区被划为非军事区，由联合国维和部队监管，但挂的是埃及国旗。这样既

满足了以色列人的安全利益，又满足了埃及人对西奈半岛宣示国家主权的利益。

现实生活中，谈判的双赢潜力通常远低于教科书中的例子。此外，我们也往往低估了在谈判中将蛋糕做大的能力。这种思维误区被称为“小馅饼偏差”。那些想要成功谈判的人不会满足于小蛋糕，他们会探索所有可能性来把蛋糕做大，以便可以切下更大的一块。专业的谈判人员也知道，在高难度的谈判中，协议空间很小甚至没有的情况下，即使是让蛋糕变大一丁点儿的提议，也可以决定交易是否达成。

十一、“框架效应”：给你的论点一个合适的框架

每个艺术品收藏家都知道：画框对一幅画呈现的感觉有很大的影响，只有选择合适的画框，才能让整幅画协调，不同的画框会让画作呈现出截然不同的感觉。

在谈判中分享的论点或信息也是如此，科学数据的清晰不仅体现在内容本身，而且与呈现方式也有关，它们对感知有着重大影响。汉堡 80%没有脂肪和汉堡 20%有脂肪，两种说法给我们的感知会有所不同。又比如，该手术有 90%的可能性让你在手术后第一个月活下来和你有 10%的机会死去，尽管它们实际表达的内容是一样的，但是不同的信息呈现形式会引发不同的情感感受，而这会导致人们做出不同的决策。这种心理现象被称为“框架效应”。

框架效应的基本特点：我们倾向于把信息的初始框架视为理所当然，而不会对此刨根问底。我们会这样做，是因为我们知道这个框架可以对我们的决策产生重大影响。但是，与此同时，这意味着

我们自己要重视呈现信息的方式，因为这对我们的谈判对手有相当大的影响。一旦设定了框架，若要更改就需要花费很大的精力。

尽管如此，我们应该积极地在谈判中利用框架效应，让最初对我方不利的框架对我们的影响降到最低。你经常会注意到，经验丰富的谈判者知道如何通过重新表述问题来巧妙地更改现有的、不太有利的框架，从而使谈判过程朝着有利的方向发展。

以曾经担任新加坡常驻联合国代表的许通美为例：

> 许通美曾担任联合国海洋法会议的主席，并主持了关于海底资源开采权新规的谈判工作。他需要带领由 150 名代表组成的小组。然而，要想在这一庞大的队伍中进行有效的谈判，几乎是不可能的。他面临的挑战是，为了讨论可行的解决方案，他必须大幅缩小这个负责技术问题的队伍。那么他如何在不冒犯别人或避免直白地让他们退出的情况下做到这一点呢？他租了一个只可容纳 40 人的会议室，并将小组命名为“财政专家组”，没有提供任何其他的信息。此外，所有参与者均受到邀请，每个人都可以自行决定是否参加。但参与者中的大多数觉得自己可能不是财政专家，因此决定不参加了。最后，房间完全够用，讨论也达成了解决方案，同时也避免了争吵。这就是通过框架效应（在这一案例中，通过选择组名）实现的成功。

每个内容的表述都带有某种框架，每一个“说什么”自然都对应着“怎么说”。在谈判的情况下，以下三种类型的框架尤为重要。

第一种是所谓的盈亏框架，在与数字有关的谈判中可以发挥作用。你可以将自己的建议与另一个价格点，即所谓的参考点进行比较。例如，你公司的一名律师求职者说，你提供的 8 万欧元年薪比一家大型律师事务所的一般起薪低 30%以上。作为雇主的角色，这对你来说是不利的框架。因为求职者设定框架在先，而第一个框架始终比之后的框架更占主导优势。此外，他还制定了亏损框架，而一个人对损失的分量感知是对同等数量利润的两倍，损失 1 万欧元的痛苦程度是赚 1 万欧元的喜悦程度的两倍。针对求职者的框架，你可以怎么做呢？你可以给你的报价设定一个不同的框架。你可以指出，8 万欧元的起薪比起学术人员通常在你公司获得的起薪还要高 50%以上（利润框架），而且求职者可以拥有自己的项目，这在一家大型律师事务所中几乎是不可能的（亏损框架）。

设定谈判框架的第二种重要方法是延长时间线。一杯卡布奇诺咖啡的价格仅为 2.90 欧元，这听起来还是可以接受的，但是，如果你给自己的伴侣推算，每天以这种价格喝一杯卡布奇诺咖啡，每年花费超过 1000 欧元时，她可能很快就丧失了喝咖啡的乐趣。你也可以在谈判中将数字“化大为小”。例如，如果一栋房屋的价格比你设定的上限高出 50 万，那么按 30 年算的话，每天只需 46 欧元。这听起来就好接受多了。

第三种常用的方式是分离或结合事实。通过这种方式，你可以影响事情的被感知程度。我的一位老板是以这样的方式给我调薪的，他说我可以每个月用额外的薪资与女友在餐厅享用一顿美餐和一瓶红酒。这听起来很不错，他巧妙地将调薪额度与我的基本工资分开，这就使加薪显得更多。如果他和我说，由于危机，我的薪水只能从 81000 欧元增加到 82200 欧元，那我可能会满面通红愤怒地从他办公室跑出来。

同样，你还可以巧妙地结合事实。这可以让被结合的小事显得更小，汽车销售人员是这方面的天才。这就解释了为什么在购买新车时你会愿意一并订购地板垫，并因此支付 52880 欧元，而不是 52710 欧元的汽车费用。而如果销售人员问你，出于舒适的考虑，你是否愿意以 170 欧元的价格订购垫子，你永远不会回答“是”。因为在汽车配件商店里，同样的垫子花 40 欧元就可以买到。

谈判时应该注意哪些常用的框架策略呢？要始终记住，初始框架通常不会被细究，并且其威力一定都比之后重塑的框架要强。如果你提早找到一个框架，使你的提案在谈判双方的利益和目标面前显得有利的话，这将是非常明智的做法。

十二、3-D 谈判模型：不要只是在谈判桌上行动

在谈判时只专注于谈判桌的人，其实是浪费了很多谈判潜力。当提到谈判时，我们的直觉反应就是和谈判对手的对话，许多书籍和研讨会的重点也都主要集中在谈判对话上，并且大多数人将成功的谈判理解为成功沟通的能力，甚至准备工作也都是为后续与谈判对手的对话服务的。毫无疑问，谁想要取得谈判的成功，就必须管理好情绪，并在谈判桌上进行有效的沟通。但这还不够，我们还需要加上另外两个维度，哈佛的两位教授拉克斯和萨本缪斯为此开发了 3-D 谈判模型。

第一个维度是谈判桌（At the Table）。这里主要是关于如何改善沟通、建立信任或应对人身攻击的。重点是谈判桌上的人员和战术。

第二个维度是绘图板（At the Drawing Board）。这里主要是关于如何形成一套综合解决方案。在这一维度上，你需要通过智慧的

解决方案尽可能多地创造价值，这样你才能更好地实现目标。此外，你要确保交易具有持久的效应，这一点可以通过新的解决方案或巧妙的交易结构来完成。这种交易的设计可以由你单独进行，也可以由你的团队和谈判对手一起进行。

第三个维度是谈判桌之外（Away from the Table）。这里主要指的是，要建立整个谈判流程的结构。恰当的事件安排和顺序是什么，也就是谈什么、和谁谈、何时谈。谈判桌上各方都到场了吗？如何完善替代方案？

为了分析在谈判桌之外的情况，我们可以用到一个有效工具：绘制包含所有参与人员的概览图。具体细节可以参阅第二章第四节。

这三个谈判维度展现了谈判者的三个角色：流程的架构师、结果的设计师以及谈判桌上的沟通者。

流程：始终协商并挖掘当下的潜力

我的许多客户和研讨会参与者都希望他们的谈判能有一个阶段模型，他们希望按计划逐步进行，从而得出可靠的结果，就像按食谱烘焙一样。遗憾的是，这根本行不通，因为谈判对手和谈判环境给谈判流程带来了太多的不确定性。所以你必须像飞行员一样，持续应对湍流和随时会变化的天气状况。同时，你也不能忽略自己的利益和目标，为了让你自己知道要去的地方，在谈判过程中，一次次地确定自己的位置就显得极为重要。

就谈判流程而言，我建议你始终保持冷静和谨慎，因为谈判是动态发展的，如同天气，是你无法控制的。你可以通过保持冷静来获得精神能量，然后将能量投入到挖掘当前的潜力当中。

关于谈判流程，存在着一些误区，如果你识破了这些误区，并拓宽了对谈判流程的认识，你的谈判能力将会得到显著的提升。

误区一、谈判在谈判桌上开始和结束

我们对高难度谈判的想象画面是两张面对面放置的桌子，每张桌子前坐着一些人。

那么，谈判是何时开始的呢？

20 人团队在镜头前握手，将门关上，然后雇主方主席宣读欢迎词之后，这时谈判才开始吗？还是在谈判者五个月前秘密开会进行商讨时就已经开始了？还是在董事会主席七个月前公开声明，由于利息问题无法再支付养老金的情况下开始的？还是从一方开始考虑下一轮谈判的那一刻起就立刻开始了？

让我们扩充一下词汇量，对整个谈判流程和单个谈判环节进行区分。这种区分是必不可少的。一旦你在整个谈判流程中进行了思考，你就会以战略性的目光审视谈判，这会让你在流程架构上拥有更多的选择。

谈判是区别于辩论、讨论或会谈的一种特殊对话形式，是一种复杂的社交互动，具有流程特征。如果该流程成功推进，则协议达成。该协议是双方对于谈判结果的共同决策，双方都必须说“是”才行。在谈判结果中，谈判对手就他们将来的行为达成了共识，如果协议成为现实，那么谈判结果就得以实现。

为避免浪费架构潜力，建议你尽可能宽泛地考虑谈判流程，这就意味着，你要让它尽早开始，并一直维持到实施。一旦你想到与他人的协商对自己有利，也就激发了你架构流程的才智。先考虑结束部分。你需要与谁商定？何时达成什么样的目标？是什么阻碍了你？为此需要什么步骤？你的实际利益是什么？谈判对手的实际利益是什么？你可以使用哪些工具？因为并非每场谈判都像并购谈判或劳资谈判那样有预先安排的结构，所以一开始可能还有很多问题都不明了，有时甚至连一个真正的谈判桌都没有。也许你只是一个游说者，想要降低或消除对你公司不利的税收。那么，你就需要思考解决方案，你最终需要说服谁？你手中有哪些工具？每个人的利益是什么？

提早开始是一回事，从一开始就考虑实施，并一直推进到实现为止又是另一回事。我已经见过太多的书面协议了，最终都还是作废了。这背后可能有很多原因，也许一方过于以交易为导向，但没有意识到实现交易的困难程度，因此，你应该从一开始就让专家参与实施。也许一方过于以谈判实力为导向，并逼迫另一方签名，而另一方则可能从一开始就计划着要破坏实施，为了防止这种情况发生，你就应该寻找到能够同时兼顾另一方利益而不损害自己利益的方法。也许实施过程中还会出现预料之外的困难，那么在达成协议时，就要考虑如何处理此类情况，商定一种针对这些情况的冲突解决机制。

在宽泛的过程中而不是在单个环节进行思考的优点是：你在一开始就不会浪费宝贵的时间；直到最后，你也不会造出无法长远解决冲突的纸老虎。

此外，整个过程中的单个环节也具有流程结构。典型的谈判环节是谈判对话，但是电话交谈、在线聊天、短信或信件也可以是谈判的环节。

误区二、谈判是一步一步进行的

照本宣科式的谈判是行不通的，特别是在涉及复杂问题时，所以按时间顺序逐步实施制订的谈判计划，是无法达到目标的。逻辑上分开的谈判步骤，通常是同时进行的，部分是依次进行的，所以你必须为此做好准备。一些指导性的书籍将谈判流程按时间顺序定义为：开幕阶段、框架阶段、信息阶段、论证阶段和结束阶段。这就很容易导致一种想法的产生，即各个阶段都是各自单独进行的。而参加过结构混乱的谈判的人都知道，事实并非如此。作为谈判者，你的职责是与你的谈判对手一起积极地给谈判搭建一个有效的结构。情况不同，流程自然也就不尽相同，至于哪种结构是合适的，我们将在第二章第三节中谈到。

你必须始终将这样的流程看作是逻辑意义上的，而非按时间顺序排布的结构。如果你卡在某一点上无法继续，则可以后退一两步，并进行调整，这样会非常有帮助。例如，如果事实依据仍然太模糊，以至于你无法制定可行的解决方案，你就可以再返回到确认事实的那一步。如果在谈判过程中失去信心，则可以退后两步，集中精力解决个人问题。

在达成协议之前，往往都有最后的谈判冲刺阶段。在经历了无数次谈判后，我发现，系统性地为这一阶段做出努力是很重要的。如果可能的话，你需要尽早与你的谈判对手商定冲刺阶段的日期。在冲刺阶段，你们可能会意识到需要重复先前的某个步骤。例如，是否还需要再讨论一下框架条件和各方权利对比？是否还需要添加某个问题并重新整理一下？在谈判的最后冲刺阶段，你可以考虑进行流程上的循环并安排缓冲的环节。

误区三、谈判准备工作是在没有谈判对手的情况下进行的

准备工作是谈判流程中的重要部分，是每个谈判的必要组成部分。几乎所有的谈判团队都会自行做谈判准备，以便与谈判对手谈判时处于充分准备的状态。在许多谈判指南中，最重要的谈判技巧之一就是“准备，准备，准备”，但依我的经验来看，这通常是拿来作为一种借口，为了不用面对对手而花费大量时间去做的事，目的是推迟与谈判对手的对抗。

我们曾经为关于飞越权的谈判花费三年的时间，并且做了大量的准备工作，但是，在与俄罗斯方面的第一次会面中，我们发现谈判对手的利益在一年前已经发生了根本变化，因此，我们准备的大

多数合同草案，寄过去后连拆都没拆过。如果能早点发现这一点，那将为我们节省很多精力。

在谈判对手不在场的情况下，为了让你和你的团队不会陷入太多的准备工作中，我建议：为自己设定准备谈判冲刺的目标。准备工作不仅要单独进行，还要与你的谈判对手一起进行。要把与谈判对手进行交流的大部分时间，当作是准备谈判的最后阶段，为进行谈判而做的冲刺。另外，经验表明，单独准备和共同准备的工作时间要大致平衡。

我发现，在没有谈判对手的情况下做过多的准备，存在两种风险：第一种是，单独准备的时间是有限的，同样的时间，你也可以与谈判对手一起探索利益，审查事实并制定解决方案。至于单独准备和共同准备之间的平衡是什么样的，这取决于具体的谈判情况。谈判的主题越复杂，在早期阶段与对手交流的意义就越大，同时也能避免自己陷入无用的准备中。

单独准备工作过多还有第二种风险。作为单独准备工作的一部分，将自己放在谈判对手的立场上是很有意义的，哪些问题和利益可以说服他？他手中有哪些选择和工具？在不影响我们利益的情况下，我们有什么办法来满足他的利益？尽管如此，你在准备工作中所做的假设，仅仅只是假设，而你的这种假设很有可能是错的。与谈判对手会面的时间越晚，你的假设就越能体现出这一点来。如果你对某个观点的确认时间太早，那么你很难在与谈判对手的对话中再次盘问，你也会开始相信自己的猜测，这可能会使你迈上错误的道路。如果谈判持续时间很长，双方的利益和态度可能都会改变。为此，要习惯对已经提出的假设刨根问底。如果你在没有谈判对手的情况下过多地专注于准备工作，那么你就浪费了与对手直接交流时所激发的潜力。

准备工作什么时候结束，谈判冲刺什么时候开始。这就是谈判的美妙之处：由你和你的谈判对手自行决定。准备阶段包含一部分单独准备，一部分共同准备，你应该尽可能多地把时间花在共同准备这一阶段上。信息交流越密集，最终找到满足双方最大利益的解决方案的可能性就越大。如果不和谈判对手商定好的话，准备阶段就会在一方抛出第一个锚点时立刻结束。然后，谈判对手开始讨价还价，集市模式就开启了。这种情况通常会被认为发生得过早了，因为双方还未能交换基本信息。

这就是为什么我建议你在谈判开始时设置一个时间点，供双方提出一揽子方案。或者，在谈判开始时，你可以先协商好游戏规则，规定仅在交换所有信息且双方都同意后才开始讨价还价，这样可以允许你将流程再推回到信息阶段。

如果谈判对手不参与共同准备，你会怎么做？如果因为谈判对手对此没有经验，从而发生了此类事情，那么，你可以说服他，这样的准备对他来说也是有意义的。只有这样，他的利益才能被全面考虑到，才能找到创造性的方案。如果谈判对手不愿意参与，是因为他看不到共同准备的意义，想要基于权利而进行谈判，他认为他可以向你强加自己的条件。那么，你就可以告诉他基于权利进行谈判的风险，他可能错误地估计了自己的权利，他这样会冒着获得次优结果的风险，因为你愿意合作的可能性会降低。但是，如果他确实基于权利获得了想要的结果，那么最终协议只能缓慢实施。在“合作原则：发挥共同智慧，打造解决方案”中，我们将更深入地探讨这种情况。如果无法针对准备工作进行正式的会谈，那么可以寻找非正式的途径来探索框架条件。

误区四、在谈判桌外分析，在谈判桌上行动

谈判时不要把想和做分开来，否则有出现以下不当行为的风险：在谈判桌外你表现得过于被动，对你自己的行动重视过少，一味地等待行动的机会；或在谈判桌上一直处于被动模式，接受度很低，白白浪费了架构空间。

在谈判桌之外，你也要关注行动的可能性；在谈判桌上，你要思考和了解人与事。在这之前，我举一个董事会主席的例子，他在劳资协议到期前七个月公开宣布不再负担退休金费用。这个例子表明，即使不与谈判对手直接互动，也可以影响谈判的进程。

除此之外，还有许多这样通过单方面行动来影响谈判进程的例子：你宣布搬迁；你开展一个媒体活动；你对谈判对手提起诉讼；公开与竞争对手的谈话；与记者或博客作者进行背景对话；邀请几个冲突方参加圆桌会议；等等。但请不要误会我的意思：这里我不会就这些手段是否有效发表任何意见，那要根据具体情况而定。但是，单方面行动肯定会存在冒犯谈判对手的风险，也可能会严重影响他的合作意愿。这些手段的成功与否始终取决于与谈判对手的沟通情况，以及在哪个框架中呈现这些信息。你要考虑一下单方面行动会造成的损害，通过巧妙的沟通和逐步升级来减少所带来的影响。如果你因为租金太高而考虑搬迁，那么你可以向房东坦白，你其实更愿意租住他的房屋，你可以向他展示你的替代方案；或者，你可以指出自己很快无法控制的机制，例如来自董事会决议的压力。或许你只是把重点转移了一小部分，但这可以让每个参与者看到你的坚定，仍然为采取对策而留有余地。

对许多人来说，谈判桌上的见面就是摊牌，以机智的论点回击

对方，以敏捷的反应答复对方的论述。但你完全忘记了，在与谈判对手对话时，那是你唯一能够更好地了解他思想世界的机会。是的，你可以在谈判桌上采取行动：提出建议和要求，向对方解释结果并影响他。当然，你也可以学着用对他来说重要的东西做交换，或者告诉他有什么其他选择。你要有意识地为每个谈判环节设定目标，并思考你要检验哪些重要的假设。

以上，我们打破了关于谈判进程的一些误解。从正面看，这意味着什么？

进行谈判时，你要始终在一个广泛的整体流程的框架下去思考，该流程应尽晚结束、尽早开始。只有在达到目标状态时，谈判才会结束；谈判从第一个想法产生时就已经开始了。

你要利用谈判的循环特点。如果在某个点无法继续下去，不要因此被卡住了，而是要退后一两步。流程、内容和关系是可以为你提供帮助的三个层面或结构要素，我们在下文中会看到，其实还有其他要素。

一个人什么也干不成，所以你要与你的谈判对手一起，将自己视为谈判流程的设计师。

将谈判结束前的大部分时间都视为准备时间，不仅要自己单独把时间利用起来，还要充分利用与谈判对手交流的时间，一起为达成最终协议前的冲刺做准备。

在每个阶段，无论是自己一个人还是与谈判对手一起，都要看看自己是否可以做出行动，或者学到一些东西，又或者两者兼得。

你谈判的技术基础已经奠定，对于如何最佳地使用谈判的流程结构，你已经有了清晰的概念，现在让我们来看看，如何以正确的态度系统性地实现谈判的成功。

态度：乐观的心态促成谈判的成功

将每次谈判视为一个绝佳的机会

你喜欢谈判吗？如果答案是否定的话，那么你跟大部分人的想法一样。我的研讨会参与者中，约有 60%到 70%的人在研讨会开始时对这个问题说不。即使是在高层管理者中，我仍然能看到他们始终逃避谈判，这点很可惜。研究表明，如果你在谈判之前专注于可以实现的目标，你将在谈判中取得更好的结果。

我的经验表明，如果谈判代表乐观地强调，在即将到来的谈判中，高效的流程会给我们带来很大的机遇，这将产生根本性的变化。但是你要注意：这并不意味着，你对在谈判中可能取得的具体结果可以抱有过分的幻想。不切实际的幻想会导致不必要的进攻性行为和不恰当的冒险精神。重点是，你要相信谈判是平衡不同利益的最有效方法。

让我们看一下每次谈判的起点：一开始，双方之间的利益存在差异，为此需要在下一步的流程中找到解决方案。如果双方达成一致或对解决方案不感兴趣，则无须进行后续的谈判。这既适用于与合资企业有关的前瞻性交易谈判，也适用于与过去有关的争议性赔偿谈判。从技术上讲，在所有可能的共同解决方案中，双方的不同利益就是一种冲突，重要的是，这种冲突结构完全是中性的，我们不能将它们与冲突可能引起的愤怒之类的情绪混为一谈，进攻性之类的行为也不代表冲突本身。让我们先看一下“冲突（Conflict）”一词的由来。“冲突”一词来自拉丁语“Configere”，一方面表示“对抗”，另一方面表示“相遇”。让我们看一下后者的含义，关于冲突这种学术上中性的理解可以如何帮助我们呢？它让我们有机会为这个中性的核心配备一个积极含义的框架，使我们在谈判中取得更大的成功。

对我个人而言，每次谈判都是学习新事物的绝佳机会。你可以自己阅读好几周的劳资协议，通过不同的观点和角度，弄清楚自己的想法，并对现实情况有一个更切实的想象。此外，通过谈判桌外和谈判桌上的会面，你会更加深入地了解自己、同事和谈判对手。我的第一任老板——一位出色的谈判者，在我职业生涯的初期就给了我以下郑重的提示：“弗洛里安，当心哦！每次大型谈判后，你都会变得不一样，进门前和出门后会是两个不同的你。”

商务谈判和私人关系一样，避免冲突并不意味着和谐，反而未解决的冲突将会给关系带来压力。但是，如果你成功建立了一种持久的冲突平衡，那么这通常会是改善关系的转折点。正是在激烈的冲突谈判中，我们才可以更好地了解彼此、评价彼此，并且将来不必欺骗彼此。我自己的体验是：恰恰是在出现了难题、情绪上的激动和最后的进攻行为，最终还能达成有效解决方案的情况下，今后谈判者的关系才会变得坚不可摧，即使又一次遇到类似的冲突情况时，也依然岿然不动。

谈判不仅是一个深入学习和稳固关系的场合，还是创新和变革的重要来源。通过谈判，人类的历史发生了巨大而成功的变化，并且在大多数情况下，避免了不必要的流血冲突。

1962 年古巴导弹危机：时任美国总统的肯尼迪和苏联领导人赫鲁晓夫在苏联中程导弹部署到古巴后，通过秘密谈判阻止了一场核战争。后来，国际关系重组，国际安全形势得以稳固。

1978 年《戴维营协定》：时任美国总统的卡特邀请以色列总理贝京与埃及总统萨达特一起到戴维营进行谈判。谈判促成了《埃以和约》的签订，并且以色列同意撤出西奈。这次谈判是以色列与其邻国和解的第一步，萨达特和贝京也因此成功获得了诺贝尔和平奖。

1988 年《中导条约》：时任美国总统的里根与苏联领导人戈尔巴乔夫就销毁两国中程短程导弹进行了谈判（双零解决方案）。这预示着冷战的结束。

1993 年南非曼德拉协议：纳尔逊·曼德拉入狱 27 年后获释，于 1993 年 2 月与总统谈判达成协议，实行不分种族的普选，促进民族团结。这一协议让南非实现了一个看似不可能的、向自由社会迈进的和平过渡。

1998 年北爱尔兰和平协议《耶稣受难节协定》：这项协议的签署标志着北爱尔兰自 1960 年代以来旷日持久的暴力冲突得以和平解决，这场冲突共造成 3500 多人死亡。自达成协议以来，爱尔兰岛上的公共生活恢复正常。

既然这些历史冲突能够成功解决，并促成更好的关系，那么日常生活冲突和日常商务冲突也是可以的。

我将其总结为：要将利益冲突视为每个谈判的出发点，并且以中立的角度看待；要将谈判过程视为学习新事物、建立和稳固关系、实现持续变化的机会。这些内容并非所有都能在每次谈判中实现，但是，保持这种积极的态度，你会取得越来越多的成功。

相信人类具备共同解决问题的能力

如果谈判陷入僵局，许多谈判者会持悲观态度，而有着坚定信心的谈判代表会让自己不受影响。在我看来，正是这种在困难处境中也能坚持实现谈判团队合作的能力，将专业人员与外行区别开来。

我不想用纯粹的乐观主义去说服你，让你相信这种信心实质上是合理的。

毫无疑问，每个人都有自己解决挑战性问题的能力，但是黑猩猩和海豚在这方面其实也不赖。那么，智人与所有其他动物真正的不同点在于，即使与几乎不认识或根本不认识的人，他们也能极其灵活地进行合作。即便处在与他们自己的团体不适应的群体中，他们也能合作，正是这种能力决定了他们能存活下来，而为了能在棘手的谈判中存活，这一能力到今天依旧至关重要。

作为谈判代表，你的职责是将每一次艰难的谈判视作和谈判对手共同解决问题的过程。这对我们来说可能很困难，但我们始终需要在这个过程中反复强调合作的价值以及合作带来的机遇。哈佛大学教授丹尼尔·夏皮罗谈到了所谓的“不妥协的谈判”。有效的谈判成功地解决了北爱尔兰的冲突或南非的种族隔离问题，那么，在你的冲突问题中，也有可能找到良好的解决方案。

我不打算在这里谈论简单的价格谈判，而是想谈谈集市模式中的讨价还价。以我的经验，商业和政治上的谈判很少有符合这种简单模式的情况，而这种模式在各大指南中都出现过。谈判越复杂，就越无法通过讨价还价来达到目标。人们总是会共同解决棘手的问题，那么，我们就可以将那些解决棘手问题的过程称为谈判。这种共同解决问题的方式具体是怎么发挥作用的，我们在后面的文章中会谈到。全面的准备和流程、良好的沟通和解决方案的创新设计是重要的要素。到现在，这种观点的内化已经足够了，人类在进化中已经具备了极强的能力，可以与其他人共同解决问题。那么，你的任务就是，充分提醒自己、团队和谈判对手这一点。

将谈判理解为一种创造性行为而不只是权力游戏

金钱和力量在冲突中起着核心作用。如果你想引导谈判取得成功，就会不可避免地运用到权力，而成功的管理者通常十分擅长运用权力。但是，至少在传统意义上，仅仅关注权力是很危险的，因为这可能会导致你在谈判桌上无法充分利用原本可以发挥的全部潜力。

你在艰难的谈判中无法完成目标，是因为解决方案空间狭窄，需要解决的问题十分复杂和棘手，而此类问题的特点通常在于，没有完善的解决方案。因此，在解决问题时，你应该尽可能多地调动具有聪明才智的人参与进来，人选最好是你的谈判对手。

如果你是一个有创造力的人，你就应该为此感到欣喜，因为谈判就是创造新事物的过程。除了想出解决方案，谈判者还需要具备一定的创造力，才能有效地设计出谈判流程，例如当你陷入僵局时。同样，在关系的维护上也需要一定的想象力和创造力。

如果你坚信成功解决冲突的主要方法是运用权力的话，我不会反驳你，但是在这一点上，我需要指出权力与创造力之间的两个关系要点：

第一，不要把真正的谈判实力想得过于简单。谈判实力取决于具体的情况。除了金钱和力量，谈判实力还有许多其他的表现形式。通常，组织好有关谈判主题的信息或与你当前的谈判对手制定好可选方案是更为重要的。或者，你善于理解对方的利益，因此找到了其他人都想象不到的解决方案。谈判实力的一个特别重要的来源是创造力，例如好的解决方案的灵感。

第二，如果你认为运用权力很重要，那么你应该培养谈判技巧，机敏睿智地进行沟通，在恰当的时机使用自己的权力。好的将领通常不是好的外交官，那些习惯于分等级解决问题的管理者，通常会在平级谈判时，对谈判对手提出过分的要求。在错误的时间或以错误的表达方式运用权力，会抑制每个参与者的创造力，同时也就阻碍了最佳谈判结果的达成。

坚决维护自己的利益，不要被占便宜

我建议你做一个坚忍的谈判者，真的吗？是的，是真的。只不过，重点是，你的坚忍仅限于坚持不懈地捍卫你最重要的利益。技巧在于，你要在适当的时候向你的谈判对手解释，你需要捍卫自己的基本利益和诉求，让你的谈判对手清楚地知道你的内容和意向，同时也要避免对话中出现不必要的尖锐。所以，坚忍恰恰指的不是你表达事情的方式方法，而“语气柔和，内心坚忍”才应是你的秘诀。为了成功达到这点，你必须清楚自己的利益是什么，对你来说，什么重要，什么不重要。

不要低估这一挑战，这意味着在找到解决方案之前，你要始终坚持己方的利益。显然，更简单的一种做法是，在最初的谈判对话中就表现出口头上的坚忍，而在最终的时候放弃抵抗。

“注重你的利益”是哈佛谈判术的中心思想。但是，过早透露自己利益的人，可能会在谈判中遭受沉船式的打击。只要你还不信任你的谈判对手，你就必须考虑到，他可能会通过耍花招来获得不公平的优势。这里，一种常用的手段是，给谈判对手唱合作谈判的赞歌，诱使他详细地说出自己最重要的利益，然后策略性地加以利用。你必须了解这种手段，才能识破它们。即使你的谈判目标是一个最优的解决方案，而这个解决方案是在理想状态下通过共同解决问题来实现的，你也不应该太过天真或粗心大意。

力求进入谈判心流，达到解决能力最大化的状态

谈判心流是每个谈判者都渴望的状态。如果你和你的谈判团队曾经进入过这种状态，你就会一直渴望再次进入。

下面是我自己经历的谈判心流的例子：

罢工持续一周后，工会和雇主之间的气氛都很低迷。出于战术原因，我们更改了谈判方式，然后在六个月的时间里就各种劳资协议进行了谈判，其中一部分谈判是在主持人和调解人的帮助下完成的。在这段时间里，双方的谈判人员越来越熟悉，彼此了解越来越多。最终，交易达成了，开始庆祝，开新闻发布会，发布报道，享受假期，等等。

当我休假回来时，令我惊讶的是，我日程表上的第一个安排是与律师和董事会成员的会面。因为新的退休金计划（共180页的劳资协议）是不合法的！因此，整套劳资方案都受

到了质疑，需要重新规划。我们谈判的唯一机会是设计一个完全不同的退休金和薪酬体系，但是，我们只剩下一周的时间，因为新退休金计划的启动是众所周知的，而且没有回头路可走。我很悲观，要想在一周内重做六个月的工作绝非易事，况且还要消除非法性。我们没有任何头绪。

作为谈判代表，我始终抱有最坏的打算，但我不能让其他人感到灰心丧气。我们组成了一个小团队，工会和雇主方各有四名专家，再外加两名专家。双方的唯一目标是搞定之前无法解决的问题，将整套方案和促成劳资和解融合在一起。规则简单明了：我们闭门工作一周，所有信息都留在房间里，每个人都参与思考，除了我们共同的“棘手任务”外没有其他话题。每个有想法的人都可以畅所欲言，即便他的想法听起来似乎不合情理。但是，不会有人提前做出评断，也不会有人提出愚蠢的建议，在找到总的解决方案之前，更没有人强硬地坚持某一观点。

然后，奇迹发生了。第二天，一位工会代表想到了一个对我们有利的想法，但会产生一笔合法的退休金，然后专家们对这个想法的细节进行了微调。同时，我们的雇主代表考虑了如何弥补对工会或雇员的不利影响。本来感觉暗无天日，但到了周末，新的解决方案有了，从经济角度看，对双方来说都是中性的。那时我们才发现，时间竟然过得如此之快！

那么，究竟什么是谈判心流？我们如何才能实现？许多人都知道心理学家米哈里·契克森米哈赖最初对心流状态的描述：心流体验是指当一个人应对适当的挑战时，这项挑战在力所能及的范围内，就会出现长时间的高度兴奋和充实感。这一状态可以发生在个人身上，也可以发生在团队中，后者就是所谓的集体心流，并且已经得到了充分的研究。谈判心流是集体心流的特例，谈判人员能够成对地或者越过谈判界限与各自的谈判团队一起组成一个高效的解决问题的团队。为了更好地理解这一概念，区分心流体验和心流入口就显得非常重要。心流入口是心流体验的大门；心流体验就是房间，你可以在这里体验到谈判心流。

基本上，你会与谈判对手一起经历更长时间，进入更专注的解决问题的状态。通常，谈判者会对这种状态产生满足感和成就感。谈判心流还有哪些其他特征呢？

双方对刚刚取得的进展有共同的感受。

他们感觉变成了一个整体，可以协同工作并有效地解决问题。

每一方都同时考虑到自己和另一方的利益。

双方相互信任，相互尊重，坦诚对待彼此，并接受彼此的弱势，因为不必担心这会被另一方利用。

在个人层面上，单个团队成员会体验到在团队中发挥作用的乐趣以及强烈的成就感。

虽然无法百分百保证你能实现谈判心流，但是，有一些因素可以提高进入这种状态的可能性：

双方尽可能多的参与者都已经亲身经历过谈判心流。如果双方的谈判人员都在相同或相似的团队配置下进入过谈判心流的状态，就会很有帮助。“永远不要改变成功的谈判配置”，这是我在此处的建议。

双方彼此熟悉。他们发展了共同的语言，学会了互相倾听，商定了共同的规则，并对彼此的目标和利益有了更深刻的理解。

尽管存在各种矛盾，双方仍成功地找到了共同的利益和目标，建立了共同的工作流程，约定了时间表，并确定了终点。

谈判对手在解决问题时感到很放心。他们敢冒险，敢开诚布公，所有谈判者都不必承担其提议被贬低或被滥用的风险。这适用于你自己的谈判团队、谈判对手，尤其是谈判流程之外的第三方。重要的是，我们努力消除公开信息的风险或者避免提议被滥用，不仅仅是为了当前的谈判局势，也是为了未来。我经常看到在机密环境中提供的信息后来被有意或无意地滥用，这种情况会在关系层面上造成很大的伤害。那么，你该如何防止这种情况的发生呢？针对保密性，要事先协商好一个清晰的游戏规则。在极端情况下，我们曾经在所谓的“安全空间”工作，这些区域连同我们共同商定的保密声明、使用禁止和详细的行为准则都被保护且与外界隔离了起来。如果安全性得到了保障，那么通常就保障了共同谈论不同解决方案的坦诚性，这是获得最优结果的重要前提。能够坦诚对话，不用担心信息立即或以后被滥用的这种安全性称为信任。这意味着信任既是谈判心流的前提，也是谈判心流的结果。换句话说，是一个自增强的规则循环。

如果我们把有关谈判实力或权利的问题放在首位，而这一问题又未得到解决，那么我们就很难越过谈判界限进入团队合作模式。例如，如果双方都认为他们可以通过罢工或忍耐罢工将自己的意志强加于另一方，那么就很难比出谁强谁弱，于是，他们只会陷入无穷无尽的权利之争，而无法专注于问题的解决。怎么办呢？要么尽可能冷静地阐明不同的出发点，要么对权利问题避而不谈，立即着眼于解决问题。

针对谈判对话定一个高要求且明确的目标。如果该目标对参与者构成真正的挑战，则对心流的产生非常有帮助。这样就不会有多余的精力放到别的事情上，避免分散彼此寻找解决方案的注意力。这样的目标可以是，定下两套针对某问题的书面解决方案，以便双方在后续的增添阶段可以自行评估。

双方经过精心训练的团队会增加谈判心流真正产生的可能性，这就意味着，谈判对手能够评估彼此的优势、劣势，并且所有谈判参与者现有的互补的能力都能得到充分发挥，这也需要一定程度的相互协调。为什么每个人都参与其中会如此重要？对于个人心流体验至关重要的是，当前任务必须在个人的挑战性和当前状况的可控性之间取得恰当的平衡。我的建议是：作为谈判团队负责人，要尽可能确保所有参与者都有任务可做。这点不仅适用于你的团队，也适用于谈判对手的团队，只要你有机会就应该施加影响。

可能最重要的一点是，让尽可能多的谈判者牢牢地把握当下。这意味着要将主要的注意力放在现在，而不要偏向于解决过去的问题或者对未来担忧。哈佛谈判术的提出者罗杰·费舍尔提出了一个重要问题："今天谁能做点什么，来朝着解决方案迈出一步？"

一位高级经理问我："弗洛里安，告诉我，你有聪明的大脑，受过良好的教育，善于与人交往，你为什么要与工会进行这些可怕的谈判？又没有人强迫你，你大可以在公司战略部门或法务部门工作，过上更加舒适的生活。"那时，我几乎没有思考，就说出了"谈判心流"这个词，"一旦你体验过了一次，就会想一次又一次地继续体验。"

第二章

内化：开发专属于你的谈判工具

没有人能记得住谈判的所有技巧、建议和策略，因为世界上有无数种谈判场景和无数种技巧。我们目前的谈判策略列表中就有200多个条目，而且这个数字后续还会增加。

研讨会参与者普遍喜欢提的一个问题是，某种谈判策略（例如“要么接受，要么走人”）是否有用。我只能用法学家的经典回复来回答这个问题：“这要看情况。”事实是：选择正确的策略时，具体情况、具体人员和处境起着决定性作用。有时，为你的谈判对手提供一点点决策帮助并给他下最后通牒是有效的；另一方面，我也看到过最后通牒直接导致了严重的罢工，这种罢工原本是没必要的，但董事会认为此时给出最终提案就赢定了。

因此，每次谈判都是不同的。在具体的情况下来决定下一步最好做什么，这就使得谈判既令人激动又富有挑战性。如果你和你的团队有多种行动方案可选择，这是很有益处的，但更为重要的是，要始终基于某些能保障成功的原则来做出行动和决策。

成功谈判的七大原则是基于我的经验和研究所总结的精髓，在本书中我还结合了理论性的谈判知识进行分析。如果遵循这些原则，你会在高难度的谈判中取得成功。这里没有绝对的对与错，重要的是，你要内化每一个原则的基础知识，然后开发一套属于自己的工具。

收益优化原则：为你和你的谈判对手创造更多价值。“如果一艘船不知道该驶去哪个港口，那么任何方向吹来的风都不会是顺风。”每个谈判者的基本问题是：在这次谈判中我的目标是什么？可能达成的交易具体可以获得什么收益？只是钱还是有其他因素？我如何知道我已经充分发挥了谈判的潜力？仅仅考虑我自己的收益，还是也要考虑我的谈判对手的收益？

知情原则：谈判就是你需要赢得胜利的信息游戏。“知识就是力量”这句话启发了每个人，但是，哪些知识是真正相关的？我们如何获得此信息？如何确保我们不会在庞杂的信息中迷失？如何识别错误的信息？

领导原则：对有效的谈判流程负责。“谈判来自行动。”在谈判中，需要不断做出大大小小的决策。谈判的主题越复杂，谈判桌外的战略就越重要。你如何以正确的态度带领你自己、你的团队和你的谈判对手取得成功？你如何应对权力以及处理道德问题？

合作原则：发挥共同智慧，优化解决方案。当然，为了在谈判中取得良好的结果，合作很重要。但是，你如何从一开始就建立好谈判的基础，以收获“合作红利”呢？是什么破坏了我们努力的合作，我们可以采取什么措施？我们如何与看起来不愿进行团队合作的谈判对手打交道？有可以促进合作的方法和流程吗？

“双管齐下”原则：充分发挥解决方案的潜力。谈判大师能够同时掌握看似矛盾的技能，例如移情能力和意志力。还有哪些矛盾的技能？为什么它们如此重要？

理性原则：专注于寻找智慧的解决方案。即使在复杂的情况下，人们也能够做出理智的决定。为此必须创建哪些先决条件？哪些思维上的误区使我们无法在谈判中做出理性的决定，我们能采取什么措施？

创造力原则：在每种情况下都能产生最佳想法。几乎所有的作者都会强调在谈判中创造力的重要性，但是，必须遵循哪些基本规则呢？创造力可以被系统地规划出来吗？哪种方法可以激发个人创造力，甚至能与谈判对手一起使用？

这七个原则是你取得谈判成功和可持续的成果的指南针。在艰难的谈判处境下，我会在大脑里过一遍七个原则：我是否有足够远大的目标，同时又掌握了足够多的信息？我是否主动领导了有效的谈判流程？我是否已尽一切努力去促进真正的合作？我是将矛盾双方的技能结合还是局限于“非此即彼”？我是保持了理性还是受到了思维误区的影响？我是否为创造性的方案创造了发展空间？

这些原则不是新编造出来的，它们具备坚实的科学基础。幸运的是，谈判变得越来越科学。这一切始于1979年，“哈佛谈判项目”设立。该项目至今仍然存在，是跨高校和跨学科的。从那时起，经济学家、心理学家、律师、政治学家、社会学家和教育工作者一直致力于谈判研究和教学。项目的中心问题是：可以给谈判双方什么合理的建议？只为一方服务的谈判技巧不会被进一步关注，因为它们会引起争议。你只需要思考一个常用的技巧：设定议程。如果双方都想设定议程，该怎么办？

自“哈佛谈判项目”设立以来，仅哈佛大学的科学家就撰写了115本关于谈判的书籍。其中，最有影响力的作品是罗杰·费舍尔和威廉·尤瑞的《谈判力》。另外，还有来自其他学术机构的无数研究。本书的一个目标是从大量信息中为你提炼出精华。

概述

谈判学本质上有三个学派：双赢学派、谈判分析师学派和谈判关系学派。双赢学派强调理性、系统的谈判方式与直觉式讨价还价相比所具有的优势。这个学派的目的是促进合作获利和明智的解决方案的达成。许多代表人物都具备法律背景，最著名的是哈佛谈判术的提出者罗杰·费舍尔。

谈判分析师也是经济学家，他们在谈判桌外使用决策理论和博弈论来优化谈判结构和策略。无论你是谈判一个主题还是同时谈判多个主题，是只谈判一次还是处于长期谈判中，是和两个谈判对手还是很多谈判对手进行谈判，都存在巨大差异。最令人关心的问题是，哪些心理现象会阻碍我们做出理性的决定。

谈判关系学派是社会心理学家的领域。它着重研究人际关系问题，例如地位、角色、同理心、坚持自我的能力以及道德和伦理问题在谈判中起到的作用。更好地认识不同谈判者的困境，例如被委托的谈判人员与其客户之间的紧张关系，可以帮助我们更好地理解谈判，这也是社会心理学家在这方面做出的重要贡献。

只要这些科学认识与实践相关，我都会在下文中介绍，这样你就可以广泛地了解所有谈判学派的专业知识了。所有建议和技巧均经过我亲身测试，并且被证实有效，我将它们整理成了表格，以便你在实践中可以直接使用。

收益优化原则：为你和你的谈判对手创造更多价值

所有谈判的出发点都是你想要实现什么样的目标，所以你一定要有一个高要求的目标。这不仅是为了自己的利益，也是为了谈判对手的利益。只有这样，你才能获得最佳的谈判结果。如果双方都是雄心勃勃的，那么通常会造成激烈的冲突，但如果你最终有效地处理了冲突，也就找到了更好的解决方案。在本章中，我们将学习一些基础知识和掌握一些谈判的基本工具。

实践中的错误

在实践中，我经常碰到一些关于收益优化原则的思维误区：

错误 1：经过漫长而艰难的谈判马拉松，最后忍痛以妥协而告终，谈判团队感到失望和沮丧。经验丰富的谈判资深人士用下面的话安慰团队："如果双方对谈判结果感觉不太满意，那么事实上结果通常会很好。"

解释：这位谈判资深人士暗示了妥协对双方来说都是痛苦的。妥协是赢输式的谈判结果，双方多多少少都会有损失和获利。这位资深人士误认为，妥协是谈判失败的撤退点，或是摆脱与谈判对手之间纯粹的权利斗争的出路。但是，从有效地解决问题的意义上讲，妥协并不是系统性谈判的目标。可能他相信零和理论，但他还没意识到，其实可以通过巧妙的解决方案来优化双方的利益。

错误 2：谈判团队将谈判结果提交给董事会，团队展示了谈判综合方案中所有的“给与得”。董事会很难在短时间内对谈判团队的成功进行评估，让董事会更为难的是，他们不知道该如何对成功进行正确的衡量。但是，谈判对手在某些重要方面占了上风，董事会就非常清楚地知道，是对方赢了，自己的谈判团队输了。他们认为：商业中没有真正的双赢，只有输家和赢家。

解释：第三方评估谈判时的一个常见错误：从谈判结果或另一方的喝彩中得出另一方赢了的结论。谈判常常被误解为简单的输赢游戏，但是，在复杂的谈判中，其实存在着很多可以通过合作获利的机会。谈判始终是相互协调和坚持自我主张的结合。为了使自己的收益最大化，你必须要关注谈判对手的收益。在成功的谈判中，谈判对手在对他很重要的个别问题上坚持自己的主张是很正常的，因为这通常是收益最大化的前提。这样一来，谈判蛋糕就变大了，对双方而言都有更大的收益。在大型机构中，与委托人保持密切联系并清晰地阐明谈判结果的收益是十分重要的。在下一章中，我会告诉你该如何采取行动。

错误 3：谈判团队被授予一个任务，他们需要定一个明确的最低目标。谈判初期就能看出，对方一定会接受这一目标。然后双方就在此基础上感到满意并签订合同。

解释：谈判者已把自己锚定在自己的底线（这里也称为免谈价格）上，这是谈判初学者常见的错误。我们之后会谈到如何建立一套目标体系，来避免这种情况的发生。

错误 4：谈判团队正在为第一轮谈判做准备，其中一名新员工询问本轮谈判的具体目标是什么，经验丰富的谈判人员对此未给出详细说明，并建议他先开始谈判对话，然后看看对方想要什么，这就可以成为他思考的出发点。

解释：在谈判之前，特别是在信息不清楚的情况下，很难设定合理的目标。没有目标就开始谈判是很危险的。如果坐在对面的是谈判专家，那你会被他们极具说服力的最高目标给锚定住，最后，你可能还会沾沾自喜，自己把这个最高值降低了一点。事实上你离最佳的谈判结果还差得很远。

自身收益最大化，避免过于简单的收益概念

你试图在谈判中将自己的收益最大化，这是完全没有问题的。正如经济学家对“经济人”这一概念假设的那样：每个人都以个人收益最大化为目标。谈判时，追求最大化的收益就具有明显的优势。研究表明：有着远大目标的人会得到更好的结果。如果双方都试图最大限度地追求自己的收益，这是非常好的。由于双方的要求很高，谈判冲突的强度自然也会增加。但是，只要双方能够有效地解决这一冲突，那么这种高水平的冲突能量就可以带来总体上更好的解决方案。最后，这种高要求的谈判目标也就提高了双方的收益。

在我的谈判培训中，我总能观察到这种效果：如果我让参与者在有很大空间的解决方案中谈判一个案例，可选择的解决方案的重叠区域就很大，他们通常会很快达成协议。一般来说，参与者就价格方面达成了一致，其结果其实是受到了锚定效应的影响。这点我在第一章第一节中已经介绍过，最初激进的开价决定了最终的结果。

同样的情况，我激励谈判参与者要取得好的结果（例如用刺激

性的话语，“我想看看法兰克福人是不是真的比汉堡人谈判要厉害”），而后谈判者确实提出了富有创造性的附加协议，包括红利协议、服务承诺，以及针对未来合作和互相支持的协议。这些协议为彼此带来了额外的收益，双方不仅分得了现有的蛋糕，还把蛋糕做得更大了。双方的野心降低了锚定效应的随机性，第一个开价的非理性影响被减弱了。但是，如果我过度地激励他们，那么无法达成一致结果而陷入僵局的人数就会增加，各方的能力再也不足以解决各种冲突和问题。但是，即便发生了冲突，如果双方仍然处于共同解决问题的状态下，那么看似无法实现的解决方案其实是有可能的。因此，谈判专家提出的重点是要有野心，同时也要保持解决问题的状态。

此外，如果在谈判中谈判者不能达成共识，而实际上又是有协议空间的，这其实就出现了谈判僵局。我将在第三章第一节中详细介绍应对谈判僵局的策略。

谈判中的收益是指，谈判最终所完成的其中一方的具体利益。“哈佛谈判术”告诉我们，谈判中，每一方的利益往往不止一种，而是有很多种。在商业领域中，通常存在一维观念，即谈判结果带来了什么样的收益。通常情况，谈判者仅考虑直接可得的实际利益，甚至仅考虑价格，却忘记了以下几方面也会影响谈判结果的整体收益：

谈判的交易成本。由于准备不足、方法无序或情绪波动大，大型的谈判在时间上通常会拖很久。这会导致高额的谈判费用，因为你需要把差旅费和咨询费加到所涉及的员工和同事的薪水中。其间不断地询问和委托也加重了对其他组织的压力。此外，由于形象受损或激怒了客户，还会产生冲突成本。在漫长的谈判阶段中，如果无法达成迫切的预期结果，甚至伴随着抵制或罢工的出现，这些都会让组织陷入困境。如果谈判的持续时间比预计的长，则将危及相关的后续项目。每一次谈判的具体情况都是不断变化的，在时间过长的情况下，例如变化的法律状况、价格结构或交涉人员，都会增添额外的压力。最后一点是机会成本。如果把谈判资源更快地投入到其他项目上，你可以实现什么目标呢？而这些成本常常被忽略，它们被当作是对谈判结果的一种投资。没错，只有在这些投资可以带来回报时，这样的投资才明智，因此，在谈判结果的总体收益方面，我们必须考虑交易成本。

如果你在业余时间喜欢讨价还价，就请做一下自我测试：在周末花上六个小时去三家不同的电器店进行谈判，就为了最终能省下 100 欧元的电视机费用，这真的值得吗？你原本是不是可以把时间花费在其他项目上，赚得更高的时薪？如果你选择与家人共度时光，收益会不会更大？

谈判的关系收益。谈判流程和谈判结果会如何影响谈判对手之间的关系？你与谈判对手谈的不仅仅是某件事，还在不断地判断双方关系的质量。除了商定白纸黑字的经济合同，你通常还会与你的谈判对手商定一种隐性的关系合同。尽管我们花了很长时间去推敲经济合同中的个别表述，但我们很少能意识到，我们通过这一合同建立的是什么样的关系。关系合同通常包含许多隐藏的分歧，如果双方就关系合同成功达成一致，合同的整体收益将大大增加。有效的关系合同确保了收益不单单只停留在纸上，也就是说，有些合同听起来不错，但是很难实施，因为它从实施的一开始就遭到谈判对手的抵触。

那么，谈判对手必须就哪些问题达成一致，才能形成有效的关系合同呢？首先，各方对伙伴关系的本质、目的、范围和持续时间的期望应该保持一致；其次，应该就合同订立后工作关系的形成保持一致：如何就合同内外的问题进行了解和协商？后续如何共同做出必要的决策？谈判对手之间的争端如何解决？如何应对突发情况以及在什么前提下对合同进行调整？如果在谈判过程中这种关系已经不起作用了，则会导致更高的谈判成本：沟通不畅导致信息交换效率低下，信任和信誉的缺失则须通过修复流程，例如检验和复查程序、烦琐的合同起草或第三方的介入来弥补。如果这是一个无后续合同关系的一次性交易，则不必担心这些。但是，在真正重要的谈判中，这种情况很少。

多个谈判阶段的收益。仅关注这一轮的谈判结果是有意义的吗？或者你将来会再次坐在类似情况的谈判桌上吗？这是一个关乎长期关系的、包含多个阶段的谈判过程吗？那么，有必要优化这一长时间段的总收益，完善多轮独立的谈判结果。如果你通过耍花招以及强硬的态度让工会屈服，那么接下来的几轮谈判中，你的初始状况可能会不断恶化，最终自食其果。在评估你从谈判结果中获得的收益时，要考虑到这种逆反效应。

优化你的谈判对手的收益

在为委托人或大型组织谈判时，试图优化谈判对手的利益的人，会让自己处于危机之中，因为这会让人怀疑你已经叛变投奔了另一方。为什么在需要最大限度优化自己的收益时，你却试图做有利于另一方的事情？这与人的直觉相矛盾。

人的直觉并不总是正确的。此处的误区就是所谓的“零和误区”，它指的是一个错误的设想，即在谈判中一方的所得正是另一方的所失，对一方有利的必然意味着另一方吃亏。但是在某些情况下，谈判对手的收益最终是可以转化为你自己的收益的。

让我们仔细思考一下。如第一章中所说的那样，每次谈判都有机会获得合作收益，尤其在第一章第一节提过的分橙案例中，效果会十分突出。每次谈判都存在获得合作收益的潜在可能，即便数额较小。通过资源共享、交流解决方案或扩展合作范围的方式，肯定可以带来额外的好处。但是也有可能，合作收益仅在你的谈判对手那方产生。那么，这样还有意义吗？

你的目标是在每次谈判中都实现“帕累托最优”。我们需要进一步探讨一下这个问题，因为到目前为止，我们只关注了自己的收益。

我们每一次都问问自己，除了自己的收益，如何使谈判对手的收益最大化。如果在不让自己收益受损的情况下，无法再令另一方获得更大收益，则达到了谈判专家所说的帕累托最优状态。帕累托最优是有雄心的谈判者的最高目标。

让我们简要地看一下图 3，以便更好地理解帕累托最优的原理。A 点表示谈判双方的起始点，如果谈判结果实现的收益超过 A，那么每个谈判者获得的收益都比其他替代方案的要高。一方或双方获利少于 A 的话，那么它就不是有意义的解决方案，也就意味着至少有一方有更好的选择。处于 A 点以南或者以西的交易都是不合理的。对双方谈判者来说，B 点比他们的替代方案更好，但是这种情况下，双方均存在更多潜在的收益，解决方案 B 总比没有解决要好，但效率仍然很低。大多数谈判都是以这样低效的解决方案而告终的。最后，C 和 D 是帕累托有效的，它们处于帕累托前沿上。这意味着谈判收益的潜力已用尽。通常，帕累托有效的解决方案会存在很多种。谈判人员通力合作到达帕累托前沿，由此产生合作收益，最后能够停留在帕累托前沿的哪一点，就涉及分配问题了。超出帕累托前沿的解决方案是不可行的。每一次谈判都涉及两点：合作与分配。你的目标始终是，不低于谈判的最优收益潜力。所以要以收益—收益坐标轴的“东北”区域作为目标，最优值应落在帕累托前沿。你要在这里实现你的收益目标，并确保你的谈判对手已充分挖掘了他的潜在收益。

对我的学生和研讨会参与者来说，最初他们似乎很难将额外的注意力放到谈判对手的利益上。那么，谈判者为什么要关心谈判对手的收益最大化呢？

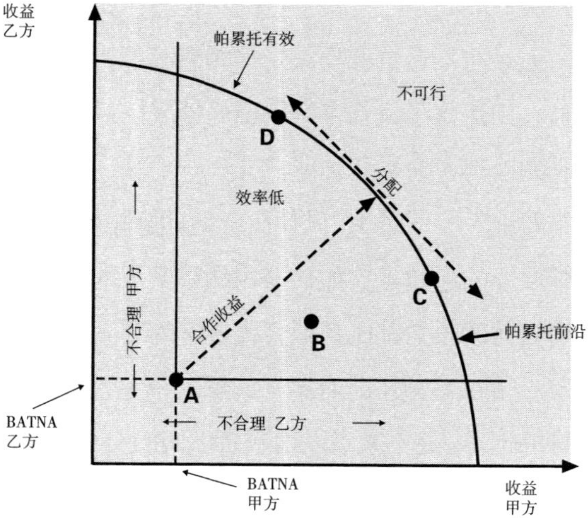

图 3：谈判中的帕累托最优

如果在不降低你自己收益的情况下增加另一方的收益，那么谈判结果的总体利益就增加了，你就把谈判蛋糕又做大了。这样一来，你才能在其他地方为自己争取额外的收益。以蛋糕的例子来说：你可以从更大的蛋糕上切下更大的一块。例如，如果你遇到另一方存在暂时的资金流动性问题，并迁就他延后付款，那么你会更容易获得较高的价格作为回报。换句话说，另一方增加的收益可以转化为你自己的更高收益。

在不减少自己收益的情况下，要注意保持谈判结果的公平性。如果你成功增加了对方的收益，却又没有减少自己的收益，那么你就增加了谈判结果被认为公正的可能性。不仅你的谈判对手会这么觉得，涉及的第三方也会这么认为。如果你的谈判对手觉得自己受到了公正的对待，那么他接受谈判结果的可能性就会增加。总结起来就是：如果谈判对手获得了足够的收益，那么将有益于你为自己争取更高的收益。

即使第三方不直接参与谈判，也会给他们留下好印象，即你对待自己的谈判对手很公平。想想劳资协议涉及的员工，或者是报道此事从而有助于你的形象建设的媒体。通常，签约还需获得另一方委员会的批准。在实施谈判结果阶段，法官或调解员试图帮助解决争端，如果他们觉得你公平对待了你的谈判对手，对你有了好印象，那么他们会更快地站到你那边；如果他们觉得你缺乏公平，则会激发另一方的能量，并导致他们拒绝接受谈判结果，即使这在经济上是不合理的。

相关学术研究认为，公平感的基础是人类固有的。这是通过所谓的最后通牒博弈研究得出的结论。

参与者甲得到 100 欧元，他必须分其中一部分给另一位参与者乙。如果乙接受这一提议，他会得到这部分钱，其余的钱归甲；如果乙拒绝了这一提议，那么两个人分文都拿不到。通常情况下，甲会给出 40 欧元到 50 欧元。而如果甲给的低于 30 欧元，通常会被乙拒绝。从纯粹的经济角度来看，这是不合逻辑的，因为对乙来说，就算得 1 欧元也比拒绝有更大的收益。然而，那些觉得自己受到不公平待遇的参与者会惩罚对方，甚至不惜牺牲自己的利益。

这告诉我们，你应该还要考虑另一方的收益。现在有些人可能会提出异议，认为这与另一方的真正收益无关，而仅仅与他对收益和公平的感受有关。这或许是对的，并且可以通过之前介绍的框架效应之类的理论来支持。但是，这是关心另一方获得真正收益的第一步，也是最好的基础。

投资你的谈判声誉。如果你与谈判对手保持长期的（工作）关系，那么你也可以将这种优化看作是对未来谈判的一种投资。在后续的谈判中，你要避免因所谓的不公平而受到惩罚，同时你可以期待在未来的某一轮谈判中得到支持。所以说，互惠原则的作用范围会超出单个谈判。

你是否给大家留下了这样一种印象，只有在另一方的结果也得到优化的情况下你才会感到满意？当你达到这种状态时，对你而言，就收获了不可估量的价值，因为你的口碑会口口相传。同时，这也有助于未来和你的谈判对手更快地建立信任基础，取得更好的谈判结果。这样就形成了良性循环。

有一些谈判不具有达成解决方案的客观条件，不存在可能达成协议的空间，因为制定的解决方案与谈判者的最低期望没有重叠的地方。如果你的最低期望已达到，但是另一方还没有，那么就需要寻找提高对方收益的办法。在协商空间狭窄的情况下，极小的改进也可以带来决定性的变化，让交易最终达成。设想一下，你要购买新车，你的最低期望值已经达到了，你的努力让它比标价低了

20%，但商家还在犹豫，因为他没有达到自己的最低期望值。那么现在，你诚恳地承诺在他这里做前两项服务，如此一来，这笔交易就变得完美了。因为不管怎样，这个服务你都是要做的，而商家的车间生产能力得到了保证。对你来说这是低成本，而对商家来说则是高价值。

支持关注谈判对手收益的论据有很多，但是，这并不能解决一开始提到的问题，如果你太关心谈判对手的处境，你会被误解。人们的直觉仍然存在：对他人有利的地方会对我们不利。有一种非常简单明了的方法可以解决此事：通过分析，清晰说明己方在谈判结果中的收益。如何分析推断谈判结果的收益，我们将在“让双方的收益可视化”中进行探讨。

谨慎妥协

“妥协是好的解决方案的劲敌。”这是成功的谈判者的重要座右铭，他们为自己设定了在谈判中创造价值的目标。为什么会这样呢？难道妥协不是解决冲突的一个重要方式吗？

区分合作与妥协。重点在于谈判外行经常混淆“合作”和“妥协”这两种冲突模式。但是，了解两种模式之间的根本区别很重要。妥协是谈判结果的一种特殊形式，双方都做出了一点让步，谈判结果所产生的总体收益不会因妥协而进一步增加，通常采取的方法是所谓的折中。因为谈判蛋糕没有变大，只是被分掉了。合作意味着双赢，是增加从谈判中获得的总体利益，即先将谈判蛋糕做大，再进行分配。

双赢的解决方案在纸面上看着很漂亮，但是，与折中方案相比，它需要付出更多的努力，需要我们做更细致的准备，不论是单独还是与谈判对手一起。双方的专业能力、方法论、相互信任和有效的沟通必须结合在一起，才可以实现增值解决方案。尽管该解决方案给相关人员带来了更多收益，但实施起来要比简单的折中方案更为复杂，所以就存在妥协的危险。

对你来说，你不必尽最大可能挖掘解决冲突的潜力，而为了让谈判流程变得更简单，主动做出妥协，“让钱留在谈判桌上”，但是我们对谈判专家可以有更高的期望。此外，最为重要的是，要认识到折中是没有意义的。如果你的配偶喜欢棕色的鞋子，而你觉得黑色的鞋子更好，那么一只脚穿棕色的鞋子另一只脚穿黑色的鞋子，可不是一个好的解决方法。

将妥协作为撤出点。这是否意味着任何妥协都是不好的，我们都应避免？当然不是。如果你已经付出了很大的努力，仍未找到增值解决方案，或者在你想要坚持主张，但又缺乏说服力，同时希望将损失降低的情况下，那么妥协就是一个合理的撤出点。在涉及多个议题的大型谈判中，你没有办法针对每个议题都组织一场费时费力的谈判，以寻找增值解决方案，那么有时就需要选择妥协。在面对一些相对没那么重要的议题上，妥协是一种可选择的手段，否则问题无法得以解决。

题外话：在守时与燃油消耗的目标冲突上，不要懒惰地妥协

我很喜欢给我的学生讲飞行员中很常见的一个例子，以表明在某些情况下，妥协是一种糟糕的解决方式。

机长在起飞前必须与副驾驶员协调做出一个重要决定，就是要加多少燃料的问题。想象一下，机组人员正准备从旧金山飞往法兰

克福。由于强劲的逆风，到达法兰克福的时间会延误约 20 分钟。为了确保弥补这一延误，飞行员必须提高飞行速度，而这需要更多的燃料。

但是机长不想再加油了。他认为机组人员可以通过较短的飞行路线以及优先降落法兰克福来争取一点时间。他非常注重成本和气候问题，因此不想消耗不必要的燃料。况且，在这么长的路线的情况下，半小时的延误也并不是很糟糕。

副驾驶员对此持否定态度，并希望补充四吨以上的煤油。他表示，飞机上有很多根本不想去法兰克福的转机乘客，而且他们大多数会因为延误而赶不上原先计划的转机航班，而下一班航班需要他们等很长时间，并且许多乘客还必须等待许多小时才能进行下一个中转航班。此外，经验表明，如果不加油的话，通常最后只能多弥补几分钟的时间。

此时，机长可能会想出一个办法来稍微靠近副驾驶员的方案，例如在煤油的数量上采取经典的折中方案，只加两吨油。

这很可能意味着该航班到达法兰克福仍要晚点 15 分钟左右。这样一来，几乎所有计划的转机航班还是会赶不上，因为这些航班上下连接的时间通常很紧，没有等待的时间。而在煤油的数量方面，虽然做出了看似公平的折中，但是对大多数乘客来说，副驾驶员所代表的“准时到达最终目的地”的利益无法实现。另一方面，仍然会不必要地消耗大量额外的煤油，因此也不能满足机长所代表的“尽可能低成本、不受气候影响地飞行”的利益。

事实证明：在某些情况下，选择满足其中一种利益更有意义，否则折中方案会造成双输的情况，这就意味着没有任何一方的利益真正得到满足。

让双方的收益可视化

我是否已经说服了你，在任何谈判中，先最大程度地提高自己的收益是合法的，甚至是有利于整体利益的？你是否也相信优化谈判对手的收益是你自己取得谈判成功的关键？如果是，那是非常可喜的。

但是，到目前为止，这些只是空想。在实践中，最为重要的是你必须真正弄清楚这些收益，最好的办法是在谈判的进程中实时进行。因为，这意味着你、你的谈判团队和你的委托人在谈判期间衡量自己的收益时有更好的方向。你要不断地思考，什么对你来说极为重要，各个解决方案对整体结果有什么价值。此外，在结束阶段，你可以更精确地确定谈判结果是否符合你的利益或目标，以及谈判结果是否优于你的替代方案。

如果除了你自己的收益，你还分析记录了谈判对手的收益，那么你可以更好地了解，你是否真的在朝着收益—收益坐标轴的“东北”部帕累托最优的方向发展（请参见图 3）。为了能够有效分析且确定另一方的收益，你必须深入考虑他们的优先项和利益，做出假设，并收集相关信息。如果你理解了另一方的收益，就会有超出期待的额外效果。此信息是激发创造力的基础，以便你可以找到最大化发挥协议空间的解决方案。

制定评分体系。具体该如何确定收益？为此，你需要一套评分体系。首先，我会向你介绍这种体系的“黄金标准”，这是理想状态。在这一基础上，我会提供有关建议，能让你在现实中取得可行结果。在复杂的且有时间压力的谈判中，实现这一设想是很有挑战性的，那么我的建议是，采用适合你情况的评分体系。采用一套不那么精确但使用过的体系，好过使用一套从来没有用过的体系，哪怕这套体系很完美。这里的前提是，你对自己的利益已经认真研究过了。此外，你还考虑了对你而言什么才是真正重要的。一旦进行了这种关于利益和优先性排序的工作，以下五个步骤就可以帮助你完成理想的评分体系。为了便于理解，我会以劳资谈判的例子来进行说明。表 1 展示了一个简单的评分体系。当然，这种评分体系也适用于其他类型的谈判，无论是房屋购买、企业并购，还是婚前协议。五个步骤依次如下。

步骤 1： 收集议题。你首先要做的是，确定所有对谈判至关重要的问题，确定最终需要决策的内容。本质上，“议题”就是最终必须找到解决方案的标题。在简单的劳资谈判中，这些议题可能是加薪、一次性付款、工作时间和工会会员的福利规定等问题。选择至少有一方认为必要的议题——任何议题都可以，但这并不意味着最终一定要就该议题做出实质性的决策。选择议题时要具体化，即用几个关键词来概述可能的解决方案。

<table>
<tr><th>议题</th><th>选项</th><th>议题内分数
（0—100分）</th><th>各议题分数
（0—100分）</th><th>加权总分
（0—100分）</th></tr>
<tr><td rowspan="4">加薪</td><td>1%</td><td>100</td><td rowspan="4">45</td><td>45</td></tr>
<tr><td>3%</td><td>70</td><td>31.5</td></tr>
<tr><td>5%</td><td>20</td><td>9</td></tr>
<tr><td>7%</td><td>0</td><td>0</td></tr>
<tr><td rowspan="4">工作时间</td><td>40 小时</td><td>100</td><td rowspan="4">30</td><td>30</td></tr>
<tr><td>39.5 小时</td><td>60</td><td>18</td></tr>
<tr><td>39 小时</td><td>30</td><td>9</td></tr>
<tr><td>38.5 小时</td><td>0</td><td>0</td></tr>
</table>

续表

议题	选项	议题内分数（0—100分）	各议题分数（0—100分）	加权总分（0—100分）
工会会员的福利规定	无规定	100	15	15
	行李箱（一次）	75		11.25
	每年一天额外假期	30		4.5
	每年 500 欧元	0		0
一次性付款	0 欧元	100	10	10
	250 欧元	66		6.6
	500 欧元	33		3.3
	750 欧元	0		0

表 1：简单的评分体系示例

步骤 2：收集解决方案。现在，你要为每个议题收集可能的备选方案。首先从各方表达的立场入手，例如“我们要求多付 6%的工资”，检索你在头脑风暴时发现的有效解决方案。在各个议题方面，询问相关的专家会大有帮助，因为他们通常都知道一些不错的解决方案。在劳资谈判的示例中，关于加薪的可能选项是增加0%、2%、4%或 6%。或者在针对工会会员福利规定的议题中，选项可以是“无规定”“每年 500 欧元”“发放一个旅行箱”，或是“每年额外放假一天”。

步骤 1 和 2 单独构成谈判草案，即使没有后文所述的几个分析步骤，谈判草案也能给每次谈判工作提供有价值的帮助。

步骤 3：议题内分析。接下来，逐个查看议题，在每个议题内进行定性分析。这意味着你收集了某个议题的所有可行的解决方案，并将它们进行了排序。最符合你利益的选项排在第一位，次之排在第二位，依此类推。我们还是以劳资谈判中针对工会会员的福利规定为例，那么从雇主的角度来看，定性的顺序可能是：1. 无规定；2. 发放一个旅行箱；3. 每年额外放假一天；4. 每年 500 欧元。

以你的利益为导向的定性排序，是进行定量分析非常有效的前期工作。为此，你需要为每个议题设置最高分数，例如 100 分，我们将此值称为得分。在某个议题内，最符合你利益的选项得分为 100，最不符合的选项得分为 0。在这两者之间，你必须衡量其他选项与最优值或最小值的接近程度。在我们的示例中，对应的可能是：1. 无规定，100 分；2. 发放一个旅行箱，75 分；3. 每年额外放假一天，30 分；4. 每年 500 欧元，0 分。如果太难打分的话，你可能需要先进行评估，例如，未来三年该选项将产生哪些成本，或者还会有多少雇员加入工会。

重要提示：在这一点上，每一个议题的最高分都要是一样的，在我给出的示例中，各个议题如加薪、一次性付款、工作时间和会员福利规定的分数都为 100 分，这里仅在步骤 4 中对议题进行加权。

需要注意的是，千万不要让自己被自己的评分体系锚定了。例如，如果工会要求15%，而对你来说，7%就已经超出了接受范围，那么 0 分从 7%开始。这类似于老师给数学测试评分。仅仅因为一个学生在一道题上犯了 15 个错误，并不意味着犯 7 个错误的学生就一定能获得分数。

步骤 4：议题间分析。现在，你要在各个议题间相互比较。首先，再次定量，将议题排序。哪个议题对你实现自己的利益尤为重要，进一步的顺序是什么？在我们的劳资谈判示例中，顺序可能是：1. 加薪；2. 工作时间；3. 工会会员的福利规定；4. 一次性付款。注意，你不是要根据议题的标题以抽象的方式进行排序，而是根据议题中可能存在的解决方案的选项范围去进行排序。举一个例子，你就能明白我的意思。

在正常的薪资谈判中，加薪的议题可能比工作时间的议题更为重要。但是，如果工会要求将工作时间从 40 小时减少到 35 小时，而对工资的要求适中，只要求根据通货膨胀率进行加薪，那么很明显，在这种情况下，工作时间对雇主而言比加薪更为重要。为了获得理想的评分体系，你需要使用定量分析来补充此定性分析。这里仍然取 100 分的分值，然后根据其重要性，在不同议题之间进行分配。在我们的示例中，分数分布可能为：1. 加薪，45 分；2. 工作时间，30 分；3. 工会会员的福利规定，15 分；4. 一次性付款，10 分。

步骤 5：总分计算。在最后一步中，你要为每个选项计算总体得分。这听起来可能很复杂，其实只需要基本的算术运算。具体算法：将一个议题内的分数乘以该议题的分数，然后除以 100。在我们的示例中：例如，工会会员的福利规定“发放一个旅行箱”，得分为 75，这个值乘以该议题福利规定的得分 15（满分 100），然后除以议题内的最大值 100，就得到了此解决方案选项的总分 11.25。该总分可以与其他总分进行比较，并且可以用于可能发生的交易中。经验表明，这种评分体系会刺激交易，从而导致蛋糕变大。

计算一揽子解决方案的整体得分，在此基础上应用滚木法。这五个步骤为你提供了一个有价值的工具，可用于一揽子交易以及你与谈判对手关于方案选项的讨论。你可以为每套解决方案计算一个整体分数，即将所选解决方案选项的总分加到整体得分中。分数越高，此套方案为你带来的收益就越大。例如，如果你组成了“增加 3% 的薪资，每周 39.5 小时的工作时间，工会会员一天的假期以及每位员工 250 欧元一次性付款”的一揽子方案，则总分为

31.5+18+4.5+6.6，即 60.6 分。这一整体分数可拿来与替代方案所带来的收益进行比较。在我们的示例中，你可能会发现，不达成劳资协议和坚持劳资纠纷的替代方案，最后只能得到 54 分。在整体得分的基础上，你可以与委托人确定底线，即委托谈判的限度。比如，在该示例中，决策者对 60 分以上的结果感到满意。另外，在涉及多个议题的谈判中，给议题逐个设定底线是没有意义的，这会导致你因为顾虑过多的底线，而忽视了最具创造力的想法。

如果你给每个议题都设定单独的底线，那么你就很难在不同议题之间进行切换。而恰恰是这种切换可以激发最大的潜力，为谈判创造额外的价值。我们称其为“滚木法”。一旦设定单独的底线，你就无法在对你至关重要的问题上坚持自己的主张，只会在对另一方极为重要的问题上补偿对方。在我们的示例中，对应的就是坚持 40 个小时的工作时间，在会员福利规定方面做出慷慨让步。如果双方都按不同议题逐条画出红线，例如，至少 39 个小时或最多一个行李箱作为会员的福利，那么这套解决方案就会被忽略。当然，个别议题上可能会有红线，并且这些红线在内容上是合理的，但是请务必谨慎地使用这些红线，以免你错过巨大的潜在收益。

从谈判对手的角度计算整体得分。接下来，我们需要从谈判对手的角度出发，制定具有相同主题和解决方案选项的评分体系。为此，你需要从谈判对手的角度，重复一遍步骤 3、步骤 4 和步骤 5。你对谈判对手的利益和优先级越了解，那么你为他计算的分值就越准确。在表 2 中，我基于劳资谈判的示例给出了一个完整的、涉及双方的评分体系。如果你成功为双方制定了一个合适的评分体系，那么你就获得了一个强大的工具，针对每套解决方案，你都可以非常快速地计算出双方的整体得分，即收益。在此基础上，你可以更容易地找到做大谈判蛋糕的解决方案，即可以让双方总分都增加的综合解决方案。这也可以帮助我们更好地确定帕累托最优。请尝试寻找理想的综合解决方案，在不改变甚至能增加己方整体评分的情况下，增加另一方的整体评分。

议题	选项	雇主			工会		
		议题内分数（0—100分）	各议题分数（0—100分）	加权总分（0—100分）	议题内分数（0—100分）	各议题分数（0—100分）	加权总分（0—100分）
加薪	1%	100	45	45	0	40	0
	3%	70		32	50		20
	5%	20		9	100		40
	7%	0		0	100		40
工作时间	40小时	100	30	30	0	25	0
	39.5小时	60		18	33		8.25
	39小时	30		9	80		20
	38.5小时	0		0	100		25
工会会员的福利规定	无规定	100	15	15	0	25	0
	行李箱（一次）	75		11	50		12.5
	每年一天额外假期	30		5	75		18.75
	每年500欧元	0		0	100		25
一次性付款	0欧元	100	10	10	0	10	0
	250欧元	66		7	33		3.3
	500欧元	33		3	66		6.6
	750欧元	0		0	100		10

表2：涉及双方的评分体系

切合实际地看待评分体系。上面描述的评分体系是理想状态，而在高难度的谈判中，有许多议题和选项需要梳理。通常情况下，己方不同的利益和优先级就已经很复杂，很难用数字清晰表现出来，而从谈判对手的角度理性地给出分数，就会更有挑战性。因为谈判对手真正的利益是什么，你仍然不清楚，在某些情况下，甚至还会出现关于利益的错误信息来迷惑你。那么，在现实生活中使用评分体系有哪些技巧呢？

在每次谈判中，你都需要使用谈判草案，而谈判草案来自评分体系的前两个步骤。即使是这种最简短的结构，也可以提供更好的解决方案。谈判草案包括议题和各议题下的解决方案选项，如果你前期就和另一方针对共同的谈判草案达成了共识，那么谈判效率会得到极大的提升。一旦你的谈判有了架构，你就可以专注于与内容相关的讨论了。此外，这里有两个重要的基本原则：首先，每一方都可以将各自的议题添加到列表中，收集议题时，需避免与谈判对手就允许哪些议题存在进行不必要的争论；其次，一个议题同时出现在各自的列表上，并不意味着它最终需要被解决，因为把它添加到列表中是毫不费力的事，所以这无法被当成需要解决方案的要求。关于这一点，你应该和谈判对手及时说明。

为了高效性和简便性，你可以不给议题抽象的分数，而是将其按重要程度分为三个级别：低，中，高。如果按这种方式，虽然最终不会得到加权分数，但是你会形成一种直觉，首先应该讨论什么，以及在什么地方与你的谈判对手之间可能存在评估差异。我们要记住一点：所有存在评估差异的地方，都有潜力可挖掘，然后帮助我们把蛋糕做大。

在工作中追求经济性。如果没有足够的时间，则首先要定量地评估各个重要的解决方案，并且要确保它们处于可达成的协议空间内。

在逐步扩展你的评分体系时，你可以想象这是一张“地图”：首先，了解这片地区的概况。在谈判开始时，你还不确定你与你的谈判对手要去往地图上的哪些区域，那么了解概况就足够了。只有当你弄清楚要去往哪个区域时，才可以放大并进行更精确的评估。

如果你是在商业环境中进行谈判，则可以借助钱的形式来制定评分体系。这没什么可反对的，通常还可以加快流程。重要的是，你要将相应的金额计入相同的前提下，例如观察期或利率。请注意，金钱效应和收益不一定是同一件事。如果你以钱的形式来表明质量、信任等诸如此类的议题，则会显得很奇怪，并可能引发争论。

如果你真的想进行分数加权，并与对方展开交流，那么这些议题一定不能相互关联。例如，加薪的百分比和劳资协议的有效期是相关的。劳资协议的有效期越长，通货膨胀的持续时间就越长，而下一次加薪所需的时间也就越长。如果议题间是相互关联的，则评分会变得更加复杂。实践中的一个小建议：将这些议题合并为一个议题。

在特殊情况下，请求第三方制定谈判草案或评分表是有必要的。当谈判内容非常复杂时，这种“联合中立分析师”的方法，可以极大地加快谈判流程。当然，这对分析师的能力、可信赖性和中立性要求很高。

不要在谈判一开始谈合同内容。对于复杂的议题，法律工作者往往会立即拟好合同草案，并根据合同草案进行谈判。这里需要说明的是，将合同草案作为谈判草案有很多弊端，因为合同草案没有议题的优先级，所有内容在表现形式上都是同等重要的。

另外，如果根据合同草案进行谈判，那么小组讨论或与法律界人士讨论就非常困难了，因为其他人很难获悉总体概况。表格可以快速被制定出来，但是长篇幅的合同文本，却只有专业人士才能全面掌握其信息。

此外，根据合同草案进行谈判还存在“1000 次妥协”的危险：针对每个议题都进行让步的话，滚木法就难以实施，尤其是当各个议题分散在合同的各个部分时，我们更加无法确定整个合同的总体得分。

因此，我有以下建议：不要放弃表格形式的谈判草案，这是下一步制定合同草案的良好基础。不过尽管如此，对于复杂的议题，在准备阶段提早为你自己制定一份合同草案，仍然是一个好主意。在此草案的基础上，你可以检查谈判草案是否包含所有中心议题，以及你是否已经能够将谈判草案的所有基本内容转换为法律文本。

将评分体系理解为谈判的哲学。请让我给出关于谈判草案和评分体系的最后一点提示。从我的详细描述中，你应该能察觉到，我认为这两种工具都十分重要，它们可以为我们的每一场谈判提供帮助。然而，它们并没有得到广泛应用，这让人很诧异。对我来说，它们不仅仅是一种工具，还是一种谈判哲学。将议题系统化整理，并确定优先级，收集和评估解决方案选项，把握全局，不断改进综合解决方案来优化双方的总体收益，这就是好的谈判。每一场谈判都是不同的，评分体系很难通用。因此，你不应该机械死板地采用我的建议，而应该根据你的情况进行调整。

提前为谈判设定明智的目标

研究表明：在谈判中设定有野心的目标的人，容易取得更好的结果。因此，在谈判语言中使用差异化的术语来描述目标就不足为奇了：

一方面，谈判存在最高目标。所谓的谈判目标，就是一个有野心但实际上还是可以实现的目标。此外，还有所谓的延伸目标，它是指能设想到的最高目标，并且是有根据的。你可以跟你的谈判对手提及你的延伸目标，并以此来设定所谓的锚点，也就是第一章第一节中讨论到的内容。选择好的锚点可以为进一步谈判提供好的出发点，并对谈判的进程具有决定性的影响。关于目标设定的第一条建议是：在激烈的谈判开始之前，把谈判目标写下来，这个谈判目标既要有野心也要符合实际。

另一方面，谈判存在最低目标。它们也被称为保留价格、免谈价格或底线。免谈价格由谈判结果的最佳替代方案即 BATNA 确定，或由委托人在委托时给出的标准确定。最低目标在分析谈判时起到的作用很明显，如果与谈判对手的免谈价格重叠了，则说明存在“可能达成协议的空间”，在这种情况下，是值得去谈判的。关于最低目标的建议是：不要被自己的底线锚定了，否则你会缺少野心，白白错过协议空间；相反，你应该把注意力放在你的谈判目标以及谈判对手的免谈价格上。

事情是不是真的就这么简单呢？你只需要设定一个具有挑战性的谈判目标，然后就万事大吉了？很遗憾，答案是否定的。你的出发点是你的利益，这是成功谈判的策略。关键是要让你的目标与你的利益保持一致。

此外，越来越多的人认识到应该谨慎地对待谈判目标，换句话说，应该像对待处方药那样。尽管目标可能有强效，但必须谨慎地确定目标，否则可能会有明显的副作用。

如何把自己的利益转化为自己的目标？在谈判指南和日常实践中，利益和目标通常是并存的。看起来好像它们是两个独立的主题，但实际上，利益和目标是紧密联系的。将利益转化为目标，对于谈判获得成功至关重要。最佳的情况是，你已经明确了自己的利益，并根据其重要性将它们进行了排序。本质上，你的利益集中在以下问题上：在此次谈判中，对你真正重要的是什么，你要解决什么问题？你的脑海里出现的答案可能是模糊的、不明确的，而模糊不清的利益很难让谈判人员或谈判团队有较好的发挥。关于利益，它给了我们一个大概的指向，即什么是重要的。而目标应该是可衡量的，即我们是否需要。

设定一个乐观但恰好能实现的最大目标。设定一个好的谈判目标是一门艺术，你需要具有雄心、敏锐度、经验、责任感和一定的专业度，你的出发点应该是一个肯定能满足你利益的值，同时这个值对独立的第三方来说也是有说服力的，它必须经过反复的斟酌。对此，建议使用以下清单：

目标设定是否太局限？谈判者是否有足够的空间来寻求创造性的解决方案？是否忽视了应考虑的重要方面？在劳资谈判示例中，如果将加薪的百分比作为目标值则太局限，因为其他议题（例如工作时间）下的补偿交易没有被考虑进来。

目标是否过高？过于雄心勃勃的目标可能会导致出现冒险行为、不道德行为以及谈判中的强烈竞争导向。在某些情况下，需要合作这一冲突模式才能最大化利用可协议空间，这时，太强的竞争导向就会破坏价值，阻碍合作。问问自己，你的目标是否会给你和你的谈判对手之间的长期关系带来太大的压力，你是否可以借助权力手段实现目标？

目标是否是共同制定的，并能得到大多数人的支持？在制定目标时，你要确保让重要的利益相关者参与到讨论中。这在谈判初期阶段需要花费一定的时间，但这项投资最终会有回报的，因为在最后关键的谈判阶段，你就不用浪费宝贵的时间去说服重要的利益相关者。

是否为设定的目标选择了合适的时间范围，以衡量利益是否实现？对此，你可以进行检查性提问：在观察期结束后，预期是否会出现异常发展？例如发生曲棍球棒效应[①]，即预期收益的急剧变化。如果仅观察不久的将来，收益会如何表现？

此清单不一定可以让你把目标调整得更好，但它可以确保，通过这项检验的最高目标一定是合理的。

在复杂的谈判中，通过具象化来达到最高目标。在单一议题的谈判（例如纯粹的价格谈判）中，设定最高目标是很容易的，但是，在涉及多个议题的情况下，如何确定最高目标呢？如果你已经制定了评分体系，那么，你只需要为一揽子解决方案的整体得分设定最高值。切忌设定多个单一目标，否则会阻碍滚木法的使用，从而浪费了可达成协议的空间。

设立一套初始的综合解决方案，以便在谈判初期能够确立用于检验的总体目标。需要注意的是，你要确保这一套方案尽可能广泛地满足你的利益，并且各个解决方案的选项对于第三方而言仍然是合理的。千万不可将此套方案作为向你的谈判对手报价或者要价的方案，它只是用来帮助你自己进行具象化的。这样你就形成了初步

---

① 曲棍球棒效应（Hockey-stick Effect）：是指在某一个固定的周期中，前期销量低迷，到期末却产生突发性增长，并且该现象会重复出现在连续的周期中。

的想法，如何将自己的利益转化为具体的解决方案。同时，你要对其他的综合解决方案保持开放的态度，不要过早地把自己限制在某一套方案中。

确定一揽子方案的整体得分。用上述的清单检验一下这一目标值是否合理。如果通过了检验，那么你就得到了关于最高值的第一个可靠假设，然后你就可以根据此目标值衡量你的谈判结果了。为了实现你的最高目标，将完全不同的综合解决方案集合到一起是非常有必要的。通过具象化，你可以在早期阶段将雄心勃勃的最大值作为锚定的起始值，并取得更好的结果。

如果由于缺乏评分体系而无法确定整体得分，那么你可以设置3—5个跨议题的目标值。经验表明，整体得分难以确定，甚至更难以传达。因为要确定整体得分，需要做出许多假设，还需要将成本、质量、关系和流程等各种不同的议题统一起来。

如果你还没有制定评分体系，则应该采用切实的方式。不要放弃使用目标体系，因为它能为你的谈判带来积极作用。为此，你需要为你所在的领域找到3—5个跨议题的收益维度。我们常用的维度有“经营成本”“营利成本”“单位成本”“流程”“关系”和“质量”。

问自己一个问题：谈判结果是否真的能给我们带来这一收益，哪一项指标可以作为最佳的衡量标准？如果你的利益无法用数字表示，那我们用什么方式可以尽可能具体地成功描述实现该利益的时间？

更为重要的是，我们要认识到，最终我们追求的不是目标值，而是实现利益。如果只达到目标值，但没有实现利益，那就是没有意义的。不过，在某些情况下，虽然目标值没有达到，但利益得到了维护。

以劳资谈判为例，雇主的利益如下：将人事费用控制在较低的竞争水平；重塑雇主负责任的形象；快速结束谈判，避免谈判资源长时间被占用；确保谈判结果快速实施，让员工满意；将冲突强度控制在低水平，以免失去客户。现在的任务是找到有效的指标，这些指标要能够很好地反映出以上这些利益是否得以实现。例如在竞争力方面，指标可以是未来三年的额外人事费用；在塑造负责任的雇主形象方面，指标可以是在下一次员工调查中设置的一个相关问题；在谈判进程方面，指标可以是一个特定的时间段；在快速实施方面，指标可能是上一次实施行为的时间点，例如对会计系统进行重新编程；在冲突强度方面，指标可能是评分体系，用于评估不同的冲突行为。有关说明，请参见表 3。

即使采用这种切实的方式，你最好也要通过具象化的方法来确定你的目标最高值。请具体设计一套对你有利的综合解决方案，并将其转换为各议题收益维度下的具体目标值。

设定一个最低值，即底线或最低目标，在谈判过程中，你的立场不能低于这个值。设定最低目标时，你可以把替代方案作为出发点，如果谈判结果比最佳替代方案差，那么你最好选择你的替代方案。

考虑一下，当你无法守住底线时，会发生什么。在这种情况下，我建议你休息一下，并与重要的利益相关者一起斟酌目标体系：最低目标是否设定得太高？前提是不是发生了变化？签订协议后最重要的利益还能实现吗？ BATNA 真的会更好吗？谈判应该暂停或者中断吗？是否应该尝试进行新一轮的谈判？

如果你尚未建立完整的评分体系，可以采用以下的目标结构。

重点利益（按重要性排列）	目标值（最高目标）	目标值（最低目标）	如果最低目标无法达到，会怎么样？
将人事费用控制在较低的竞争水平。	最高 1%（未来三年的额外人事费用）。	最高 3%（未来三年的额外人事费用）。	与董事会复核所有目标；不达成协议。

表 3：谈判目标表格示例

动态搭建目标体系。为谈判搭建目标体系是一个动态的过程。在谈判开始阶段，我们通常会缺少一些必要的信息，使我们无法精确地制定目标。在谈判的过程中，我们也会和对方逐步交换一些重要信息。因此，要始终将目标体系理解为目标假设，一旦获得了新的相关信息，就要及时调整目标。

何时才是设定谈判目标的正确时间？这里存在一个目标冲突：你设定目标越早，它能发挥的积极作用就越大；另一方面，存在这样的风险，即在谈判初期，你可能没有足够的信息来设定明智的目标，这可能会导致你无法达到最高或最低目标，因为你将目标设置得太高或太低了。

因此，你应该始终将目标理解为假设，如果获得了新信息，就进行妥善调整，让它变得有理有据。如果你是受他人委托进行谈判，则需要和委托人商定流程，在获得新信息后，对目标体系进行调整。

必要情况下早早设定目标，但最好尽可能晚一点。别忘了，谈判对话总是能为你带来学习机会，这可能会导致目标体系的调整。如果你太坦诚以至于不能根据情况来调整目标，那么就存在被另一方操纵的风险，去往错误的方向。预先设定目标调整的流程，让谈判桌外的人来监察目标的调整，这样就可以让自己免于风险。

为了能确立明智的目标，你需要高质量的信息作为基础。在下一章中，我们会详细探讨如何巧妙地、间接地获取此类信息并将其转换为可利用的形式。

收益优化原则的清单

为每个重要的谈判制定一个谈判草案，收集所有可能的议题以及针对每个议题的所有相关解决方案选项。

对于更复杂的谈判，请制定评分体系。

创建目标体系。为自己设定一个雄心勃勃的，但仍然可实现的最高目标以及最低目标。考虑清楚如果未达到最低目标该怎么办，一旦有了新的可用信息，该如何调整目标体系。

在一揽子方案的框架下做整体性考虑。切忌为不同议题逐个设定红线，这样会错过潜在的解决方案。请为一揽子方案确定跨议题的整体得分。

除了物质收益，还要注意在关系和流程层面上产生的收益。注意逆反效应和长期影响。

预估谈判对手从谈判结果中获得的收益。是否在不牺牲自己利益的前提下达到了最优状态?

流畅谈判小技巧：在谈判中自信地为自己争取收益。如果谈判对手也这样，你应该感到开心。当双方都雄心勃勃地进行谈判时，就会产生最优的解决方案，不要满足于次优的结果，你的目标是帕累托最优。为此，除了自己的利益，你还要优化谈判对手的利益。

知情原则：谈判就是你需要赢得胜利的信息游戏

为了产生谈判心流，你需要为谈判的最终冲刺做好充分准备。其中，部分准备工作可以单独进行，但大部分都需要与你的谈判对手一起进行。准备的核心在于，系统地收集信息并对其进行适当的整理加工。最重要的信息来源是你的谈判对手，其中诀窍是要激励他，让他和你如实分享信息。此外，用敏锐的眼光去发掘其他信息来源也很重要，如果成功做到了这点，那么你就为谈判冲刺创造了绝佳的先决条件。这有利于发掘当下的潜力，并由此取得一个对你来说极佳的、对谈判对手来说至少是不差的结果。

只追求信息游戏的胜利，不要试图赢得谈判，否则，就会产生一种赢输式游戏的氛围。而在谈判期间，你和你的谈判对手本可以通过共同合作产生合作收益，尤其是在高质量的谈判中，你需要这种顺风才能更容易到达彼岸，取得良好的解决方案。因此，我建议你将每次谈判都理解为与谈判对手共同解决问题的过程。

在比赛中证明自我是人类固有的天性，人类发明了无数的竞技类运动，就充分证明了这一点。我的建议是，在谈判时，将这种干劲和好胜心有意识地转移到一个有益的目标上，系统地收集相关信息。在收集信息时，只要你的所作所为符合公正的体育精神，那么，即使你比谈判对手取得更大的优势，也是无伤大雅的。额外的信息可以带来更好的结果，你和你的谈判对手都会从中受益。

进行研究式谈判。哈佛教授迪帕克·马尔霍特拉和马克斯·巴泽曼的谈判技巧对我的启发最为深刻：像一个优秀的侦探处理刑事案件一样处理谈判，尝试尽可能多地了解有关人员和相关情况的信息。这需要你以客观的态度来进行调查，做出假设，并随时准备根据新获悉的事实来调整这些假设。两位教授将这种方法称为研究式谈判，谈判者要让自己找到像神探可伦坡那样的感觉。

具体指的是什么信息呢？首先，这指的是所有谈判人员的真正利益，即隐藏在立场背后的动机和需求。这既关系到谈判对手的利益，也关系到你自己的利益。明确了这点后，你就可以开始寻找满足这些利益的最恰当的解决方案了。

另一个值得调查的信息是关于另一方存在的限制，这些限制使得他们无法同意你的建议。在这一点上，你有必要对谈判对手的决策过程有更深入的了解。谈判者可以独自决策吗？他是否拥有完整的权限或是存在有限的框架？他需要与其他人一起做决策吗？如果是，他会以哪种程序和哪种方式来决定呢？谈判者是否需要让正式或非正式的高层机构和委员会参与进来，或者想要给他们留下深刻印象？顺便提一句，这些问题通常对我们己方而言也很难弄明白，至少在大型组织中是这样。

最后一点值得关注的是，在信息收集的过程中，要对解决方案选项和合适的客观标准进行全面的探寻。认真调查并收集针对你的谈判议题的解决方案选项，其客观标准例如基准、对照案例也同样重要。这些客观标准可以告诉你，在第三方或你的谈判对手看来，什么是评估分配问题的公平尺度。

同样重要的是，了解你的替代方案。你的替代方案决定了你的免谈价格、你的最低目标，低于此值的协议没有任何意义。例如，在对你的薪资进行谈判之前，请调查其他人在同级职位上的薪资。你可以通过网络检索、咨询相关服务提供商或者利用你的关系圈，去了解你的谈判对手的替代方案，由此你可以推断出他能接受的最低值。

你的调查是一个持续的过程，只有当你获得最终结果时，该过程才会结束。有时结局会出现惊喜，就像侦探片上演的那样。请保持警惕，直到最后一秒。

实践中的错误

错误 1： 一位工会的谈判人员曾给我讲述，他作为谈判团队的负责人，确保对所有信息的监管是一件极其重要的事。同时，他还给出了明确的指示，即在谈判回合之前、之中和之后，必须避免他的团队与另一方的团队成员之间有任何接触。

解释： 在许多谈判中，我们需要解决一些复杂的问题，如果跟谈判对手之间没有有效的信息交流，那么这些问题是不可能解决的。正式的谈判场合通常遵循一定的程序，其特点是压力大、沟通受限，一些重要的细微差别无法被传达和理解，因此难以避免地产生一些误会。所以，为了能精确地传达那些细微的差别，我们就需要利用尽可能多的沟通渠道。

错误 2： 我们内部一直存在谣言说，我们的业务伙伴即将破产，因此，谈判变得非常困难。我们将谈判对手的每个要求都解读为他资金紧张的标志，我们试图抵御风险，这也就造成了高额的附加费用，并需要进行极为复杂的监管。但我们对那个谣言没有进行任何外部调查，因为我们从机构中的两个不同部门都收到了此条信息。

解释：关键信息的正确性在谈判中十分重要，因此，至少要从两个独立的来源确认这些信息。我们总是相信谣言，因为它们听起来似乎合情合理。在大多数情况下，我们需要查明这些问题，甚至可以通过对谈判对手直接的提问以及对信息网调查的方式查明。在此案例中，信息是由内部人员传播的。由于她在机构内拥有广泛的关系网，因此给我们一种错觉，信息好像是从不同的地方传来的，但事实并非如此。通常情况下，这不是一种故意的谎言，而是对道听途说的信息的传播，因此，请务必对重要事实进行确认。

错误 3：我们的工会谈判对手似乎已经脱离了时代。他们想振兴德国的工会，想为劳资谈判的伙伴建立联合机构。与此同时，由于全球性竞争，我们的竞争压力每周都在增加。我们努力向我们的谈判对手说明，他的想法放到 30 年前是可以的，而现在已经被历史否定了。

解释：显而易见，我们的谈判对手在用不同的眼光看待世界。每当出现这种情况，你都可以假定这种观点已深深根植在了他的价值观中，你无法在谈判桌上通过寥寥论述来消除这种深层的价值观。对此，存在一个策略，表面上看着荒谬，实则有效，即思考为什么我们会对谈判对手的想法印象深刻，尽管对其内容是完全否定的态度。事实上，给我留下深刻印象的是另一方在他们的项目中投入了多少精力，建立了怎样的长期战略。正是通过这种形式，我将这些想法传达给了我们的谈判对手。当我们对谈判对手的努力真诚地表示尊重时，问题就解决了。我们还可以探讨这种方式之外的解决方案。

创建一个信息网

你总是相信可以通过在谈判桌上提出简单直接的问题来获悉谈判对手的真正利益，但这个想法特别天真，想象一下在劳资谈判开始时的对话：双方大约有 20 个人坐在一起。

> 雇主："你在这一轮谈判中的利益是什么？"
>
> 工会："我们希望将工资提高 6%。"
>
> 雇主："好吧，你们为什么还要提高 6%？"
>
> 工会："因为这是劳资委员会的要求。"
>
> 雇主："我知道，为什么劳资委员会要求 6%？"
>
> 工会："因为他们认为这是合理的。"
>
> 雇主："啊，为什么认为这样合理？"
>
> 工会："因为这是我们的权利。"

类似这样的对话已经在我年幼无知的时候发生过了。你会注意到，这样的对话其实是陷入了一种循环，而这实际上不是获得增值解决方案关键的方法。

为什么直接询问利益或其他议题的方式通常不起作用？可能有很多原因。有时，另一方对利益这样的抽象概念并不熟悉；有时，对方缺乏必要的信任，不愿在谈判回合中分享此类信息，分享信息的人觉得这会让自己容易受到伤害，因为此信息可能会被滥用；最后一点，你的谈判对手，包括你自己这一方，可能并不能立即明确地知道，他所展现的立场背后，其真正利益是什么。

因此，建立可用于间接获取重要信息的网络非常重要。但是这一点的作用经常会被低估。为保证谈判的质量，通常需要沙里淘金，你要尽可能地全面思考，像一个优秀的侦探一样。例如，在公司环境中，你可以从以下五个方面下功夫：

你的谈判对手的现任或前任同事；

自己的现任或前任同事，包括来自其他部门或分公司的同事，考虑一下可以访问内部信息系统的专家；

谈判对手的商业伙伴或竞争对手；

自己的商业伙伴或竞争对手；

专业顾问。

想想你可以从哪些公开的信息来源获取信息：网络，包括各种社交媒体、报纸文献、公共登记簿（例如商业登记簿或协会注册簿）。

你不需要等到谈判时才激活信息网，而是事先就已经进行了系统的维护，当然这是十分理想的状态。我的经验表明，在漫长的谈判过程中，还可以建立许多网络。如果你没有提前做足准备，那么就应该特别留意“中间人”的角色，他们是网络中的“人工枢纽”，将许多参与者彼此联系起来。你必须重视他们高度的公正性，因为他们能够影响网络中的许多人。你要有策略地而非天真地与这些人分享你的信息，网络人的货币就是流通的信息，尽管其带有保密标志。

为了不让你产生错误的印象，我在此补充一点：你在谈判中最重要的信息来源是你的谈判对手。不过，优秀的侦探并不仅仅依靠其主要证人的证词。

在我看来，还有一点很重要：关于合法获取信息，如果你与竞争对手交换信息，那么你自然要遵守《反垄断法》等的规定。这里指的不是去获取你无权查看的机密信息，而是养成一种敏锐的感知能力，保持信息的流动性和开放性。

在正式谈判之外也要小心

谈判中的一个重大误解是，正式的谈判桌才是双方的活动中心。事实并非如此，最重要的信息在谈判桌外也在有意识或无意识地流动。在谈判桌上，我们通常会投入过多的谨慎和专注，提醒自己不要犯错误，不要落下把柄。我的建议是，你要下功夫寻找其他的交流机会，通过与你的谈判对手的简短对话或电话，你就可以提前获得有价值的信息，并注意到其中关键性信息之间的细微差别。哪些消息可以在喝咖啡时或者下班后的酒局获得？进出谈判室时可以聊什么？美国电视连续剧《神探可伦坡》中使用了一个恰当的办法：对证人的正式询问及记录结束后，在离开时侦探又追问了一个简短的问题，被提问者放下了他的防御态度，突然间变得更加坦诚。

在我的咨询工作中，我经常看到，谈判团队负责人和他的团队正在精心准备第一轮谈判，但是，似乎没有人真的能想到，拿起电话，自发地打电话给谈判对手或其同事，提前弄清楚第一轮的细节问题。

你要利用好正式谈判开始之前的时间，去商讨一些基本问题，例如重要的利益、议题、解决方案的初步想法、时间范围、个人冲突、议程等，这些内容可以通过私人对话来了解。

我的建议是，有意地将正式的谈判视为事先早已开始的信息获取阶段的末尾。谈判桌上的意外通常反映出准备工作的不严谨，所以你要利用好正式谈判开始之前的时间。并且，事先非正式的交流，也可以给你提供第一个机会，定位你的利益点并检验你的想法。

在谈判之前和谈判期间适用的内容在谈判之后同样重要。对我来说，经过一轮谈判（尤其是谈判失败）后，理所当然应该再次联系我的谈判对手，看看是否所有事情都正确传达了，必要时问一问是否一夜之间有了新见解。

在没有正式谈判的所有日子里，问自己一个问题：今天我可以做些什么，来进一步完善我们的信息基础？

注意细节和黑天鹅

一名优秀的侦探会特别留意细节，并预估意外。作为一名优秀的谈判者，你也应该做到这一点。

使用范围广而精度高的搜索雷达。在谈判中，不单单是与内容相关的显著事实会有影响，还有与内容、程序或情感方面相关的细节，也可能起到决定性的作用。所有谈判人员都是人，即使他们为大型机构进行谈判，也改变不了这一点，我举两个例子来说明这一点吧。

我的一位咨询客户向我提起，另一方的谈判代表在夏季的同一时间通常要安排三周的假期，这个假期对他和他的妻子是神圣而不可剥夺的。在设计大型劳资谈判的谈判流程时，我们考虑了这一信息，将谈判的冲刺阶段正好安排在这个假期开始之前。这样对我们的谈判对手有好处，因为他可以在签约后轻松地进入自己的假期。而我们也可以肯定，节省时间的建议会得到另一方格外的重视，他们会避免采取战术上的僵局，因为那样只会浪费时间。最后，我们的谈判对手果然没有在内容上故意拖延，而是按计划优先通过了解决方案。谁都想在休假前搞定这个大项目，不愿意带着它去休假，不是吗？

第二个例子是关于在谈判中比较重要的情感细节。

我的一个好朋友对一栋新艺术风格的别墅很感兴趣。对于房地产交易，你可能会认为这纯粹是一种价格谈判，而其他议题是次要的。他与别墅的卖家进行了很长时间的交谈，卖家告诉他，她刚去世的丈夫有着精湛的手艺，并花费了半辈子的时间和心血来重修这座新艺术风格的房屋。别墅的卖价很高，朋友不敢下定决心，当他再次去别墅想与卖方商讨价格时，她遗憾地告诉他，她已经拟好预售合同，卖掉了房子。恰好这个时候，买主也在她家。此时，买主正与建筑师讨论如何大幅扩大客厅面积并建一个大露台。朋友听到后加入了这个对话，并表达了他的立场，他认为买主的这种改造简直是一种罪过，而买主似乎并不在乎。我的朋友跟卖家透露了买方肆意改造的计划，卖家对原始状态的改造感到极其生气，于是把预售合同交给他看，朋友便向她提出了以下建议：他向她保证，让房屋保持现状，并提高最后的出价，还可以让她妥善应对之前的买家可能提出的损害赔偿要求。因为作为律师，他知道未公证的预售合同在法律上无效。卖家接受了这个建议。如今，这个朋友自豪地拥有了这栋新艺术风格的别墅。

如你所见，在谈判期间进行一两次非正式对话，让自己眼观六路、耳听八方，这是值得的。谁也预料不到，以后你可能会在某个地方用到这些信息。

对意外抱有预期。除了对细节保持敏感，对意外信息和状况保持开放的态度，也是优秀谈判代表的一个重要素质。尽管你有很多经验，但总存在一些你无法预料的状况，这些未知状况就是所谓的“黑天鹅”。很长一段时间，人们都认为天鹅就是白色的，直到17世纪末，人们在澳大利亚发现了黑天鹅。和我们从未预想过的情况相比，当我们面对那些我们认为可能存在但实际上并不了解的情况，我们往往可以处理得好得多。因为它们对我们来说是未知的。例如，谈判中，另一方有一个谈判对手故意要避开或破坏与你的交易，即所谓的“搅局者”。如果你从未经历过这种情况，就永远不会想到这种情况会真实发生。那么，你可以使用哪些策略来发现谈判中的此类意外情况呢？如果你真的发现了“黑天鹅”，这对于你取得谈判的成功至关重要。一开始，你可以有意识地考虑意外情况的存在，这样做会使你保持警惕。每当你在谈判中遇到奇怪或看似不合理的事情时，就要马上停下来。这种绊脚石可以激发你的探索欲望，而你要做的就是，从不同的角度做出假设，思考有什么合理的理由可以解释这种绊脚石的存在，尤其要在谈判桌之外寻找“黑天鹅”。通常，在个人和情感领域的利益中，会存在很多惊人的细节，因此，你可以在这一层面上开始与谈判对手的对话，而在谈判桌上，这种情况很少发生。如果你是在团队中进行谈判，那么你应该定期与团队交流有关谈判对手的特殊细节，例如，在每次复盘开始时，FBI的一位谈判专家克里斯·沃斯提出了一个很好的建议：让团队成员作为积极的倾听者，让他们特别注意隐藏在言语之下的细节和信息。

感知非言语行为与正常行为的偏离。搜索雷达的另一个领域是非语言交流。你已经在第一章第一节中了解了有关语调的 7-38-55 定律。55%的信息的传递是肢体语言，肢体语言和语调这两个非语言因素占比甚至高达 93%。当然，这些数字是否可以精确到这种程度尚未确定，但不管怎样，非语言交流或所谓的副语言（例如语音语调）都是相关的信息来源，应谨慎对待，因为从中获得的信息通常都不会很明确。

处理此信息的最佳方法是什么呢？为了充分利用此信息来源的潜力，我建议你去感知谈判对手的肢体和声音的各个方面。在肢体语言方面，你要注意手臂、手和头部的动作，还有面部表情、眼神、步态和姿势；在声音方面，你要注意其音高、语速、语调和音量。

非语言行为如果偏离正常行为，那么可能会成为你的绊脚石。这就意味着，有些地方出了差错，你需要尝试着去了解到底哪里存在偏差。例如，由于信息情况的变化，谈话伙伴的压力可能会大大增加。为了能发现这种偏差，你需要熟悉谈话伙伴的正常行为。因此，即使在谈判之外的轻松环境下，与对方进行交流也是很有价值的，这样你可以更好地了解对方，从而建立双方的信任。

非语言交流的另一个着手点是，如果你感觉谈话伙伴的肢体语言或声音与所说的内容不符，一个可能的原因是，他自己都不相信自己说的话，甚至试图欺骗你。通过肢体语言说谎更加困难，甚至不可能做到。

要定期训练自己，提高观察肢体信号的能力。对此，阅读相关书籍或参加研讨会都很有帮助。但是，我建议你谨慎使用从非语言交流中获得的信息。现实里不存在皮诺曹的鼻子，只有当你在几个相互独立的语言和非语言数据点中识别出一种模式时，你才会得到线索，只有这些线索才可以确定，脱离语境分析单个肢体信号是没有意义的。特别是，你应该摈弃那些外行人对撒谎的刻板印象，例如紧张或缺乏眼神交流，这是不适用的。

题外话：飞行员如何发现黑天鹅

在驾驶舱中犯错可能会导致致命的后果，因此，飞行员的专业书籍里会大量讨论人为错误和错误的分类就不足为奇了。飞行员错误的其中一种类型是记录和处理信息时的错误，飞行员在实践中使用什么策略来避免由于未知或未发现的情况而导致的错误呢？有四点值得强调：接受人类容易犯错的事实、努力防止感知上的偏差、正确处理直觉、构建信息网。

以上四点根本的出发点是将人们容易犯错的特点视作其灵活性的反面，尝试去接受它。犯错是人的本性，飞行员也是人。这是一种专业态度的表达，它营造了一种飞行员文化，即在驾驶舱中以坦率、重视的态度去交流错误，而不是隐瞒错误。如果飞行员意识到自己偏离了标准程序，或者他认为其他人偏离了标准程序，就会立即宣告。一个反面案例是 1981 年在悉尼降落的 DC-10。机长意识到反推力不起作用了，飞机正向另一架飞机降落的交叉跑道滑行，他试图让飞机上升，但没有告知副驾驶员。而副驾驶员不了解情况，对飞机的上升感到惊讶，并给出了相反的指令。机长和副驾驶员的指令相互抵消，飞机最终停留在距离另一架飞机只有 10 米的地方。

飞行员会接受相关的训练，来消除因大脑中固有的经验法则

（所谓的启发法）而引起的感知偏差，例如所谓的可利用性法则或可得性启发法，就属于危险的偏差。当需要解决问题时，尽管旧的记忆会更合适，我们的大脑也照样倾向于调动更新的记忆。这就导致了一种倾向性，仅通过单方面的信息搜索就确认决策。我给飞行员的建议是：为了克服这种倾向，在这种情况下，人们应该有意识地寻找那些能反驳假设的数据，而不是找能确认假设的数据。

让飞行员预防发生错误的另一个训练是，使其能够对直觉进行有效处理和正确利用。首先要做的是识别直觉，例如通过所谓的“腹脑”（肠道内的神经系统）感知的直觉。此外，他们还必须进行训练以将这种身体感知转化为言语，及时将其传达给驾驶舱中的同事。对飞行员来说，正确地对直觉进行分类也很重要。需要强调的是，直觉仅可以作为一种辅助，因为会存在我们不清楚直觉是否真的是由当前情况而引起的情况。直觉仅仅是进行评估的附加因素，绝不能作为单独的组成部分。

飞行员的一条基本准则是，在时间允许的情况下，应尽可能利用所有可用的信息源构建网络：除了技术设施，还可以考虑手册、与空中交通管制员及公司服务部的交流、与驾驶舱和机舱的同事的沟通，此外，还包括与乘客的交流和可信度确认。更为重要的是，要避免隧道视野效应，即在一个特定事物上集中注意力时无法观察周围事物。

举一个警示性的例子：空客 A310 从克里特岛飞往汉诺威的航班。当时，飞机启动后起落架无法收回，飞行管理系统（FMS）显示，燃油足够飞到慕尼黑。于是，机长没有掉头，直接飞往德国。在快到达维也纳的时候，燃油用完了，飞机却无法到达维也纳的机场跑道。最后，紧急迫降奇迹般成功了，无人丧生。

在这一案例中，飞行员本可以通过粗略计算意识到他们不能完全相信 FMS，因为 FMS 无法考虑到起落架伸出会导致空气阻力增加，而他们的注意力都集中在了 FMS 上。

作为谈判者，我们从中可以学到什么呢？从我的角度来看，有很多。首先，我们必须承认感知容易出错，会出现偏差。如果要克服我们的倾向性，就需要主动寻找能反驳假设的信息，要注意利用对肢体信号的直觉，但只能将其视作辅助手段，要利用信息来源构建信息网，但不要仅依赖某一种信息来源。

理解你的谈判对手

你在谈判中收集的最重要的信息是来自谈判对手的信息。你需要尽可能广泛地了解他的利益和需求，以及他的约束、限制和替代方案，因为这些是创造对双方都有利的可持续解决方案的材料。只把自己当作一个被动的信息收集者是不够的，还需要“站在对方的角度看问题”。这不仅仅是指客观地为对方着想，还要尝试理解对方的情绪变化，同时需要注意一点，你必须与他的情感保持一定距离。共情有两种形式，在谈判中，功能性共情比真正的共情会带来更好的结果。功能性共情指的是理智地体会他人的感受，而不是全情代入自己。一项研究表明，“用心”代入比“用脑”代入会导致更糟糕的结果。实践中，以下四种方法能帮助我们更好地站在谈判对手的角度看问题。

创建备忘录。在谈判准备阶段，有必要给谈判委托人（例如董事会）写一份简短的备忘录，来说明谈判策略：我们的战略目标和利益是什么，我们如何实现这些目标和利益，我们应该与对方分享哪些信息和观点，我们还缺少什么信息，此外，还应该包括威胁谈判成功和 B 计划最大的风险。为了做好万全准备，你需要尽可能站在另一方的角度创建此备忘录。你可能会很快发现，该备忘录的内容还很单薄，你还缺少重要信息。为此，你需要定好目标，以尽可能快的速度完成高质量的备忘录。

比另一方更好地表达。不要仅仅满足于理解对方的观点，而应该更有追求，尝试去表达对方的观点，甚至做到比对方还要清楚。这可以帮助你去关注重要的细节，深入地了解对方。如果成功做到了这点，也会给对方留下深刻的印象，证明你已经熟悉了他们的问题和观点。

找到谈判对手说“不”的五个原因。思考一套己方认为极佳的一揽子解决方案，然后，从谈判对手的角度写下他会拒绝该提议的五个最佳原因，再考虑一下如何改进这项提议，来有力地反驳这五个原因。

进行模拟谈判。提前在无风险的氛围中与你的伙伴练习第一次谈判对话。为此，你需要组建第二个谈判团队，为了能转换视角，我建议你和你的团队扮演另一方的角色。考虑一下，作为另一方，你会如何开始这段对话？你会问己方哪些关键问题？你需要什么信息？你将如何灵活论述，以及在必要时如何对己方施加压力？例如缩短时间、不断提出新的要求。

激励你的谈判对手如实分享信息

不要妄想你的谈判对手一开始就开诚布公地和你交换信息。但是，为了能够兼顾双方利益，探讨出优质的、具有创造性的解决方案，双方的坦诚必不可少。积极促进谈判对手之间高效的信息交流：确保你的谈判对手愿意与你分享重要信息，同时确保他说的话是真实可信的。为了成功做到这一点，你需要在多个层面下功夫：在一开始就商定好游戏规则，自己先分享相关信息，营造信任的氛围，并确认信息的正确性。

设立真实性规则。在谈判一开始就商定好游戏规则。如果未能直接明确这一点，那么就进行暗示。在谈判初始阶段明确游戏规则可能会很困难，如果你在一开始就抛出真实性这一话题，可能会给你的谈判对手一种你不信任他们的印象。在这种情况下，先表态很重要。关于游戏规则的讨论可以这样开始："在谈判开始阶段，我们大家都没法去分享自己的所有信息。例如，你不会愿意告诉我们你的底线。但是，我们觉得很重要的一点是，我们彼此分享的信息是正确的、经过审查的。我们可以做到这一点，你们也可以吗？"然后，等待你的谈判对手回答。一般情况下，对方都不会拒绝这个提议，但如果他拒绝了，你就心里有数了。这些游戏规则并不能保证你的谈判对手说的永远是真话，但是它增加了这种可能性。人类的行为存在着一致性倾向，这种一致性原则已经在研究中得到了充分证明。如果你的谈判对手不遵守这些规则，那么你在之后反馈时至少有了明确的出发点。

请不要让你的谈判对手将不好的规则强加于你。我经常能观察到，一方的谈判人员因为提供的信息不真实或不准确，而在这之后就不再被认真对待，即使他说的是真话。这样，你就给了对方单方面确定游戏规则的机会。在这种情况下，这种方式是没有意义的。

递增互易式分享信息。为了让信息流动起来，你需要乐于分享，这会激励另一方也这样做。我们都存在互易性动机，即与对方做出一样的行动，这与人类的深层需要有关。但是，你不能因此就不假思索地采取行动。一些坦率的、受哈佛谈判术启发的谈判者，从一开始就给对方透露很多重要的信息，这种坦率通常以“现在请您……好吗？”结尾，在大多数情况下，尴尬的沉默随之而来。接着，另一方开始分享他的信息，但是这种信息通常是不对等的。对此，我想在分橙案例后再分享一个关于苹果和橙子的例子。

> 南希有10个橙子，鲍勃有10个苹果，他们都无法再拿到更多的橙子或苹果。鲍勃喜欢橙子，讨厌苹果，南希则两者都喜欢。因此，鲍勃想要和南希进行交易。鲍勃受到分享信息的启发，即只有双方交流信息才能找到有效的解决方案，于是，他向南希明确地表达了自己对橙子的喜好。南希是一个狡猾的谈判者，她建议鲍勃给她所有的苹果，她给他一个橙子作为回报，这种交易显然对他来说更好，因为即使是一个橙子，也比十个他根本不喜欢吃的苹果更好。

这个小故事告诉我们：如果你坦率地分享信息，可能会冒着该信息被谈判对手利用的风险，由此还会产生一种紧张的关系。

一方面，谈判双方需要交流自己的偏好信息；另一方面，这样做始终存在着风险，即你的谈判对手会从中找到一个突破口，利用你的信息为自己争取利益。解决这一难题的妙方是“递增和互易”。什么意思呢？为了使信息流动起来，请迈出第一步，在谈判开始时传达你的利益，但要以较小的增量稳步进行，不要把话说得太详细。首先，这只是粗略地确定方向，耐心等待一下，通常情况下，你的谈判对手会觉得自己也需要这样做。如果你没有等到回应，你应该发起相关的讨论，可能存在一些问题，你需要解释清楚。如果你的谈判对手做出了回应，你就可以增加更多信息。就这样一步一步地进行下去，直到双方对彼此利益都有足够详尽的了解为止。这个过程很有意义，它既可以避免你泄露过多信息的风险，又可以一步一步地引导你到达一个良好的信息环境。在图 4 中，我以图形方式为你展示了这一原则。

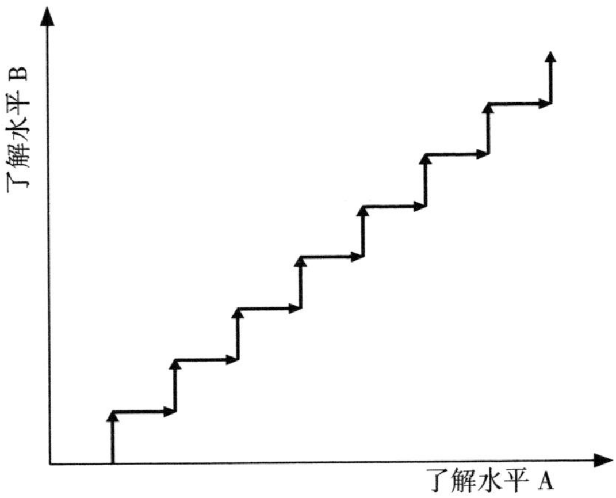

图 4：递增互易式信息交流

高度重视你的信誉。害怕对方会滥用你的信息，担心信息会成为对方谋取收益的工具，这是阻碍信息交流和成功谈判最大的问题，解决此问题的关键是信任。没有信任，就需要复杂的保障机制；没有信任，谈判往往会陷入冲突循环。那么，谈判双方如何建立起对彼此的信任呢？

对方信任你的最重要的一个前提是，你本身是可信的。如果你经常进行重要的谈判，那么我建议你不仅要达到一般水平的信誉，还要高度重视你的信誉。把这一点视作是对你声誉的投资。同时，不要做出你无法兑现的承诺。如果存在无法兑现承诺的风险，请从一开始就明确告知这一风险。另外，确保你的专家评估是正确的。如果你对某件事不确定，请如实承认。避免采取过于雄心勃勃的卖方模式，这会让你的谈判对手联想到不靠谱的二手车经销商或中介人。

理解对方，强调共同点。尝试理解谈判对手的专业术语和特定的思维方式。这样可以表明你正在适应他并深入研究他的问题，同时也表明，你认真对待了他，向他表示了尊重。为此，你需要事先做一些研究，在谈话中保持专注，及时询问你不理解的术语或概念。如有必要，请团队中懂这方面专业术语的人参加。例如，对我来说，在与空乘人员和飞行员进行谈判时，我们这方也需要空乘人员和飞行员在旁边。这会让一些对话更加顺畅，并减少误会。

强调你与谈判对手的相似之处。你可以在许多方面找到与对方的共同点，例如，居住地、教育经历、旅行、爱好或价值观。我们对相似的人会更有好感并更加信任他们。如果我们的谈判对手模仿我们，例如采取类似的姿势，我们会更容易相信他们。如果你在社交网络中发现你们存在共同的朋友，那就太好了，如有必要，你可以请这些朋友来介绍彼此。共同的社交网络降低了相互欺骗的可能性。当涉及相似性的话题时，不要试图施用诡计，例如编造虚假事实，这一点很重要。如果被发现，将会极大地破坏彼此之间的信任。

建立信任的最佳环境是在谈判桌之外。在谈判对话中，对方总是会怀疑，你只是战略性表示友好。因此，你需要在谈判之前或之后利用好非正式的机会，例如，送点惊喜小礼物、保持联络、告知意想不到的成本优势或信息。

解决谈判对手的基本需求。谈判与友谊无关。相反，太过亲密的关系会导致你没那么有雄心，从而不会竭力寻求最佳解决方案。但是，谈判与建立有效的工作关系有关。我在谈判中经常用到基本情感需求的概念，它是由哈佛大学的费舍尔教授和夏皮罗教授提出的。你需要抓住一切机会来了解谈判对手的基本需求。这个概念包括以下五个要素：

第一个要素是赏识。让你的谈判对手感觉到你了解他，认真对待他，并认识到从他的角度来看，他的思考、感受或行动是有意义的，从谈判对手的论述中找到闪光点并真诚地告诉他。

第二个要素是关系。强调关系的力量，避免让谈判对手有被拒绝的感觉。

第三个要素是自主权。给你的谈判对手一定的空间，让他们自主做决定，并认识到他们看世界有着自己的角度。

第四个要素是地位。留意一下，你的谈判对手很在意哪些个人地位问题，你可以和对方礼貌而尊重地展开讨论，如果不太明显，你可以主动寻找对你的谈判对手有重要意义的领域。

第五个要素是谈判中所扮演的角色。留意你的谈判对手在谈判中扮演的常规角色，并表示认同。

一旦我感到对方对我不信任或不再信任，我就会在脑海中审视一下该概念的五个要素：赏识、关系、自主权、地位、角色。我在哪方面可以给出一个让对方认同的观点？在这种情况下，真诚很重要。在有关认同性的这些敏感问题上，任何耍花招的行为一旦被发现，就会带来严重的损失。

提防虚张声势，审查关键事实。尽管制定了各种游戏规则，尽管付出了各种努力来建立信任，但谈判中还是会经常遇到被谈判对手欺骗的情况。对某些谈判者而言，虚张声势，即对于自己最低或最高目标的故意欺瞒，只是其中的一部分。这种谈判者将谈判理解为一种扑克游戏，在这个游戏中，大家都知道对方也会吹吹牛。如果谈判者成功谎报了自己的底线，这是一个非常强烈的动机，通常会给他带来积极影响。试想一下，一家公司的卖方想要以此说服你：他有一个买方报价比你的报价要高 25%。如果你真的相信这是真的，那么这会对你接下来的战略行动产生重大影响。但是，如果被发现这只是虚张声势，那么谈判对手之间的所有信任就破灭了。在长期的伙伴关系中，这可能会给谈判气氛带来巨大的压力，同时，这种谎言也会严重损害谈判者在这一谈判项目外的声誉。因此，大型机构通常不得不把谈判者换掉。

如果你的谈判对手虚构重要事实，哪些制定的相关谈判策略会有所帮助呢？基本规则是：作为谈判者，你需要通过独立信息源来审查重要事实。要弄清事实对你是否重要，你需要考虑，如果该事实是虚构的，对你意味着什么。如果这种虚假性会对接下来的谈判进程造成重大后果，那么你必须对此进行审查。在最理想情况下，你可以通过你的信息网络在背后进行调查。如果你无法暗中调查，你可以跟谈判对手说明情况。你可以要求他自己提供证据，或表明你是出于责任心，需要再次确认这一点。向你的谈判对手指出，这不是对他的不信任，而是你出于专业性和作为谈判代表的义务，需要考虑周密。在谈判中，你要始终缓和此类尴尬的情况。让你的谈判对手清楚地知道你在认真审查重要事实，这是有切实好处的，它会大大减少对方欺骗你的动机。

如果谈判对手在陈述时，你就可以判断出他是否在说真话，那就太棒了。但遗憾的是，根据专家的说法，普通人根据表象发现谎言的能力非常差。如果你想稍微提高一下这种能力，那么你就得深入研究有关瞳孔大小变化、微表情或音调变化的情况。在这方面花时间做出一点微小的改变都是值得的，因为如果在没有任何具体证据的情况下，无差别地质疑对方的所有陈述，将会营造一种非常糟糕的谈判氛围。

利用不同信息源搭建网络，反复询问细节信息。如果获得了广泛的信息基础，你就可以更好地评估问题的可信度，这是更为有效的方式。你可以通过信息网络来间接确认，通过巧妙提问对方来直接确认。如果存在重大疑问，你可以通过提出你已经知道答案的问题来测试其可信度，特别是在那些对方有强烈动机欺骗你的问题上。例如，如果你问求职者他目前的工作收入是多少，在这之前，你可能已经通过网络了解了他的大概工资。如果他给出的数字明显高出你的估值，你就可以推测出他在安全的情况下对真相的重视程度。通过提问验证真相的最简单的方法是，询问进一步的细节。如果求职者说他还有好几家公司可以选择，你可以询问他：总共有几个，公司是哪个地区的，奖金的百分比是多少。如果他的陈述含糊不清或者千篇一律，同时还有情感压力的迹象，例如脖子发红或眨眼，那么你就要注意了。

重要的一点是，进行询问时，请不要用类似警察的审问语调。与犯罪嫌疑人不一样的是，我们面对的是平等的对话伙伴，他们在大多数情况下可以选择起身离开。简而言之，当涉及重要事实时，你要针对核心要点提出问题，并认真倾听回复和反应。然后，将获得的信息和线索与你从间接调查中获得的信息进行比较。

真相是一个艰深的词语。虽然谈判中你会遇到故意撒谎或迷惑你的行为，但这不会是什么大问题，除非遇到职业行骗者。未经验证的、对谈判对手有利的谣言，以及对方出于私欲夸大其词或传递错误信息，这些现象发生得愈加频繁，它们导致的问题与故意撒谎导致的问题无异。为了及时发现这些现象，我们采用的策略也是一样的。你需要深入地询问，以专业性为由，要求对方出示证据，将此信息与网络中调查到的信息进行比较。

当心“一半”的谎言。在某些情况下，虽然你的谈判对手没有捏造虚假事实，但他们也并没有向你说明重要的或不寻常的事实。如果你还存在许多疑问，你也需要对看似显而易见的问题进行询问，或要求对方做担保。在这一问题上，你需要达到社交阈值，也就是说，对于真诚的谈判对手，你可以进行解释，但对于其他人，保持谨慎是必要的。

在大型组织中，参与者的利益通常是分散的。在桌前与谈判对手交涉时需要注意的有关真相、欺骗和错误信息的要点，在桌后的组织内部，你也需要考虑。

收集信息并组织整理

如果你遵循本章中的建议，你将会在谈判中获得大量信息。就像调查记者或侦探一样，你创建了一个强大的、可靠的线人网络，通过观察细节和接收信号，你收集了这些信息。在谈判对话中，你提出了很多问题，并认真倾听你的谈判对手，你也懂得了在谈判桌外寻找有价值的信息。现在，你要面对的下一个挑战是应对海量的信息。因为信息数量和种类的繁多会带来复杂性，让我们人类很快就不知所措。当整个谈判团队都在收集信息时，复杂性会进一步增加。交流过多的信息甚至可能导致谈判缺乏结构性和目标导向。为了在关键时刻获得重要信息，我们可以使用哪种策略来应对这种复杂性？答案是：从一开始就将信息整理到一个清晰的结构中。如果你在团队中进行谈判，你需要找到专门的负责人来收集和整理信息，否则，你需要亲自出马。起初的收集工作很辛苦，但是这种辛苦很快就会得到回报。如果在关键时刻，你的手头没有直接可以拿来用的结果，那调查做得再好对你也无益。这就是信息整理和组织的必要意义。

通过列表收集信息。第一个列表是信息需求分析，它可以作为所有待调查工作的主列表。如果你总是遇到类似的谈判，那么你可以将经常用到的信息编制为一个标准列表。表 4 是我准备的一个列表示例。

我们需要什么信息？	这些信息对我们的重要性有多大？（高/中/低）	我们手头是否已经有这一信息？如果有，在哪里？	信息的可信度有多高？（是否存疑）	如何获取这一信息？	获取这一信息需要多长时间，要付出什么代价？

表 4：信息需求分析列表

信息应该以什么形式收集？通常，我建议在整个谈判过程中使用可更新的列表，所有人都可以更新和查看此列表，例如通过 SharePoint。其中一个典型的形式是利益列表，包括两个方面：一个是己方的利益，一个是另一方的利益。将各利益按优先级排序，建立分等级的层次结构。

在任何谈判中都用得到的另一个列表是“资源列表”：对方有哪些资源、技能或妥协可能是对你有利的，即使它们不是谈判的核心内容，但准备这样一个列表在许多情况下都是很有用的。例如，当对方有很大野心，你需要建立一种平衡，才能达成公平交易的时候；或者，当你需要将某个议题添加到列表中，以此将蛋糕做大，因为该资源对你很有用，却不会让对方有较大损失；又或者，当你的谈判对手在握手后甚至签订合同之前，还能一直提出好提议，来蚕食部分谈判蛋糕的时候，你也会用得上这个列表的。几秒钟之内，你就能想到好主意来确保平衡，甚至从中谋取到好处。如果对方的某个问题并没有那么重要，他会在你提出反对时马上放弃这一观点。这一切我都经历过。如果你想做好充分的准备，那么在资源方面，请你站在对方的角度考虑一下，你有哪些资源、技能或妥协可能是对对方有利的，即使它们不是谈判的核心内容。

还有其他哪些列表是必需的吗？这取决于你谈判的情况。在第二章第一节中，我已经介绍了包含谈判议题的谈判草案，以及需要收集的解决方案选项。如果谈判涉及的利益相关者关系复杂，或者另一方的人数很多，那么你有必要将它们清晰地记录下来，如果有必要的话，你也可以使用网络分析工具。如果客观标准对于评估分配情况很重要的话，你也应该做好这方面的准备。使用这些列表的诀窍是，从一开始就要制定好，在过程中不断更新，并在团队中共建共享。

将信息组织成树状图。人类应对复杂性最重要的能力是结构化。在谈判开始或引入新议题时，树状图是有效的应对方式。我们也可以用思维导图的方式表示，或者更简单一点，直接用文字处理软件的枚举功能表示。如果你是团队合作或与谈判对手合作，就可以通过投影仪或显示屏为大家实时展示这种结构形式。如果由于信息量过多而导致讨论混乱，谈判主题过于复杂而无法使用挂纸白板或便利贴，那么，我建议你安排一个能干的人去操控电脑，连接投影仪，做一个实时更新的树状图。

用一种轻松的态度去面对整个过程。你只需鼓起干劲，不要过于追求完美，要敢于犯错。我们所探讨的，只是一种用于梳理问题、将所有信息都组织到一起的工具而已，如果今天不适合，可以明天再调整。你要试着将一个复杂的谈判想象成一座你看不到全貌的巨型建筑物，它有着纵横交叉的走廊和通道。而你现在的任务是，通过设置一个清晰明了的路标系统，为所有用户指明方向。

结构化的四条简单准则可以帮助你完善你的树状图。首先，你需要认真考虑中心主题，即树干，这个是确定方向的关键所在。如果你能想到更好的表达，你应该争取使用更好的表达，并对其进行调整。所谓的树干是，你可以保留在短期记忆中的信息块，例如“企业养老金”或“购买价格”。其次，要注意“三个原则”和“七个原则”，我们应该避免在同一层级上使用七个以上的主题，而最易于我们记忆的是三个主题。如果“企业养老金”是中心主题，那么下一级可以由三个部分组成：“实施方法”“受益人群”和“融资”。再次，要确保完整性。即使是你不喜欢的话题，你也不要因此忽视，要避免任何遗漏，因为遗漏并不能解决复杂问题。如果你不确定自己是否漏掉了一些方面，你可以加设一个集合项目，例如“其他”。最后，不要混淆苹果和梨。你要确保被划分到同一个层级的概念真的属于这一层级，你可能会遇到模糊不清的情况，但很少会到为此争论的地步。

这对你来说太无新意了吗？对我而言，这种快速结构化的方式是谈判中最有效、最快捷的工具之一，但让我惊讶的是，很少有人使用它。经过多年与工会关于“企业养老金”的争论和无数次罢工事件，我们聚到一起想为所有的权利斗争做总结，我坐在笔记本和投影仪前，在双方的争论声中，花两个小时的时间画了一个树状图。事实证明，人们对结构的争论要比对内容的争论少得多。一个月后，我们取得了结果。

举办利益研讨会。利益研讨会能帮助我们掌握谈判中最重要的信息——利益。你可以通过此研讨会单独或与你的谈判对手一起，为谈判做准备。当和谈判对手一起时，就需要双方有较高的信任度，或者第三方作为主持人为双方提供帮助。在举行双方共同的研讨会之前，最好是先进行内部研讨。

举办研讨会的目的是，在长列表中收集提到的所有利益，并创建一个优先级最高的利益列表——Top 5的列表。在研讨会开始时，需要明确提出并解释该目标。经验表明，研讨会的最佳参与人数为5人—10人。那么，你就要确保参与者对组织有广泛的了解，每个参与者都要有能力表述其利益。同时，你还要任命一名主持人和一名记录人员，专门主持研讨会和负责记录研讨会的结果。此外，你需要一名时间掌控者。然后，你只需按照以下五个步骤进行操作：收集、组织、成文、确定优先级和分类。

在收集利益时，让每个参与者先为自己表述基本利益。为此，你需要再次强调表达利益的基本原则，即正面地、开放地、切实而具体地表达。一旦每个参与者确定了其利益，就要与小组分享他的结果，整个过程中，其他小组成员都可以提出问题（但不允许做出任何评价），以便分享结果的人更好地理解或者重新进行表述。可以利用便利贴来进行收集。

下一个具有挑战性的步骤是利益的组织。通常，利益都是分散的，并且从详细到高度抽象，会处于不同的概念层次上。主持人与小组一起对上述提到的利益进行整理，他会把各个便利贴贴到不同地方，并确立中心主题。要注意的是，并非所有问题都能得到完美解决，因此讨论环节至关重要。通过这一环节，小组无疑会逐渐加深对情况的了解。

现在，我们需要将利益整理为可用的文本。为此，我们要安排两到三个人来做此项工作，即把便利贴上收集的信息整理到树状图中，并确保所有内容都以清晰的方式呈现。

将利益按优先级排列，并回答以下问题：谈判中对你最重要的五个利益是什么？通常，整个小组要想在这方面达成一致会很难，例如，大家对控制和销售的观点截然不同。在这种情况下，如果小组提出了一些建议，你要么可以将此建议提交董事会或经理，要么让小组对此建议投票表决。你需要在研讨会开始时确定采用哪种方式。

最后，对利益进行分类，考虑哪些利益是必须争取的，哪些利益是可以争取的，哪些基本上是不必要的。

在研究了你自己的利益之后，你需要研究谈判对手的利益。为此，请再次举行同样的研讨会。你可以在没有谈判对手的情况下进行，让自己进入到对方的角色中，使用与对方相对应的形象、照片、简历数据、兴趣爱好、教育程度等类似的信息，或者你也可以请求对方举办一个类似的研讨会，并与你分享结果。你们可以在彼此信任或有主持人在的情况下一起举办研讨会。

这听起来很费劲吗？在以下两个前提下，这样的付出是值得的：谈判很重要，涉及很多利害攸关的事情；与此同时，谈判的主题和利益很复杂，深入研讨双方利益的谈判团队的主权不能被击败，这是给谈判过程带来创造力和活力的基础。

就分析方法而言，成功的谈判还需要其他要素，其中也包括领导谈判。那么领导谈判真正讲的是什么呢？它与权利、态度、解决问题流程的设计有关。我们将在下一章中对此进行探讨。

知情原则清单

像一名优秀的侦探一样进行谈判，并尝试尽可能多地了解有关人员和具体情况。

建立一个由同事、员工、伙伴和顾问组成的信息网络，也包括谈判对手那一方的信息网络。

留意正式的谈判对话之外的细节，创建非正式的对话环境。

始终对意想不到的情况抱有预期，即所谓的黑天鹅。悄悄寻找异常情况的有关线索，例如出现不合理的情况，或偏离正常行为的肢体语言。

使用一定的方法让自己代入谈判对手的角色。

在建立与谈判对手之间的信任关系上做充分的投入。

通过独立的信息来源和有针对性的细节提问来审查关键信息的可靠性。除了谎言之外，你还要考虑到对方纯粹的错误。

从始至终持续地收集信息并组织整理。

流畅谈判小建议：进行研究式谈判。像一名优秀的侦探一样，系统地收集你所有的信息拼图，力争在谈判结束时与你的谈判对手一起将拼图组装起来；在重要谈判的准备工作阶段，举办一个利益研讨会。

领导原则：对有效的谈判流程负责

毫无疑问，我们在这里会提到“领导谈判”。领导谈判里的领导，指的不是传统意义上的领导，比如公司某个部门的领导，至少这里不是单指这一点，其特别之处是，你与谈判对手一起进行领导。任何有过双重领导或团队领导经验的人都知道，这不是什么易事，尤其是协调工作需要双方付出很多努力。在领导谈判时，往往还存在一个事实，即这一特殊领导团队中各成员的利益相差很大，并且没有解决冲突的固定机制。如果你试图在谈判内容上支配对方，很快就会以失败告终。在组织中具有很强魄力的领导人员却无法领导谈判，我认为其最常见的原因是：谈判是平等的，很少情况下你能说服对方，让对方遵从自己的立场，在内容上取得话语权。

为了领导谈判能成功，最好的办法是将注意力放在形式的领导上，而不是内容的领导上。这就意味着，你要为谈判流程的时间和内容安排负责。形式上的领导是你和谈判对手共同的任务，而在结构和程序上达成共识，要比在内容上达成共识容易得多。此外，你还需要领导自己的谈判团队和委托人，重点是你要管理自己。所以，你同时面临很多任务。谈判领导者的角色更像是共同解决方案的架构师形象，而不是传统领导者的形象。你需要像织网的蜘蛛一样将所有的线都握在手中，并且能同时在多个建筑工地工作。接下来，我们会探讨在谈判中扮演这些不同领导角色时应注意的事项。

除了平等性，在谈判中还需要注意有关领导核心的其他特殊之处。为了能自主而有效地进行谈判，你需要事先考虑一下自己的立场。相信我，在高难度的谈判中，你的价值观会被对方考验。你最好不要等到那一刻才进行思考，因为在紧迫的压力下，你很有可能会做出不明智的战略决策。所以，我建议你针对谈判中典型的道德伦理问题（例如你对真实性或公平的态度）事先想出一个适宜的回答。另一个要点是你对冲突的态度。领导谈判的技巧在于既不要因为过少的冲突采取行动，也不要挑战过多的冲突，意思就是避免“冲突不足”和“冲突过度”的情况出现。

谈判中的一个尖锐问题是，权力对你的结果有什么影响。作为谈判领导者，你要对谈判的结果负责，如果你想获得成功，就不应该只专注于谈判桌上的行动，你还需要在谈判桌之外思考你的替代方案，并且运用你的知识来制定有效的解决方案。同时，你不能将权力游戏和心理诡计与真正的谈判权利相混淆。

实践中的错误

错误 1：我曾经受委托在一个谈判团队中担任顾问，该谈判团队与一个有影响力的企业工会有着严重冲突，其领导者在我和他的团队面前强烈地斥责了他的谈判对手。他告诉我们，在谈判对手不在场的情况下，他委托了一名心理学家进行远程分析，即对谈判对手做一个心理鉴定。鉴定结果表示，这显然是一个程度较重的自恋者。出于信任，心理学家甚至向他坦言要进行临床相关的诊断，而这一点也与关于对手酗酒问题的传言很相符。因此，他认为，现在要做的是给对手大力施压，然后就能指望将对手搞垮。

解释：作为领导者，你始终是整个团队的榜样，对他们的态度有着重大的影响。你对难对付的谈判对手感到失望是可以理解的，但是贬低你的谈判对手却很危险，无论是在团队面前还是在委托人面前。作为领导者，你很容易就能激起参与人员和自己的情绪，但是，要想将此过程逆转过来就很难了。其后果就是，你的行动空间受到了限制。即使你当前正在为冲突升级和B计划做准备，你也要继续为找到建设性的解决方案而努力，无论你处在什么情况下，尊重你的谈判对手都很有好处。在我的团队中，我会和大家约定禁止抱怨谈判对手。作为领导者，你的任务是确保大家在谈判桌上和团队中保持谨慎，你是那个能避免冲突加剧的人，除了你别无他人。

错误2：在第三轮谈判中，我被叫了过去。谈判的内容是与中国的一名合资伙伴的问题。我问谈判流程是如何组织的，而谈判团队的领导者并不理解这个问题，他们一个接一个地处理一系列的具体问题，两次谈判都没有完成，总是得在谈判结束时才去讨论接下来该如何进行。

解释：谈判中最重要的领导方法是对谈判流程的控制，为此，你需要与另一方进行深入的谈话。你要将谈判过程当作有故事情节、有逻辑脉络的完整的艺术作品，从而进行设计，哪怕你得一次次地进行灵活地调节。你需要明确其中的逻辑，弄清楚框架条件，与谈判对手一起制定内容结构，并为你的谈判设定明确的戏剧结尾。

在四个层面上进行领导：你的谈判对手、你的委托人、你的团队和你自己

如果你是独自一人为自己的事情进行谈判，那么领导层面只有一个：与你的谈判对手一起领导谈判流程。单单这一项就很有挑战性了，因为你需要针对流程形成自己的想法，并考虑谈判对手的建议，最后就共同的行动达成一致。特别有趣的是，大多数谈判对手对此没有太多的兴趣，并愿意接受你的建议。由此，你自动接管了领导工作。即使对方有自己的想法，通常也不难达成一致。这样的流程方案是双赢的解决方案，它们可以节省双方的时间，并确保所有重要方面都得以有条理地阐述出来。如果此时就出现了第一波小争执，那你应该小心。要么是你与谈判对手的关系被扰乱了，你需要马上聊聊与对方的关系；要么是你的谈判对手有一个隐藏的议程，你得首先弄清楚此事。

你要将谈判流程的协商理解为第一次的共同热身。作为所有谈判人员的领导班子，你们的共同目标是组织一个有效而公正的流程。你与谈判对手及其团队建立的整体感越强，你们共用的解决方案机制就越有效。重点不在反对方，而在于解决共同的问题。因此，双方团队在进行协商时，最好去僻静的地方并留出时间进行谈判以外的活动。

在某些情况下，你的谈判对手通常会接管领导工作。例如，当你处于求职阶段，公司指定的程序为：招聘测试、案例研究、工作面试。如果你想表现得积极一点，那么你此时不应该袖手旁观。你应该在这些环节中展现你的领导能力，并对整个流程负责。例如，你可以提议参加团队会议或了解重要界面，该公司会因此欣赏你的

创造欲和你的主动性，你也会获得重要的信息，以便于做出决策。如果公司在没有正当理由的情况下拒绝你的建议，那么你就应该起疑心了。

自下而上领导你的委托人。只为自己谈判的情况少之又少，即使在私人领域中，换工作、买车或买房时，也常常要考虑“委托人”——家庭的利益。在工作领域中，几乎每次都会涉及一个委托人，除非你是作为个体经营者为自己谈判的。在第三章第三节中，我们会更详细地讨论受托人与委托人之间的关系，并分析其中需要注意的一些问题。而在此处关于领导谈判的话题中，对我来说，重要的一点是，作为领导者，你要承担起自下而上发挥主导作用的责任，无论是董事会、管理层还是委托人。你需要负责谈判过程中与委托人的信息传达，并且确保这种信息传达是双向的。你的工作还包括将委托人的利益收集到一起并整理成委托书，或是在谈判框架下进行浓缩。为什么这一点如此重要？以我的经验，在复杂的情况下（大多数商务谈判中），受托人与委托人之间的关系对于成功至关重要，同时也是犯错误的根源。谈判代表常常消极地接受这一事实：委托人极少或只是静态地参与到谈判过程中，而这样会影响到他们的成功。成功的谈判建筑师需要与他的“建筑商”一起推动这一过程，并让他紧密参与其中。

在谈判团队中培养积极的谈判态度。在谈判具有挑战性的情况下，通常需要组建谈判团队。在第三章第四节中，我们会更详细地讨论团队谈判。首先，领导谈判团队必须像领导其他团队一样，这是你的第三个领导任务，让团队成员清楚地明白，有效的谈判流程是谈判的根本。以解决方案为导向的团队精神不是凭空产生的，因此，你要密切关注这个团队，让他们积极配合你的行为。

传播乐观态度。对于那么多困难的情况，人们都找到了出色的解决方案。“既然北爱尔兰的冲突通过谈判解决了，那么这种情况也是可以的。”

向你的团队讲述谈判心流。单独或者与谈判对手一起为谈判进行系统性的准备，会极大地增加在大型谈判冲刺中获得绝佳解决方案的可能性。

有时候，你的谈判对手看起来很不理智，这不是因为他疯了，而是因为他有着不一样的价值观，他在以不同的眼光看待这个世界。同时，他受到他所处环境的限制，而这种限制是你无法想象的。你需要用实际行动告诉你的团队，至少在某些方面，仍然是可以做到尊重谈判对手的，并且你要展示出你对他的尊重是很重要的。此外，你需要向你的团队展示如何坚守自己的立场，同时还能与对方建立伙伴关系。

在谈判这场马拉松中，一定要注意自己的精神能量。善于自我管理的人，在谈判时具有明显的优势。关于一般性的自我管理，你可以阅读彼得·德鲁克或戴维·艾伦的经典著作，但我想说的不是这个，我想让你注意的是能量的调节，这对于你在漫长的谈判过程中，特别是最后的冲刺阶段，具有决定性的作用。在第二章第六节“理性原则：专注于寻找智慧的解决方案”中，我们会谈到自我调节的话题。

为了能够完成费脑的工作或控制好自己的情绪，你需要具备充足的精神能量，而你的精神能量并不是无限的，总会有耗尽的一天，研究者称其为自我损耗或自我耗竭。如果你的精神能量趋于耗尽，你就会对挑衅做出更具有攻击性的反应，或者在逻辑决策上表现得很糟糕。而在进行谈判时，这两种情况你都不希望发生。为了在艰难的谈判中保持意志坚强，对我而言有效的方法是有意识地管理自己的精神能量。

谈判通常总是持续很长的时间，在内容和情感方面都给我们提出了很高的要求。高难度的谈判中，参与人员数量也很多，因此需要花费很多时间来相互协调。时间紧是复杂体系的一个特点，也是谈判的特点。我经常会体验到这种状况，即谈判原定的结束日一次又一次地延后，这主要发生在截止日期到来之前的最后几轮谈判中。这种延后通常不是因为参与人员故意为之，而是双方都低估了协调的必要性。此外，努力创造谈判心流以及精心组织参与人员也很重要。当然，延后有时也会被用作权力游戏的策略，那么这时，你应该向对方表现出自己的耐力。不过，这很少被当成一种串通游戏的策略，即以此向第三方证明，所有参与人员都尽心尽力了。

你应该如何应对这种情况呢？请想一想，在谈判结束时，各方都在竭力争取最终的让步，并商议重大问题的解决方案，而诡计和欺骗通常针对的恰恰就是最后阶段。就像长途飞行的飞行员一样，他必须在飞机降落时尽最大努力来取得最佳表现，对谈判者来说，他需要在最后时刻保持良好的状态。其专业术语是战略能量调节，成功的关键在于节约使用精神能量，以便最后冲刺时精力充足。在谈判之前，你就要做好第一步，要保持节约使用能量的习惯，一直到谈判结束。

在开始谈判对话之前，想象自己像顶尖运动员一样取得了佳绩，在脑海里具体设想一下成功谈判的积极结果，握手、签名、功成名就。要让自己意识到，在复杂的谈判中，延期是正常的，也是可预料到的。你需要在流程组织方面创造延期的前提条件，以此来减轻你的时间压力。同时，你需要考虑你的会议地点、住宿、交通和餐饮，事先进行自觉的健康饮食，并计划好充足的睡眠时间。你还要学习冥想，做做运动，听听音乐，或者做其他可以让你放松的事情。

在谈判期间，你要有计划地只消耗必要的能量。像潜水员使用有限的氧气一样，你要谨慎对待自己的精神能量，避免不必要的情绪爆发。如果你的脉搏上升，你要迅速让自己冷静下来。你可以考虑休息，呼吸一下新鲜空气。记住要多喝水，健康饮食，避免饮酒。这听起来是老生常谈，但我很少看到谈判者能坚持这样做，只有少数自律的人能坚持并从中获得明显的优势。在团队谈判中，专业的团队领导者也要对自己团队的能量调节负有责任。

表现出你的态度并承担责任

你如何看待道德问题，恰到好处的冲突水平是什么？在任何重要的谈判中，你都需要回答这两个问题。为此，你需要事先冷静地思考这些问题，想好可以提供指导作用的准则，这样可以减轻你在谈判中精神资源方面的压力，并提高你的决策能力。

想好如何在谈判中面对真实性的问题。谈判时可以撒谎吗？如果你向你的谈判团队提出这个问题，你会惊讶地发现，他们给出的答案各种各样。这个问题是我在谈判研讨会上见到的最具争议、讨论最火热的问题。通常，团队成员会分为三个阵营，就像美国教授兼谈判专家理查德·谢尔提出的那样：纸牌游戏派、实用主义派和理想主义派。

纸牌游戏派认为："谈判是一种社交游戏。大家多多少少都会使用一些诡计。这也没关系，因为每个人都知道游戏规则。如果你不用的话，那是你自己的错。"

理想主义派则反驳道："谈判是一种规范的社会互动。我们对待家人和同事都不会撒谎，那么在谈判时也不能说谎。戒律中也规定了不说谎。"

最后，实用主义派将两者分开："原则上，谈判时不应该撒谎。谎言被戳穿的速度通常比你想象的要快，那样会造成比实际更大的损害。但如果谈判对手把你逼到了墙角，你自然有权说谎。比方说，当他询问替代方案或想要知道个人限制时。如果谎言不会被戳穿，那么战略性地撒个谎也是可以的。"

你必须意识到存在这些不同的观点，并考虑到纸牌游戏派常常使用诡计和谎言，以及实用主义派偶尔会在困境中编造谎言。作为理想主义派，你与纸牌游戏派和实用主义派是向上兼容的；但是，作为纸牌游戏派，如果你的谎言被戳穿了，就不要指望实用主义派或理想主义派对你表达善意。

谎言有很多种形式，重要的是欺骗的意图，而不是具体的呈现方式。骗子有各种各样的手法，例如，尽管他有披露的义务，但他仍然保持沉默，他战略性地省掉重要细节，故意使用模棱两可的表述，或者对已经发现的误解闭口不言。

那么，到底什么是正确的呢？第一条准则显而易见，任何谎言的边界线都是法规。例如，对商品的基本特点有欺骗行为的人，其买卖合同可能会受到起诉，并因此受到惩罚。

第二条准则是集体道德观念，它不像法律标准那样明确，尤其是当你在不同的文化背景下进行谈判，你需要事先了解关于诚实和礼节的标准有什么不同。在集体主义文化的团队中，面对局外人在内容上含糊其词，或许偶尔会产生误导，但这是可以接受的。但另一方面，欺骗关于自己感受的行为是要遭到强烈反对的。你不能违背明确的集体主义道德准则，否则后果会很惨重。

第三条准则是你与谈判对手的关系类型。在长期关系中，你的信誉以及对方对你的信任起着决定性的作用。如果涉及的是你的老客户或企业工会，那么谎言被戳穿后，会直接在下一轮谈判中产生后果。我们总是对谎言是否会被发现的问题过于乐观，然而，总会有人说漏嘴或者犯错，真相水落石出的概率比我们想象的还要高。对于是否会再次见到谈判对手的问题，也常常被低估，在一个高度互联的世界中，我们遇到彼此的次数也比想象中的要多。

最后一条准则是你在市场上的声誉问题。无论你与该谈判对手会不会再次进行谈判，第三方都会对你的行为感兴趣，去了解你的信息。例如，这些信息可能来自你自己的团队，他们是最直观地看到你的行为的人。因此，你需要设想，如果自己最亲密的、最信任的人叛变了，一切会变得怎样?

最终，你要做出自己的决定。比如，是否要在二手车经销商面前如实回答替代方案的问题，决定权在于你自己。对我来说，要一直思考谎言被戳破的风险是不是大于收益，以及选择正直还是自私，这实在是太累了。而且，坚持真实是有好处的，你不用思考如何在替代方案或行动框架方面编织谎言，而在谈判之前有更多精力投入到充分的准备中。你不用再考虑欺骗这一选择，因此，你需要尽早准备好替代方案或者合适的委托书之类的文件。否则，你没有任何可展示的内容，这会让你陷入尴尬之中。同样，在每次谈判开始时，你也可以与你的谈判对手商定好明确的游戏规则，这比撒谎要容易得多。

顺便提一下，这里指的不是让你从一开始就保证信息的完全透明性。你可以一小步一小步地分享你的信息，且只在平等的基础上分享，这是合法的，也是一种聪明的策略。说真话，但是要慢慢地说。你不必分享所有的信息，但你分享的信息得是真实的。此外，我建议你不要说一半的真话，这并不会让事情变得更好，你甚至还可能会因此落得个骗子的名声。

虽然，我建议你对真实性表达明确立场，但是在现实中，你常常要面对并不明确的问题和模棱两可的情况。举一个实例：作为雇主方，在签订合同之前，我们发现工资计算公式中有一个错误，而这个错误显然对我们有利。如果我们告知工会的话，他们一定会立即要求进行更改，否则就不签合同。到底是谁犯了这个错误，这个无法查明。原则上双方都有义务检查所有计算，但没有查明真相的义务。这也是我们这方“鹰派人物”的主张，他们指出，如果同样的情况发生在另一方，那么工会也不会让我们知情，而且劳资协议本来就花了大价钱，每一分钱都对我们有帮助。

在这样的情况下，向自己提出以下问题，这样可以帮助我们厘清道德问题：如果事件在《法兰克福汇报》或《明镜周刊》中如实刊登，这是否与你的自我形象相符？如果你的孩子、爱人、父母知道了你的所作所为，会怎么样？如果你的谈判对手对你也做了同样的事情，你会有什么样的感受？是否有其他方法可以减少道德上的损害，即使要付出一点代价？

经过内部讨论，我们还是在签订合同之前告知了工会计算上的错误。同时也提出请求，希望在类似情况下，他们也能这样坦诚地对待我们。有一天，这样的情况真的发生了，而且，我们的团队在多年之后也同样得到了工会的信任。这让许多解决方案成为可能，因为如果没有信任就无法制定出这样的解决方案，不过，我们也不会愿意在《明镜周刊》上读到这个故事，因为那会严重动摇员工对管理层的信任。

思考一下，怎样做对你的谈判对手是公平的，并采取行动。在谈判中，没有哪个词比公平还要滥用得多。如果对方用了公平一词，你就要警惕起来，很有可能他刚刚对你使用了什么诡计。如果他要求你公平，或声称他的方案是公平的，你一定不要接受他的观点，否则你会冒着采取不理性行为的巨大风险。相反，你需要请对方更进一步地向你解释其公平性的标准。这样就可以使对话回到更理性的水平。

不要被对方吓唬住了。实现内容上的公平或公正，是一个全社会都尚未解决的问题，而在你的谈判中也无法得到最终实现，你能做到的只是构建一个公平的谈判流程。这意味着，在制定流程时，你需要将谈判对手的所有利益都考虑进去，你要尽一切努力制定出巧妙的解决方案，结合双方的资源，来最大限度地利用协议空间。在这个过程中，你不知不觉就发现了与谈判对手合作能取得的所有利益。现在，是时候分蛋糕了，而为了这一刻，你需要准备一套客观标准，这些标准对你有利，而谈判对手刚好也能接受。在这种情况下，你就需要跳脱出实现客观公正的想法。

两个女人无法就如何分配 10 万欧元达成共识。你可能会说这还不简单，当然一人一半。但是，其中一个女人很富有，另一个很贫穷。那么贫穷的那个女人就应该分得更多的钱，对吗？富有的女人争论道，平分一半绝对不公平，毕竟，她的税率要高得多。所以，她必须分得更多的钱。真正决定性的因素是净收入。实际上，这还不够，因为最终还要考虑到相对附加收益。对贫穷的女人来说，1

万欧元带来的附加收益相当于9万欧元给她带来的附加收益。除此之外，她还会把这笔钱捐给印度的儿童基金会，而他们是真正的穷人，她帮助的不单单是一个人，而是一群人。另外，这个穷女人在两个星期前比现在要富裕得多，她只是因为逃税了好几年，不得不把自己的财产拿来交高额的罚款。

相信你已经注意到了，分配标准比想象中要更不稳定，太多的标准甚至会让分配工作无法进行。为了能最终做出决定，我们常常需要进行抽象化处理。

你永远无法完全地摆脱公平分配的两难困境，你的收益和谈判对手的收益之间总会存在对立关系，理性的谈判者通常会愿意放弃短期的胜利，而从长远角度来衡量他的收益。所以对他来说，是否有公平感很重要，必要情况下，他愿意在分配时做出短期的退让，这样可以防止报复性冲突，并促使对方在未来的冲突中具备同样的公平性。如果你处于较弱的地位，而你的谈判对手拒绝采取公平的解决方案，那么你就需要让他理解此方案会带来的长期效应，并在必要时发动他的周边资源，以使他意识到缺乏社会适当性原则。

避免过度冲突。谷歌地图是一个了不起的工具。你可以在几秒钟内放大视图到某个房屋或街道，而在下一瞬间，你可以缩小视图看到整个地球。对谈判者而言，掌握这种“放大、缩小”的能力对于成功至关重要。你需要经常性地以鸟瞰视角进行放大观察，冲突是否还在可控范围内，如果冲突的强度高于直接解决所必要的强度，那么就是过度冲突。也就是说，我们面对或者使用权力及暴力手段的次数过多了。当我们为机构或在团队中进行谈判时，整个组织会经常性地陷入冲突之中，并且超出了合理的度。对此，哈佛大学教授丹尼尔·夏皮罗谈到了部落思想：“在部落效应的刺激下，你会盲目贬低别人的观点，仅仅就因为那是他们的观点。”这种心态是出于保护自己人免受外部威胁而形成的，它会快速出现并在短时间内固化，且拒绝任何改变。例如，某一谈判部落在面对另一方的谈判部落时为自己的群体辩护，突然受到大量思维误区的影响，出现了非理性的想法。很快，所有的参与者都会被这种负能量感染。

作为谈判顾问，我一次又一次看到这种效应的发生。例如，在进行一轮大型谈判的前一周，我们与十人组成的谈判小组讨论了以下策略：我们的经济目标是什么？哪些议题很重要，我们要提出哪些解决方案，我们应该按什么顺序与对方的哪些人员讨论这些议题？一切问题都准备好了，大家都仍然保持理性的举止。然而，在下一轮谈判开始前的准备阶段，谈判对手向我们提出了过高的要求。全天的谈判过程中，他们都表现得极具攻击性，我作为顾问当时并不在场。谈判当天的傍晚，谈判团队负责人给我打来电话，情绪十分激动，他通过电话将我与己方的会议室连线，大家都很生气，想知道我们应该如何给对方施加压力，而我们之前讨论的策略似乎已被忘记，计划好的谈判结构也被丢到了一边，反而形成了一种消极的“群体思维”。在谈判对手的压力下，团队形成了高度统一的团体思想，而导致解决方案的创造性受到严重限制。我很幸运没有被该团队的消极思维影响，因为作为顾问，我既不会在现场，也不属于公司的组织结构。

那么，你可以采取什么措施来预防这种情况呢？最重要的一点是要了解在冲突情况下，团队是如何陷入部落和群体思维中去的。

作为谈判团队的领导者，你的任务是组织中场休息，有意识地检查团队是否陷入了这种迷思。在充满冲突的谈判中，你需要一次次地停下来在团队内部提出以下问题：我们是否仍遵循着我们的目标，我们依然是有创造性的吗？你需要提醒情绪激动的团队成员保持冷静，你应该努力让自己永远是这个房间最慎重的人。不过，你也不是神人，你也很容易陷入这种迷思中，但是，就像奥德修斯一样，你可以将自己绑在船的桅杆上，以免受到塞壬歌声的蛊惑。例如，你可以在团队中任命一个魔鬼的辩护士，他的任务就是提出这些问题；或者，你可以要求外部的第三方在特定的时间空档进行干预。

相反，如果在组织中形成共识文化，则可能会缺乏应对冲突的准备能力，所以，除了上述冲突过度的情况，也存在冲突不足的情况。如果你屈服于谈判对手的压力，而这损害了你本来可以实现的目标，于是就出现了这种冲突不足的情况，或者是当需要推动谈判进程，而你没有准备好使用你的杠杆。同时，这也会产生一定的冲突成本。这里不是说要避免任何形式的冲突成本，只有破坏性的冲突成本，即功能失调的冲突成本，才需要你规避。当框架条件发生巨大变化时，原本非常成功的长期战略伙伴关系中的子冲突通常会成为一个问题。以之前的国有垄断企业为例，国有企业私有化后，必须面对竞争环境，员工的许多工作条件都不再适应变化后的企业，工会和雇主之间的社会伙伴关系也与私有化后需要进行的资产分配问题难以协调。

题外话：机长是如何领导团队的

客机上领导团队的情况比较特殊，安全性显然摆在第一位。而针对每次长途飞行都会筹划一个新的团队，成员数最多为 25 名，驾驶舱和机舱的机组人员通常是首次一起工作，这种新的团队格局给机长这一领导角色带来了挑战。要注意的是什么呢？机长与机组人员之间的首次接触值得特别关注，机长在飞前会议中给人的第一印象为后面的飞行过程奠定了基调，首次对话也对后续合作有着重大影响。机长在第一次对话中应认真耐心地倾听，不要打断对方，以此给团队起到好的示范作用。机长的目标应该是营造最佳的工作氛围，正所谓“队长定调子”，说的就是这个道理。

研究表明，在与人为因素有关的所有未遂事故中，有80%的事故是通过有利的工作氛围来消除危险的。对机长来说，有三个重要问题：如何对待安全法规？如何促进团队中的开放合作？如何处理对其他机组人员的好感和反感情绪？

一个专业的机长应该以身作则，遵守安全法规。在安全问题上过于放松是最可怕的事情，而发生这种问题可能是因为对专业性有所误解，也就是所谓的“我靠直觉就能掌控一切”。队长自己不能偏离标准操作程序，也不能容许他人发生偏离。研究表明：轻率的态度会增加机长和团队的出错率。

开放的团队合作存在一种风险，这种风险来自级别较高的机长所拥有的身份和支配地位，这可能导致副驾驶员害怕被批评而回避关键性的问题，许多航空事故都可以归因于这种现象。例如，飞机坠毁是因为副驾驶员不敢跟权威型的、易怒的机长提出关于飞行高度的问题。而真正专业的机长会在飞前会议中鼓励大家积极对待批评，他们会承认自己的错误，并感谢大家提出反对意见和喊话。如果飞行员偏离标准操作程序，就需要进行标准喊话。

机长与副驾驶员的配合对于安全飞行尤为重要。专家们指出，机长与副驾驶员之间的相互监督，即冗余配置，是安全保障的重要方面，而过多的好感或过度的反感都会影响到这种相互监督的效果。对于无好感的伙伴，我们可能有意或无意地不会给他们那么多的支持；而对于朋友，我们不会向他们提出那么多必要的批评，不想因为和他们聊天而分散了自己的注意力。

如果伙伴之间关系太亲近，专业的飞行员就会自觉地意识到安全隐患，他们会在导入航线前就停止私人交谈，并遵循“驾驶舱无干扰”原则。“驾驶舱无干扰”是指在飞行的关键阶段，禁止私人交谈和活动。过往飞机坠毁的大多数原因就是飞行员因为私人交谈而导致不专心。相反，如果关系不好，飞行员甚至会被要求在飞行的关键阶段之外有意识地进行闲聊，这有助于他们建立共同的基础。如果这样做还是没有效果的话，飞行员应该主动商讨他们之间的问题，对此，教练建议飞行员这样表达：“我对我们的合作感到不太愉快。”

那么，在谈判的领导方面，我们可以从中借鉴什么经验呢？

在团队谈判中，也可以见到形形色色的团队。举一个采购团队的例子，该团队就一个战略项目进行谈判，其中有全职买家、技术专家、律师、审计员和顾问一起展开紧密合作。在大多数情况下，团队对于这种组成方式并不了解，因此在一开始就需要寻求了解，而谈判团队的领导者则需要通过首次会议来塑造团队文化，就像机长一样。这是你作为领导者的机会，你要发挥示范作用，表达对他人的尊重，并强调结构化的方法。你的行为会向你的团队展示，你是如何看待可信度和真实性的。

与机长类似的是，谈判团队的领导者自然也具有支配地位。当团队成员可以坦率表达批评意见时，谈判团队的全部潜力就能得以发挥；而如果在充满紧张情绪和压力的环境下，谈判团队会出现片面的群体思维或部落效应。在这种情况下，就需要团队中有成员敢于站出来，担当魔鬼的辩护士。作为谈判团队的领导者，最好能像优秀的机长一样：从一开始就鼓励大家进行批评，承认自己的错误，对大胆坦诚地发表反对意见的行为表示赞扬。

在飞行员的密切合作中，我们需要关注好感和反感的情绪，这一点也可以完美地用于两个谈判代表之间的关系上。过多的好感也会影响解决方案的达成，这跟谈判代表彼此反感带来的影响一样，如果两人之间关系太亲近，可以借鉴“驾驶舱无干扰”的做法，在“无干扰谈判室”中不允许谈论私人问题；而如果关系不好，飞行员的方法也会很有帮助：对抗你的直觉，有意识地利用一切闲聊的机会，如果谈判的局势看起来要陷入僵局，我会故意在早餐或午餐时与对方坐在一起，并谈论除了谈判之外的任何话题。当然，在压力很大的情况下，单单靠闲聊来改善合作是不够的，你还需要像机长那样，鼓起勇气，与对方私下里坦诚地表达：“目前，我对我们的合作感到不太愉快……”

增强你的谈判实力

你在谈判中的首要目标不是解决其他人的问题，而是要尽可能广泛地实现自己的利益。如果你还能考虑到谈判对手的利益，那么你是明智的，这为你实现自己的利益，尤其是长期利益提供了重要的杠杆。如果你的谈判对手和第三方（例如国家或你的客户）也能从中受益，这是理想状态下的额外效果，但不是主要目标。

作为谈判代表，仅仅维护你自己的利益并提出好的解决方案是不够的，你还需要让你的谈判对手最后举手赞成。为此，你可以利用谈判对手喜欢或害怕的资源，你也可以称其为正面杠杆、负面杠杆或谈判实力。作为谈判者，你不仅要负责组织解决问题的流程，还需要找到可利用的杠杆，这项工作也需要你在谈判桌之外且没有谈判对手的情况下进行。

即使你拥有强大实力，也要以价值为导向进行谈判。如果你认为自己的谈判实力较弱，那么很明显，你应该主张，谈判的结果不能以实力关系为导向。相反，如果你具有很强的起始实力，你可能会很容易想到先打出你的实力牌，并要求你的谈判对手迅速屈服于你的立场。但即使在这样的情况下，我也建议你以价值为导向而不是以实力为导向。以实力为导向的谈判者是这样认为的：我的谈判结果和谈判对手的结果都得基于真正的实力关系，那么，我的谈判实力越强，我的目标就要定得越高。而以价值为导向的谈判者的想法有所不同：无论他的谈判实力如何，他都试图在谈判时为自己这方争取最大的收益。如果有机会通过合作做大现有蛋糕，那么他会抓住这个机会，他不能把钱留在谈判桌上。同时，他还要关心谈判对手的收益，这样才能让交易对双方来说都是可以接受的，并且是长远的。在达成交易之前，他会检查一下该交易是否比替代方案更好。他选择合作是通过分析而理智做出的决定，而不是为了做慈善。

对实力较强的谈判者而言，采取以实力为导向的谈判方式貌似更加容易，但其实这对他也有不利之处：实力较弱的一方会拒绝通过谈判桌上的合作或交易来扩大蛋糕，因为他们担心，占支配地位的对手会索取所有的附加值，从而把钱留在了谈判桌上。此外，占支配地位的一方会自合同签订后试图报复，这样就危害了合同的实施，而最迟在下一次会面之前，另一方也会升级，并尝试进行反击。简而言之，密切关注你的谈判实力，但不要使其成为谈判的中心主题。

让我们看一个职业工会的例子。

> 该工会领导的工人精英们拥有很强的罢工影响力，少数人员罢工便能使整个公司瘫痪并造成巨大损失。多年来，工会一直利用这一罢工影响力来要求获得高薪资和舒适的工作时间。为了防止管理层逃避这一问题，工会也越来越强烈地要求参与共同管理并获得公司决策的否决权。管理层质疑，这样做会导致企业做出错误的决策，而且也会让决策过程太慢。工会无视了这一利益，并利用罢工影响力继续施压。管理层勉强接受了这一点，但是在合同签订后立马制订了B计划。实际上，许多约定的内容没有得到执行，因为公司拒绝执行。管理层投入了很大资金去处理由此产生的法律纠纷，同时，还在国外建立了替代性平台，而这是工会影响范畴之外的地方，监事会和股东也一致准备忍受长期的罢工。工会强大的负面杠杆逐渐失去了效应，通过采取实力为导向的策略，工会激发了雇主强大的能量，最后，却只能让步，不得已放弃许多特权。如果当初能稍微考虑一下雇主的利益，那么就不会逼得对方采取这么强有力的反击策略了。

要注意，谈判实力会不断变化，它包含了许多方面，容易引起错误认知。在介绍如何优化谈判杠杆之前，我先介绍一下分析各方实力的建议，因为人们在这方面常常存在一些误解。

最大的误解是将谈判实力或杠杆视为客观或静态的事物。大银行比小企业主更具谈判实力，因此，大银行可以决定向他贷款的条件，但是，当小企业主濒临破产时，情况会迅速改变。在破产程序下，大银行面临着信贷亏缺，而小企业主则有机会谈到更好的条件。打个比方，我们认为巨型大象比小蜜蜂更强大，但是当它们相遇时，大象却怕得不得了，因为害怕被蜜蜂蜇伤。

此外，你还要注意谈判实力是如何动态变化的：一家航空公司的工会有很大的罢工影响力，其在会谈中威胁要采取持续数日的罢工，此时，损失仍然可以避免，工会手握强有力的杠杆。接着，工会公开宣布罢工，以此作为威胁，但是还未提到具体日期，由于客户和政客的抱怨，雇主的压力不断增加。最终，工会宣布一周后罢工，此时，杠杆作用已达到最大。但是，从那时起，乘客们全都改订了其他交通方式或航空公司，直接导致损失，而杠杆作用开始降低。罢工的前一天，航空公司发布不可撤销的紧急状态飞行计划，可见，损失已经出现。此时如果取消罢工，公司还要花钱，因为还得支付工资。接着，罢工开始了，五天后才结束。民众此时对工会的态度更加具有批判性，工会成员终于意识到罢工给他们带来的巨大压力，在罢工接近尾声时，就出现了越来越多的破坏罢工者。在罢工后的首轮谈判中，雇主方在心里已将罢工导致的损失作为投资一笔勾销，而工会不确定自己是否有能力再组织一场大罢工。工会错过了黄金时刻，即宣布罢工后谈判实力最强的时刻。毫无疑问，这个故事可以有不同的发展方向，重要的是，你能认识到其中的动态变化。在力量斗争中，多问问自己是否处于黄金时刻的附近点。你要保持所有通信渠道的畅通，以免错过黄金时刻。

我们往往会误判我们谈判对手的实力，这是因为比起谈判对手的杠杆，我们更了解自己的杠杆。我们过于重视更容易获得的信息，这是一个典型的思维误区。例如，当我们得出结论，我们只有较差的替代方案时，我们往往会设想我们的谈判对手有更好的替代方案。相反，自认为拥有较强的起始实力会导致傲慢自大，并低估对方可以激发出来的能量。如果双方都高估了自己的实力杠杆，通常会导致一场旷日持久的、不断升级的力量斗争。而在大多数斗争升级中，双方都没有尝试以利益为导向协商解决方案。

这对谈判意味着什么？你要谨慎对待关于实力强弱的主观判断，并始终坚持基于事实做出判断。在谈判中，既不要胆怯也不要过于放松，无论你的起始实力如何，最好始终专注于推动高效的问题解决流程。你要始终将基于利益的谈判作为对话的起点，因为基于谈判实力的解决方案往往效率更低，风险更高。我们在谈判开始时，通常不清楚谁更强，而为了弄清楚这一点，需要进行实力斗争。如果这种实力斗争是在谈判开始时进行的，那么就会浪费宝贵的资源，这些资源将无法用于之后的解决方案。例如，由于罢工带来了经济上的损失，公司可用于分配的资源就变少了。这种斗争应该用于谈判的最后，而不是开始。一旦经过激烈的实力斗争，再想进入富有建设性的模式就会变得无比困难，甚至可以说，如果没有第三方的帮助，是几乎不可能实现的。

最后，谈判实力通常被视作是一维的。谈判代表的任务是运用所有实力杠杆，而不仅仅是负面杠杆，也就是说要一次次灵活地将正面杠杆、负面杠杆和规范性杠杆组合到一起。同时，不要低估通过谈判技巧和流程控制在谈判桌上产生的力量。如果你在实力斗争爆发之前考虑了重要利益，并取得有效的谈判结果，那么各方会考虑再三，是否还要承受冲突的风险。

收集正面杠杆。我为客户提供咨询建议时，他们对我提出的第一个问题通常令我感到十分惊讶：我们能为我们的谈判对手带去什么好处？这最好是在我们谈判的核心范围之外的好处。我们要以掌握正面杠杆为目标，从而获得对方的让步。

当对方向你提出要求时，你也应该感到开心，因为你由此获得了正面杠杆。如果你的委托人要求将价格降低5%，那么只有你最后同意了，他才能与你达成目标。即使你的谈判对手比你有更强的谈判实力，也是如此。你对提议说不的权利可以纠正谈判中潜在的实力失衡，当然，你得承担拒绝的后果，与此相对应的是，你可以阻止这笔交易。

如果雇主要求工会减少10%的人工成本，那么经验丰富的工会成员会立即意识到这是他们的机会。反过来，雇主也必须给予他们工作岗位和地点的保障。在经济增长的情况下，或许还可以建立新的奖金制度，节余的一部分用于员工培训资金，由工会进行支配。最后还必须引入长期以来他们要求的工会成员福利制度等。

收集正面杠杆，并不厌其烦地进行强调。如果你的谈判濒临失败，那你可以在双方无法达成一致时，根据你提出的最后方案，再次列举一下对方所有的损失。这样可以激发人的损失厌恶，即相对于收益敏感度，人们对于损失的敏感度会翻倍。

有责任心地运用负面杠杆。关于负面杠杆，一个关键问题是：如何给谈判对手造成损失？对此，我们已经在第一章第一节中介绍过了。你有什么替代方案？你如何负面影响谈判对手的替代方案？在消费品市场上，我们很容易找到替代方案，你可以组织拍卖或招标程序，或者使用比价平台。

但是，即使在垄断的情况下，你也可以大胆地发挥创造力来寻找替代方案。对此，我想介绍一个传奇的例子“珍妮火车”。

为了将煤炭运往电厂，得克萨斯州的休斯敦电力照明公司每年向伯灵顿北方铁路公司支付1.95亿美元，此价格过于昂贵，对方的服务也很糟糕。然而，铁路被这家公司垄断，大批量的煤炭只能通过他们的火车运输。该公司的首席采购官珍妮试图谈到更优惠的价格，呼吁得到更多的公平，并争取与伯灵顿北方铁路公司建立长期的谈判对手关系。然而一切未果，她为此制订了B计划：该公司自费建立一条连接10英里外的太平洋铁路的通道，以此消除垄断。这意味着将产生2400万美元的施工成本，以及高额的筹划和批准成本。在施工开始之前，珍妮给了伯灵顿北方铁路公司最后一次机会，但铁路公司没有接受。最终，她完成了该项目，并与太平洋联合铁路公司谈到了比之前低25%的价格，经过将近三年的时间，这些费用便已付清。

此外，工会也极其擅长破坏雇主的替代方案。例如，面对费用高昂的劳资协议，雇主会采取什么替代方案呢？他干脆什么都不做，因为只要他不签署新合同，现有条件就无法实施。那工会怎么做才能让他相信这不是个好主意呢？于是工会采取罢工的措施，破坏了他不用加薪的妙计。

除了与其他伙伴达成协议，单方面行动、自我限制或诉讼手段也可以是负面杠杆。例如，如果你把部分订单交给了其他供应商，这可能会给你之前合作的老供应商一次必要的警示；如果你有意放弃购买新飞机，这种自我限制可能会让飞行员工改变主意，他们会担心就业岗位；如果你提出起诉你的建筑商，那么你向其提出解决方案时，他可能会更好地倾听你的意见。

运用负面杠杆需要你具备极高的责任心和领导力，因为其中潜伏着好几处危险。

对许多人来说，编造负面杠杆是一个很诱人的策略。如果你的谈判对手相信你，那么你就能获得优势。但是，如果你无法实现你宣布的承诺，你的信誉就损失了。因此，我建议你不要欺骗对方，在谈判中信任和声誉是最重要的资本。当然，如果你的谈判对手用编造的负面杠杆来威胁你，或者欺骗你拥有更好的可支配权，你也会面临风险。那么，该如何应对这种情况呢？我们会在第三章第二节中更详细地谈到。

可靠的 B 计划是你谈判时最强的武器。在危机情况下，大公司的 B 计划常常会变成 A 计划。这种动态变化是可以理解的。例如 B 计划可以是罢工、搬迁、给对方竞争对手一个大订单，但为了完全实现这一目标，你需要集中所有精力。同时，我们经常会忽视一点，最初的目标（A 计划）才是你要与谈判对手达成的交易。因此，你应该计划好足够的时间，并在保持所有沟通渠道畅通无阻的情况下，好好地向谈判对手解释你的 A 计划。否则，你会错过自己的黄金时刻，错过谈判对手同意 A 计划的机会。我经历的谈判中，最重要的变动通常发生在以下节点，即更换供应商之前、罢工之前或者搬迁之前。

例如，我们的一家供应商拒绝向我们支付回扣款项，而这是他在我们增加订单的条件下给我们的承诺。几轮谈判下来，我们的供应商并没有改变他的想法，于是，我们继续进行谈判的同时，还准备了起诉，其中包括准备必要的证据材料。诉讼准备就绪后，董事会想提起诉讼，我说服他们再进行一次谈判。此时，拟好的诉讼文件引发了供应商的重新思考，我坦然表示我方发现存在30%的诉讼风险，并相应地减少了索赔，扣除了会让双方蛋糕变小的诉讼费用。于是，这笔交易完美达成。

一旦我们掌握了可行的负面杠杆，我们就需要告知另一方。通常，我们会通过明确的“如果，那么”的说法将其作为威胁对方的条件，但是你要考虑到，这种威胁就像炸弹一样，会不受控制地被引爆。因此，最好是让对方能理解B计划，而不是以此去威胁对方。例如，你可以以小组形式秘密地与你的谈判对手讨论针对他的详细诉讼草案，或者与他谈谈企业咨询的计划，未来可能会搬迁或换一个供应商，这些对他来说都是不利的。

工会一直不相信对方会在不得已时将集团拆分为许多独立的有限责任公司，直到对方将谈判代表带到办公桌后面的文件柜前，谈判代表看到里面存放了数百份给员工的关于企业改制的通知信，而有关改制后的劳资协议谈判，可能在第二天就会开始。

美国前总统吉米·卡特曾在海地危机中作为谈判代表，说服军政府交权。他后来说道，当有报道称有61架美国军机前往太子港时，他的谈判就变得容易多了。

只要你的谈判进展顺利，你就不必向对方解释你的替代方案了。如果谈判陷入了僵局，那么，你可以有策略地向你的谈判对手表明你有可行的替代方案。这是一个敏感的时间点，你需要给对方一点时间，并让他相信你更希望与他取得谈判结果。

用规范性杠杆说服你的谈判对手。你是否曾经通过论证说服过谈判对手？尤其是没有经验的律师，你经常会看到他们激动地以钻牛角尖的论述来说服谈判对手。然而，谈判对手并不是在客观世界中权衡论点利弊的法官，如果你想通过法律解决冲突，那么你需要第三方（例如法官或仲裁员）来进行解释和裁决，你的谈判对手关注的主要是你的提议能在多大程度上满足他的利益。

但是，有一类论据可以说服你的谈判对手。美国教授兼谈判专家理查德·谢尔称之为规范性杠杆。如果你在对方面前能熟练利用标准、规范或先例，那么你就掌握了规范性杠杆。同时，你需要用到说服心理学的两个重要原则：一致性原则和权威原则，即我们的行为倾向于与过去的行为和判断相似，以及我们相信我们认可的权威。因此，至关重要的一点是，我们不能随便拿一个标准来说服对方，而是要用对方在过去其他情况下接受的标准进行论述，或者采用权威通过的标准，而且这一权威对谈判对手具有重要意义。反过来，这也要求你对你的谈判对手有充分的了解，他们在其他情况下使用过哪些标准，以及哪些权威对他们至关重要。如果过去你在公司解散时按照以下标准进行赔偿，每工作一年支付 1.5 个月的薪资作为遣散费，那么当公司再次解散时，你开的条件就很难再低于这个水平。如果你想借助经济指标与工会争论，那么如果这些数据来自工会自己的机构，就会让你更具说服力。

谈判中没有其他影响谈判实力的因素吗？当然有，许多因素都影响着三种实力杠杆（正面杠杆、负面杠杆或规范性杠杆）中的一个或多个。关于信息，我们已经在知情原则中详细阐述了其重要性，它对每个杠杆都起着决定性作用。同样重要的还有巧妙运用时间因素以及联盟因素，关于这两者，我们会在之后的理性原则以及合作原则中谈到。

我们已经探讨了谈判实力的形式。每个谈判者都要试着根据事实情况评估双方的杠杆，有策略地影响起始实力的情况。在本节的最后，我想指出一个要点：我建议你将双方的利益作为谈判的中心出发点，并努力将谈判一次次地引回到以利益为导向的模式中。但是，谈判并不是在真空中进行的，而是在实力关系的阴影之下，那么实力关系构成了谈判的框架条件。

如果找不到基于利益的解决方案，就使用负面杠杆，而把正面杠杆放到一边。但是把谈判实力或者权利作为谈判的出发点是完全错误的做法，基于利益的解决方案可以降低交易成本、提高结果满意度、改善关系并减少新冲突的爆发。如果当下的情况不允许这种解决方案的达成，那么你大可以利用谈判实力，不过在此之前，你要让对方理解，这样做对他来说意味着什么。此外，在使用实力杠杆之前和之后，你都需要再次与对方进行一次谈判，有时逆转可能就发生在最后一秒。

设计高效的问题解决流程

始终记住，在谈判流程的最后，你的目标是达到一种状态，在这种状态下，所有的利益都亮在了桌面上，所有议题都经过了讨论和思考，所有问题都得到了解释，解决方案选项也制定出来了。大家形成了良好的工作关系，对各自实力和客观标准做出了客观的评估。现在，你可以在此基础之上，与对方共同优化综合解决方案，以便尽可能广泛地满足双方的利益。此时，讨价还价和让步是不可避免的，但方向是正确的，双方都准备充分，对解决方案有着共同的愿景。也许你甚至找到了有关分配问题的公认标准，或者制定了公正的程序，例如让调解人参与进来，谈判心流可能也在此时出现了。由此，你们取得了完满结果，这一结果最大程度地利用了协议空间，双方的利益也得到了优化。

为了实现这一目标，你的领导工作从一开始就必不可少。在谈判初期阶段，双方通常会浪费不少时间，因为大家都倾向于保守，你应该避免这种情况，从一开始就把握好主动权，就谈判的内容和时间做好结构上的规划。如果现实与预期相反，你的谈判对手也很主动，那么，你该感到高兴，因为他也愿意承担领导工作，为制定出共同的解决方案而努力。

我们已经在知情原则中详细讨论了内容方面的结构，如果可能的话，请与你的谈判对手一起制定清晰且包含优先级的谈判草案。在谈判草案中，你需要收集所有议题以及在每个议题下的所有相关解决方案选项。该草案在谈判过程中会不断发生改变，即使你的谈判对手不同意使用共同的草案，你也要拟订并更新自己的草案。你会发现，有了它，你就神奇地拥有了内容上的主导权。

让我们再来看一下时间方面的结构，它不是自动产生的，而是需要设计的。许多谈判书籍和培训都习惯采用顺其自然的谈判结构，各方都不必对此施加影响。如果你在高难度的谈判中遇到双方都很被动的情况，那么你就知道：根本不存在顺其自然的谈判阶段，如果没有持续的努力，谈判流程很快就会陷入混乱，特别是在双方交流已经受干扰的情况下。

每一场谈判都是不同的，初始情况是不同的，谈判对手的个性、时间压力、野心和关于谈判主题的综合潜力也是不同的。你应该调整你的谈判流程以适应现实情况，而不是反过来让现实情况适应谈判流程。设计合理的程序，能帮助你最终进入谈判心流，从而实现你的目标。

通常，解决问题的整个流程包括多次对话和接触，那么如何将每个单独的谈判对话引回到高效的路径上呢？请注意，你需要将谈判流程中 95%的时间都用于准备工作，其他的流程则需要遵循几个设计原则。不要将解决问题的整个流程与单独的谈判对话混为一谈，在简单的谈判中也是如此。

第一个设计原则，你要有意识地与你的谈判对手共同调整谈判流程。我们很容易选择一条捷径，即单独进行这项工作。但是，你要考虑到很重要的一点，即让你的谈判对手感到谈判流程的程序是公平的。如果在流程是自己参与设计的情况下，对方会认为很公平，那么他通常对谈判结果也会有更宽容的态度；在相反的情况下，你就要考虑到，对方即使面对较好的结果，也可能会采取抵抗态度，而他这样做仅仅是因为感受到了不公平的对待。你要避免在协商谈判流程的过程中就与对方陷入僵局的情况。此外，如果你与对方在思想上达成一致，也会对问题的解决有所帮助："如何共同制定一个流程，来帮助我们公平高效地找到一种可以为双方带来最大利益的解决方案呢？除了我们，还有谁能胜任这项艰巨的任务呢？"这些问题可以代表你的基本态度。诚然，如果是面对求胜心强的谈判对手，这种方法很难实现，就连这样练习合作的好机会，你都不会得到。如果在已经付出了所有努力的情况下，该方法仍然失败，那么就需要采取其他措施了。对此，我们会在第三章第一节中单独进行讨论。

第二个设计原则，从一开始就以结果为导向。这个原则对于时间和内容的结构设计都适用。我们希望或者需要在什么时候产生最终结果？什么样的结果会解决我们在现实世界中的问题？是不是一个流程合同、一个握手、一个预约合同就够了，还是说需要拟订一份包括冲突解决机制在内的正式合同？谈判结果应包括哪些议题？要达到此结果需要哪几步？这些都是有效的问题，可以帮助参与人员从一开始就把精力集中在解决方案上。这样你需要先对自己提出问题，然后再与谈判对手进行讨论。

第三个设计原则，安排大部分的谈判时间用于对谈判冲刺的准备。根据我的经验，我建议你将95%的时间预留给双方共同的准备工作。当一方提出要求，抛出锚点或提出综合解决方案时，准备阶段便结束了。通常，在双方通过合作寻求智慧的解决方案，以达成做大蛋糕的交易时，会突然发生中断，接着，会进入到索求和分配价值（分配现有的谈判蛋糕）的必然阶段。如果没有这一阶段，最终的谈判冲刺便无法进行。只不过，比较遗憾的是，如果让步之舞的准备不充分，双方对共同利益仍然不明确，无法找到合作收益，也缺乏可用于公平分配的参考值，就会造成谈判过程中出现混乱、气氛紧张且效率低下的情况，那么谈判必然会出现危机或者中断的情况。即使你仍然可以找到解决方案，未来的关系也会因为在索求阶段采取的进攻型策略而受到影响。那么，该如何避免这种负面情况呢？你需要与谈判对手就此问题进行讨论，建立好游戏规则，以防止一方急于提出要求。此外，你需要设计一个流程，主要涉及所有必要的准备工作。如果一方违背规则，迫切地提出了要求，那么你最好省略这一步骤。如果无法做到这一点，那么就将这一错误作为流程讨论的主要话题，并将谈判重新引回到高效的模式中。

第四个设计原则，从头到尾规划好详细的谈判流程，另要灵活地进行调整，以应对当前的挑战。同时，你要严格遵守你设定的内容目标和谈判的结束时间。你可以先与你的谈判对手一起计划整个流程，然后再商定好评估该流程在多大程度上能帮助我们实现目标，以及定期进行检查。总之，要战略性地思考，适时地行动。

使用五个设计要素：后勤、战略框架、谈判草案、复盘、谈判冲刺。

后勤要素是你问题解决流程的开始，它指的是一些现实性问题，诸如谈判主题（最初大致定下的）是什么？时间范围是什么？有谁会来参加谈判？各方有多少人参加？是否有不同的团队参加，以及是否存在团队管理制度？谈判在哪里进行？应该安排多少个谈判回合和缓冲环节？如何处理公开和保密的问题？使用哪种语言进行谈判？最终结果通过什么形式达成？是否需要第三方的参与？（关于第三方，你可以考虑共同的秘书处或项目办公室、技术专家、经济学家或律师）是否要求教冲突调解专家，例如主持人、调解员或仲裁员？谁来承担费用？谈判结果需要征求谁的同意？在什么情况下可以退出谈判？这些问题通常可以在初次见面时以小组形式进行讨论。与所有其他步骤一样，将讨论结果写到共同的记录报告中会很有帮助。

接下来，我建议你将战略框架的要素考虑进来。框架要素具有四个功能：

创造高效的工作氛围，换句话说，建立一个工作联盟；

确定双方的重要利益；

讨论一般参考值和标准，这些参考值和标准可以在给问题分配决策时提供参考；

确定后续过程中需要的信息，以便能够有效地处理冲突或交易问题。

在战略框架方面，你需要探讨对个人和信任问题可能有干扰作用的因素。现在，这是一个很好的机会，可以制定有效的游戏规则，以便处理坦诚、情绪、义务等相关的问题。你要与对方商定好，谈判是基于利益而不是立场，并确保彼此能够最大化地实现合作收益。同时，还需要讨论如何避免过早进入讨价还价的集市模式。你可以先战略性地谈论利益，例如，“对你而言，这次谈判中真正重要的是什么？为什么会是这样呢？”也可以谈谈需要解决哪些分配上的问题，例如有关价格和工资上涨的问题。还可以和谈判对手一起寻找具有指导意义的公认的公平标准。为了能够做出决策，双方在后续过程中需要哪些事实和风险评估？关于战略框架，讨论的结果可以通过利益和标准的集合形式记录下来。另外，你还可以创建一个共同的信息收集列表，以便能有条理地进行事实调查。

接下来要准备的是谈判草案。我在第二章第一节中已经介绍了谈判草案是什么。

创建谈判草案需要两个步骤：首先，双方需要共同确定谈判的议题；其次，为每个议题收集不同的解决方案选项。收集工作可能是一个富有创造性的过程，尤其是当迸发了一个新颖的想法，而这一想法能够巧妙结合双方利益时，即使你未能成功说服你的谈判对手共用一个表格，收集议题和生成解决方案这两个步骤仍然是必需的。在这种情况下，你可以自己制定一份草案。

第四个要素指的是要建立一个重复回路，我将这一要素称为复盘。双方需要共同再检查一次，确认：准备工作是否完成了，是否取得了有效成果？谈判草案是完整的吗？谈判草案里面是否包含了所有议题，以及后续过程所需的所有解决方案选项？双方是否明确表达了各自的利益，并对其进行了优先级排列，以便确定可能的综合解决方案给双方带来的收益？是否存在客观的标准和参考值来帮助我们解决分配问题？我们是否已经掌握了所有必要的事实，并说清楚了可能存在的不确定性？例如，关于未来业务发展或法律形势的不确定性，关于各个议题之间可能存在的交易情况，是否已经有了初步的想法？有什么办法可以将双方的技能和资源有效结合，并实现更大的收益吗？如果答案是否定的，你就需要更细致地讨论重要的开放性议题；如果答案是肯定的，那么你就要为下一步做好充分的准备。

问题解决流程的最后，就是谈判冲刺要素。到这一个节点，所有准备工作已经完成，可以开始最后的谈判了。各方要对他们的综合解决方案进行最后的打磨，他们会建议彼此在议题之间进行最后一次巧妙的交易，以做大蛋糕或找到最后的合作潜力，并根据找到的客观参考值轮流做出让步。最终，各方取得一致意见。最终结果会按照商定的形式确定下来，并举行签约仪式。

对于最后的谈判冲刺，请选择双方都想去并且不容易分散你注意力的地点，因为在这样的地方你可能体验到真正的谈判心流。在这一阶段，你需要安排多一点的时间，因为复杂的流程花费的时间总是比我们想象的要长。在正式的谈判冲刺之前和之后设置缓冲环节时，我强烈建议你尽可能秘密地进行这一环节，但要确保有重要人员可供调遣。

这五个设计要素已经在实践中证明了其有效性，你需要调整这些要素以适应你的谈判要求，你可能会在半小时内讨论完所有五个要素，也可能要花费几个月的时间来谈论其中一个模块，这取决于你的谈判规模。此外，你需要与你的谈判对手一起决定是否要在正式或非正式的环境中处理各个模块，是否需要一个机密环境或者需要公开程序？也许你有资源可以在不同团队中同时处理不同议题，某些情况下，盘点可能还不够，还需要你多次就后勤、框架和谈判草案进行讨论，这样也是完全可以的。

当然，这五个要素都是基于理想情况总结出的。也许你的谈判对手对高效的谈判流程有完全不同的想法，或是你碰到了一种程序化的谈判结构（如在劳资谈判中），迫使你仿佛进入到另一个谈判范畴。

在这一点上，你不用太过担心，多数情况下，谈判对手会很感激获得了能促成高效谈判流程的好主意。或者，你会遇到解决冲突的专家，他们可以给你额外的、有用的建议。我的经验表明，即使是程序化的谈判，也存在许多非正式的机会可以考量这五个要素。在劳资谈判中，我们曾多次成功地利用了这五个要素，在既定的程序之外推动了谈判进程。如果当下情况不适合或者你的谈判对手不允许你使用经典的流程设计，你仍然有很多机会可以加入某些模块，例如共同阐述利益或事实调查。当然，很多模块如谈判草案，你也可以先自己单方面使用。

如果你卡在了某一个问题上，你也可以机智地让另一方也参与到流程设计中来："在这种情况下，我们到底该如何取得一个对所有参与者都有利的解决方案呢？"或者，更间接一点说："请给我一些建议，如果你是我，会怎么做呢？"这就是共同领导的好处，你不用自己包揽所有事情。

始终将每个单独的谈判对话引回到高效的路径上。到目前为止，我们已经了解了问题解决流程的宏观设计，我们的态度很明确，我们要尽力在最后达成一项出色的谈判解决方案。与宏观角度一样重要的是，要对每个单独的谈判情况从微观角度上进行观察。出于直觉，双方很容易采取不够高效的行为，如果你让这种情况持续太久，不良习惯很快会显现出来。因此，你要不厌其烦地主动对当时的情况做出新的解释，并提供一个更富有成效的框架。如果此时立场占主导地位，那么你可以尝试着将讨论的方向重新引回到要求背后的利益和动机上。如果讨论主要是针对过去的，那么你就将其调整为针对未来的讨论："的确，这不一定总是能以最佳的情况发展下去。那么，从你的角度来看，将来我们可以做些什么来更好地推进这一情况呢？"如果说法太过笼统，那么你要坚持让双方回到共同的事实基础上："这是一个重要问题，但我们对此有稍微不同的看法。我们要不要一起再梳理一下事实呢？"如果是像集市上那样讨价还价，那么你就需要为谈判重新提供一个共同解决问题的框架："是的，到最后，价格确实是一个重要因素。我们总是要谈到这一点的。那么，还有其他对你来说重要的因素吗？"

领导原则清单

注意领导谈判的四个层面：积极主动地与你的谈判对手一起推动谈判流程；与委托人进行密切的信息交流；在团队中发挥模范作用，积极寻找解决方案，尊重谈判对手；节约使用你的精神能量。

对谈判中如何面对真实性的问题形成自己清晰的看法。

让你的谈判对手感受到自己被公平对待，设法制定公平的程序并尝试理解而非满足对方的公正性标准。

有志成为谈判室中最慎重的人。采取预防措施，以免冲突升级为过度冲突。

全面改善你的实力杠杆，发挥正面杠杆、负面杠杆和规范性杠杆的作用。

在制定高效的问题解决流程时，遵循四项设计原则：与谈判对手和谐融洽地对流程进行调整；从一开始就以结果为导向；预留大部分时间来准备谈判冲刺的内容；详细规划完整的谈判流程，在必要时，要灵活地调整以适应当前条件。

应用五个设计要素来打造一个成功的谈判流程。这五个要素是：后勤规划、战略框架、谈判草案、盘点和谈判冲刺。

流畅谈判小建议：让自己对谈判中的真实性、公平和实力问题有明确的认识，这样会增强你的谈判优势。将自己视为问题解决流程的首席设计师，与你的谈判对手一起负责谈判的领导工作，领导你的委托人、你的团队和你自己。领导工作需立即启动，不要将时间浪费在内部或外部缺乏领导的情况上。

合作原则：发挥共同智慧，打造解决方案

几乎每个谈判者都希望实现双赢的解决方案，这一前提是，双方需要在谈判桌上共同努力，而不是反对彼此。而谈判中往往存在许多诱因，促使各方激起冲突而不是共同寻求最佳解决方案。因此，实现双赢是非常有挑战性的，要求谈判者具备很强的毅力和专业知识。

合作不会自然而然地发生，它需要你做出系统的计划。即使你与对方成功建立了可持续的工作关系，也不意味着蛋糕就做大了。你需要激发每个参与人员的智慧，以便找到更好的解决方案，一起思考多种方法，找到对双方都有利的解决方案。有趣的是，谈判对手之间有许多不同之处，正是在这些不同之处隐藏着创造附加值的最大潜力。

谈判时，切忌在合作上过于天真。自 19 世纪 80 年代以来，谈判一直在发展。最初，传统的谈判代表占主导地位。他们认为，谈判可以通过强硬的态度和坚强的意志获胜。接着，出现了反对的声音，所谓的嬉皮士谈判者提出了双赢概念。他们注重将蛋糕做大，但他们很容易忘记在最后为自己争取部分蛋糕，这使得他们很容易成为传统谈判者的牺牲品。最后，发展的第三阶段是开明的谈判者。

他们意识到创造合作收益是谈判的一部分，但是他们也不会忘记在谈判结束时为自己争取部分蛋糕。因此，他们会在合作时注意保护自己的利益。明白了这一要点后，现在让我们仔细探讨一下谈判中高效的合作是如何实现的。

首先，我们来看两个实践中的错误，它们会阻碍我们进行成功的合作，或者说，给合作制造困难。

实践中的错误

错误 1：我遇到一名经理，他总是使用以下谈判策略：谈判开始时，对对方进行人身攻击。同时，在谈判内容方面，他还定了最高要价。对此，他的经验法则是：采用谈判对手能想象到的我们这方提出的最高要价，并在此基础上加 10%的额外收益。他还向我解释了人身攻击的策略：如果对方非常生气以至于离开了房间，也没关系。只不过，人身攻击的程度要恰到好处，确保对方还会再次回到房间。

解释：如果谈判只是为了在合同上写下对我方有利的数字并签名，那上述的策略也不是完全没有道理的。你在一开始设置一个攻击性的锚点，并充分发挥锚定效应。由于你这样的开局让对方感到为难，对方会觉得之后的每一轮谈判都要妥协。这种方式与“好警察和坏警察”的谈判战术类似。区别在于：你只靠自己就可以使用此技巧。你的谈判对手可能还会在后续的讨论中很感激你，因为他们不用像之前那样被猛烈地攻击。这使你能够利用互惠效应，甚至获得对方进一步的让步。

但是，这种方法有严重的弊端。对话和信息交流的阶段还没开始就被你终结了。信息交流以锚定结束，你已经到了讨价还价的阶段。而此时，你们还未交流各自的利益及其优先性，也没有共同商定新的解决方案，综合方案也没有得到优化，双方没有获得更多的收益。简而言之，钱留在了桌子上。在这一情况下，如果没有爆发激烈的冲突或者征求第三方的帮助，是不可能从竞争模式转变为合作模式的，至少我没有见过。无论如何，它都是正好相反的。通过建设性合作将谈判蛋糕做大了的人都要在最后参与分配。但是，先分配的人要扼制后续为了再将蛋糕做大的讨论。这种激进的方法阻碍了一个重要目标的实现：在谈判之后，与谈判对手之间的关系要比以前更好。相反，你可能成了对方永远的敌人。他不仅会拒绝与你一起寻找增值解决方案，还会从一开始就反对谈判结果。如果有机会，他甚至不会执行合同。他会抓住一切机会，让你为自己的进攻行为付出代价。如果你在谈判过程中仅达成共同的合同，但未能成功地发展共同的契约精神，那么你就得做好对方毁约的准备。

错误 2：一名高级经理阅读了一篇有关谈判技巧的文章。“没有回报，绝不让步”，这是他记下来的一个关键句子。他立即实行了这一原则。对方想要改变议程，而他要求举行谈判；对方提了一个酒店，而他在回复中要求下次会面时由自己决定住哪家酒店；对方想先暂停谈判，而他坚持要求将谈判结束的日期提前。

解释：“没有回报，绝不让步”这句话在某些情况下的确可以作为一个经验法则使用。但是，无论如何都不能过于简单直接地照搬。否则，这会把谈判扼杀在反复的讨价还价中。这会阻碍高效的合作并使双方关系变得紧张。在上述例子中，这名经理将这一法则严格地应用到了关于谈判流程的协商过程中，那不是一个好办法。你要把所有流程性问题当作热身练习，在谈判阵营之间培养团队合作精神。如果你总是想像在零和游戏中那样，通过小范围的传球至少实现平局，这是不利的。所以你最好能大大方方地处理这些问题。相反，在对方没有越过你设定的策略性界限的情况下，你可以尝试着让你的谈判对手赢得尽可能高的分数。对此，谈判专家约尔格·里塞教授提出了一个很恰当的概念，即程序满意度。“满意度来自两个方面，对谈判结果的满意度（结果满意度）和对谈判流程的满意度（流程满意度）。通俗点来说，在谈判中，对我们而言，我们最终能得到什么以及如何获得它是很重要的。任何想要与另一方达成协议的人都需要关注，如何通过谈判双方对谈判结果和谈判流程的满意度，产生足以使双方达成协议的总体满意度。”反过来，如果你成功地让对方产生了较高的程序满意度，那么，你就有了更大的空间来取得有益的结果。

你要将流程的战略重点放在以下问题上：双方是否对整个流程有共同的想法？是否有足够的时间讨论事实、利益和解决方案？是否有进行非正式交流和团队建设的机会？是否所有人都在为谈判冲刺努力做准备？

当你向谈判对手提出关于综合方案的建议时，“没有回报，绝不让步”的经验法则是合适的。你制定这一建议方案是为了实现你的目标。同时，你的建议考虑了谈判对手的利益。由此，你标出了一条基准线。如果对方要求你让步，你可以考虑你需要在其他地方进行多大的调整，才能实现你的目标。这一经验法则提醒你要坚持自己的目标，而不是单方面地向你的谈判对手让步。当然，所有规则都有例外。如果对方说服你，他们的建议对你更有利，或者是基于你已经认可的客观标准，那么你可以做出必要的让步。

我们已经分析了两个常见的错误，这些错误会从一开始就加大我们合作的难度，影响我们取得合作收益。现在，让我们看看哪些思维误区会阻碍有效的合作。

避免因思维误区导致合作困难

有许多可怕的思维误区会导致我们在谈判时很难合作。谈判专家会根据这些思维误区来调整自己和他的团队，并设法避免这些错误。只有通过合作才能创造合作收益，才能不把钱留在谈判桌上。

我已经在第二章第一节中简要介绍了零和误区。此外，还有冲突错觉、透明度错觉、反动贬低、乐观偏误或优越感偏误。

你是否了解这五个最常见的错误？这些错误会让你无法与谈判对手保持良好的合作关系。而大多数谈判者都会陷入零和误区，对此还有一个形象的说法叫定量馅饼，类似于蛋糕大小不变的错觉。

有这种错误想法的人会认为谈判蛋糕无法做大。因此，为了解决冲突，只有采取妥协、让步或坚持立场的策略。一方所得就是另一方所失。按照这种逻辑，合作没有意义，且不存在合作收益。然而，所有谈判都存在合作收益，即使有时只是小范围存在。零和误区的一种特别糟糕的形式是，当我们看到谈判对手的积极反应时就推测我们肯定吃亏了。其他人开心，我们就得生气，这是一个错误的假设。你要始终牢记第二章第一节中图 3 的收益—收益坐标轴。你的目标是协商出位于坐标轴“东北”方向的解决方案。你的利益在靠东的位置，而另一方的利益在靠北的位置。几乎所有情况都存在对双方来说都更好的解决方案。对此，你可以回想一下第一章第一节中的分橙案例。在本章中，我们将继续介绍许多其他将蛋糕做大的方法。在一个纯粹的赢家—输家的世界中，不存在合作收益，只存在东边和北边的拉锯战，不过，那形容的只是一个二维的世界。

下一个需要注意的思维误区是冲突错觉。我们理所当然地认为我们的利益与另一方的利益是相互矛盾的。该现象也称为“不兼容的认知偏差”。即使在我们有着完全相同的利益的情况下，我们也会经常对此有所误解。一项研究分析了32个谈判案例，共有5000多名参与者。其结果表明，在50%的案例中，参与者并没有认识到谈判中存在相同利益；在20%的案例中，甚至出现了“双输效应”。尽管有更好的选择，但他们做出了对双方都更糟的选择。在基本理论“根据BATNA、免谈价格和ZOPA做预估”中，我们知道了除相互矛盾的利益，也存在相同和不同的利益。你需要克服自己的直觉，去发现相同的利益。不同的利益指的是，某些事情只对一方很重要，而对另一方则不太重要。在具有不同利益的情况中，总是存在很大的潜力可以找到将蛋糕做大的智慧方案。

许多谈判之所以最终结果不佳或者破裂，是因为双方没有透明地提供给彼此重要的信息。有时，谈判对手是出于战略性的考虑，故意不分享现有的信息，如他们担心对方可能会滥用这些信息。针对这一问题，我们已经在第二章第二节中给出了解决办法：始终在平等的基础上，小幅度地分享信息——递增互易式。有时，即使涉及的是重要信息，我们也会进行模糊的表达，或者不倾听对方的观点。除了这些，还有所谓的透明度错觉，这是影响合作的五大思维误区中的第三个。我们高估了另一方对我们的了解程度，错误地认为对方看问题的角度和我们一样，而且他们也获取到了我们所具备的基本信息。我们以为对方可以看穿我们，而实际上没有。我们以为，我们所拥有的信息来源对方也有，觉得谈判对手很清楚我们的利益和战略目标，因此认为不必费力地向他们解释这些。在大多数情况下，对方也不会询问这些内容。一项研究表明，谈判代表会高估观察者的能力，认为他们只需要简单的倾听就能清楚其目标。实际上，观察者很难理解谈判代表想要什么。这些现象告诉我们，我们需要跳出直觉思维，清晰明了地向对方阐释我们想要分享的信息，并耐心地重复。将谈判始终看作一项教育任务。想象一下，你是在向八岁的孩子解释你的利益，那么，你就能做到这点了。

反动贬低：你认为一条建议不好或者有陷阱，仅仅因为这是对方提出来的，这种现象被称为反动贬低。我们很容易会出现这种反应，即便从客观来看这是不对的。

有一项经典研究明确地反映了这种现象。该研究随机选取了 1986 名参与者，并向他们展示了一个裁军提案。该提案最初是由苏联总统戈尔巴乔夫提出的。但是各组参与者得到的信息是不同的，参与者分别被告知该提案来自美国总统里根或美国的一个政治顾问团队，或来自戈尔巴乔夫。在这些不同的框架条件下，参与者对于此提案对谁有利的问题给出了不同的回答。被告知该提案来自里根的参与者中，有 90% 的人认为该提案将对美国有利。而被告知提案来自美国的政治顾问团队的参与者中，持有这一观点的人占 80%。被告知提案来自戈尔巴乔夫的参与者中持有这一观点的只有 44%。这个结果令人惊讶，因为各组得到的提案内容是一模一样的。部分参与者仅仅因为提案来自苏联总统而对提案进行贬低。相反，如果认为这是一项公正的裁军提议，那么参与者一定认为他们是受益者。

因此，你需要注意反动贬低的误区。最好设想对方的提议来自中立的第三方。

> 我仍然非常清楚地记得与飞行员工会的一次重大调解，飞行员在工作组中提出了一个复杂的解决方案。当时，我们并没有仔细考虑他们的提议，因为我们一定会怀疑他们的动机。因此，这个问题依旧没有得到解决。几天后，仲裁员又提出了这个问题。于是，我们与董事会进行了小组讨论。这时，我又想起了飞行员的提议。我把这项提议介绍给了董事会，并没有说这是谁的提议。经理们都对此项提议表现得激动。后来，我们在仲裁员和飞行员面前提起了这项方案，飞行员感到十分惊讶。他们短暂地反对了一会儿，最终还是和我们就该提议达成了一致。

通常，我们认为自己优于常人，并认为自己是幸运儿。这些特性已通过研究得到系统的证明。专家称其为优越感偏误或乐观偏误。在斯坦福大学商学院的一项研究中，有 68%的学生认为他们属于那 25%的最佳谈判者。作为学生，我们总对自己成绩的好坏、赚多少钱或者是否拥有长久的婚姻抱有不切实际的乐观判断。如果你问参与仲裁的双方，最后的决定会对哪方有利，双方都认为他们有大于 50%的概率，但那不可能是真的。我们还总是认为自己比谈判对手更有能力，更诚实公平，更具有合作精神。不仅如此，我们还会认为谈判对手的能力和合作性低于常人。谈判时，乐观偏误会导致我们出现准备不足的情况，甚至做出错误的决定。我们会拒绝对方头一轮的报价，因为我们总期待着更好的报价。我们不接受调解，因为我们认为自己在法庭上获胜的机会很大。我们只考虑一种策略而完全不考虑其他替代策略，因为我们确信通过这一个策略就能成功。每当我们在谈判中做牵涉到高成本或严重后果的决定时，我们都要修正我们的判断。如果我们错误地认为自己比谈判对手更优越，这就容易造成负面影响。我们与对方分享的信息较少，因为我们认为他不可靠。这就会阻碍我们与对方一起寻找增值的解决方案。如果他不了解我们的偏好，他就无法给出增加我们收益的建议。如果我们认为自己更聪明，就会倾向于忽略或贬低谈判对手的建议。

这些思维误区阻碍了我们与他人的有效合作。不仅仅是我们存在这些误区，我们的谈判对手同样也会面临这些问题。不存在冲突的地方，我们却认为有冲突；我们认为我们的谈判对手知道我们所知道的一切；我们会忽略谈判对手的建议，而高估我们自己的替代方案。那么，现在的问题是我们该用什么策略来克服这些思维误区？请不要仅仅因为自己特别聪明，就觉得自己不会走进这种思维误区。那只是反映了你的优越感偏差。事实上，聪明并不能让我们远离思维陷阱。

为了避免这样的思维误区，你需要用到三个策略

第一个是要认识思维误区，并在日常生活中使用其概念。你可以问自己：我刚刚是不是犯了优越感偏差的错误？在内部团队讨论中，你可以给出如何应对谈判对手反动贬低的建议。此外，如果你在谈论内容时把谈判对手抛在了脑后，那么，你可以跟他解释一下你的透明度错觉：“很抱歉，我刚刚没有考虑到您的理解程度。您肯定不知道重要的背景信息，我可以向您解释一下吗？”大多数情况下，你可以从这次的谈判所犯的错误中吸取教训和经验，用于以后

的谈判。在复盘时，你要提出以下问题：我们是否犯了思维上的错误，从而导致无法进行合作？例如，我们是不是走进了零和误区？

第二个是从局外人的角度出发。之前提到的认知偏差都是由于我们把自己与他人割裂开而产生的。独立的第三方不会受到这种认知偏差的影响，因为他对双方都持中立态度，在其看来，双方是平等的。因此，让局外人参与到流程中是有意义的。例如，你可以请教外部的顾问，就他是否认为你方进行了有效的合作行为而给出反馈。主持人、调解员或仲裁员也可以帮助你减少冲突错觉和反动贬低的影响。第三方可以更有效地对过度乐观的判断质疑。你可以自己尝试从一个局外人的角度看问题，例如：如果有人在类似的谈判情况下聘用我担任顾问，我会给他们什么建议？如果你是以团队形式进行谈判，则可以委托一名团队成员，让他作为魔鬼辩护士，以局外人的角度不断发问。

第三个是在做出重要决策时避免时间紧迫的情况。你可以在重要的谈判中安排一些休息环节，以便思考。你可以将工作流程分为多个步骤，就像先与谈判对手约定商讨议程，然后通过电话与他讨论议程事宜，最后进行两天一夜的会面。走出思维误区是艰难的，为此，我们必须努力做出认知上的改变，认真思考可能存在的认知偏差。而这些只有在我们时间充裕、没有太多压力的情况下才能做到。

现在，思维误区的问题是解决了。为了实现谈判中的合作，我们还可以主动做什么呢？

建立谈判初期的合作框架

许多谈判建议针对的都是反常情况：如果你的谈判对手是专业

骗子，该怎么应对？如果你的谈判对手是超级竞争者，他甚至在议程讨论时将下一次谈判对话安排成了零和游戏，你该怎么办？（我们会在第三章第二节中详细介绍如何处理这些情况）但是它们只是例外。如果你事先了解了这些个人特征，就可以做好充分的准备去应对。毕竟，应对这些类型的人，是存在妙方的。

我所知道的常规情况是不同的，双方都有合理的动机去达成协议。有时，我们只是缺少用于组织合作的工具。对此，无论是谈判草案、利益研讨会、寻找有创意的解决方案选项，还是通过做大蛋糕来优化综合解决方案等，你都可以在本书中找到对应的工具。

但是，在某些情况下，我们无法在谈判开始时就将合作意愿发展成一种有效的工作关系。如果我们没有积极地采取对策，那么在谈判过程中，氛围通常会变坏。这与谈判是一个多模式游戏有关。谈判总是存在合作，也总是存在竞争，即蛋糕的扩大和蛋糕的分配。如果我们在谈判过程中不通过有意识的努力来维持我们的工作关系，那么谈判中不可避免的竞争因素可能会持续地影响谈判氛围。在这期间，也许我们可以给对方一个最后期限，或者我们定下一个锚点。有时我们想在一开始就向对方示威，或者陷入虚张声势的误区。这些竞争因素通常与我们尝试有效合作的意愿相矛盾。因此，在谈判初期建立适当的合作框架很重要。根据不同情况，你可以采取以下有效方法（有时需要结合使用）。

在准备性会谈中营造合作气氛。第一点，我建议你与谈判对手以小组形式进行一次准备性会谈。你们需要谈论三点以改善合作。第一点，我们是一个团队，我们为了解决谈判问题而共同努力。我们应该制定一个尽可能兼顾双方利益的解决方案。第二点，谈判始终是关于合作和分配的问题。这两个要素都是合理且必要的。第三点，“我们最好以合作形式开始，一直到最后再另外就分配问题进行协商。首先，让我们分享信息，制定可能的解决方案。然后，我们可以最大化地利用协议空间。在谈判冲刺阶段的最后，我们需要将所有内容整合在一起。接着，就是分配蛋糕的时候了。总会有一些时刻，我们中的一方会切换到竞争模式。我们可以约定好，互相提醒，到最后才讨论分配。同时，我们也要商定好，在一切问题都达成协议之前，我们不下任何定论”。如果无法举行准备性的会谈，那么你们要尽早通过另一种形式讨论这三个要点。

不要提及谈判。只要会议使用谈判这个词，我们中的大多数人就会提到竞争基因。我经历过很多次这样的情况：我们以小组形式坐在一起，探讨当前的情况，进展良好。我们成立了各个工作组来制定解决方案，进展依旧良好。接着，正式谈判开始了。突然，一切都变得棘手了，我们如履薄冰，没有人敢再提出问题，许多人不得不装腔作势来取悦对方。双方坚持自己的立场，展开了一场意志力较量。我们可以做出什么别的选择吗？对我而言，在棘手的谈判中，闭口不提正式谈判，而采用合作框架是很有用的。

在许多谈判中，我们成功地避免了使用谈判一词，直到找到解决方案为止。只要你不过早地结束信息交流，你会惊讶地发现，最后找到的解决方案是多么公平、多么智慧。你可以巧妙地使用以下表达：战略会议、工作组、智囊团、发展研讨会、探讨、非言语交际、保密情况、先导组、专家组。你可以通过特殊的座位安排和合作的材料来支持该框架的建立。例如，选择混合坐、围成一圈坐或坐在几个圆桌旁的坐法；准备大量的活动挂图、元规划板、主持手卡和便利贴。你可以前往不寻常的地点：保健旅馆、艺术工作室或高山站。我们已经测试了所有方法，都取得了成功。难道我们真的不用真正地谈判一下吗？对我来说，有助于解决谈判问题的每一个工作步骤都是在谈判。最有效的方式就是为最后的谈判冲刺做好一切充足的准备。要么，解决方案就在最终冲刺前的某个关键点出现了；要么，你已经在这期间成功地创造了一种高效的气氛和一个有益的结构，在这种情况下，如何去描述谈判冲刺都没有太大的影响了。只要一切准备就绪，气氛对了，那么最后的冲刺会是一次很好的体验谈判心流的机会。

在具有挑战性的情况下，可以考虑采用共同培训或邀请冲突调解员的办法。我要介绍的一个好方法，就是与你的谈判对手参加共同的谈判培训。如果你与对方建立了长期的伙伴关系，或者即将进行一场长时间的具有战略意义的重要谈判，这个方法会很有帮助。此方法所需的时间为两到三天。当然，你要确保这是一场高质量的培训。对此，你可以通过三个特征来识别。第一，培训包含了模拟谈判训练。这样，你们就可以在无风险的环境中更好地了解彼此的冲突行为，并建立信任。第二，培训提供的是双方可以同时使用的谈判技巧。所谓的仅供一方使用的机密技巧会限制双方的合作。通常，这种技巧都是基于耍诈和欺骗。第三，你们要有机会可以一起尝试自己的案例，以便你们可以在理性谈判的基础上积累共同的经验。共同培训的好处显而易见，你们可以更好地了解和评估彼此，形成关于谈判流程的共用思维模型。这给你们之后的谈判提供了重要基础，你们可以多次使用它。最后，你们还形成了用于冲突解决的共用词汇表。这可以帮助你们在即将进行的谈判中更好地沟通。当你们可以轻松地谈论利益、解决方案选项、客观标准、BATNA、做大蛋糕或综合解决方案时，你们就能省下大量的讨论时间，更快地进入谈判心流。

如果你与谈判对手之间的冲突持续已久，那么双方就很难就高效的谈判流程达成一致。即使成功做到了这点，你们也需要花很大努力来遵循这一流程并进行富有建设性的讨论。那么，在这种情况下，有必要请第三方来引导你们完成此流程。第三方可以减轻你们在组织流程中的压力，并确保游戏规则的贯彻执行。第三方可以通过“穿梭外交”来帮助解决谈判中的两难困境。对于找到真正的增值解决方案，重要的一点是要坦诚公开你的真正利益。但是，另一方可能会滥用这一信息，为自己谋取收益。而中立的第三方则可以将谈判双方置于不同的房间中，并在两个房间之间穿梭。他可以了解双方各自的利益，并查验是否有做大蛋糕的机会。因此，我的建议是聘请真正的专业人员来执行这项冲突调解的任务。你要确保其受过良好的调解和谈判培训，具备丰富的经验。因为仅仅依靠一个共同的调解员，我们就能打造一个建设性的合作框架。

抓住谈判初期的机会，建立合作框架。对此，你需要利用准备性会谈的机会，向对方表明，你并不天真。谈判不仅仅涉及合作，也涉及竞争。此外，你可以使用更好的表达来代替谈判。一个智囊团的表达就可以在所有参与者心中唤起一个完全不同于谈判的设想。另外，你还可以采取新闻发布会和“只管去做”的方法。在某些情况下，共同参与谈判培训也可以发挥决定性的作用。

现在，合作的框架已经建立好了。为了建立良好的工作关系，我们仍然需要考虑几点。

逐步建立稳固的工作关系

如果没有实质性的内容和好的解决方案，单单一个工作关系对我们的谈判帮助不大。但是，如果缺少有效的工作关系这一基础，谈判的每一步都会变得艰难。所以说，区分关系建立的三个不同阶段是有意义的。首先，你需要建立一种关系，然后将其发展为高效的工作关系，最后利用机会加深这种关系。

建立关系时，你需要将互有好感的问题摆在首位。我将其称为好感阶段。在这个阶段，你的目标是与对方建立良好的联系。

为了成功做到这点，你需要与对方一起抱有积极的态度。我们与对方见面的次数越多，就越能了解他和他肢体语言的含义。在开始阶段，你可以考虑适合你自身情况的认识环境，你们可以抽点时间一起享用丰盛的晚餐。在团队中，你可以在一开始安排策略性的密闭环境，为参与者提供足够的空间和机会去认识彼此。除了尽可能多地面对面交流，你还要在这一阶段中重视相似性。你们发现的相似之处越多，你和你的谈判对手就越会对彼此有好感。如果对方对我们有好感，我们就更容易说服对方。同样，当我们对对方有好感时，我们也会更容易被说服。面对某些谈判对手，我们很难找到与他的共同之处。那么，你需要提前做好功课，在网络上和个人交际网中寻找你们的相似之处。至于是什么样的相似之处，这是次要的。对此，有许多方面可供考虑：出生地、爱好、年龄、家庭状况、见解、宗教、生活方式或政治态度。不要卑躬屈膝，或欺骗对方你们存在共同点，而要强调真实存在的相似点。如果你碰到了与你极其相似的人，要多个心眼，因为他有可能是故意耍花招的骗子。

在建立关系的初期阶段，你还要留意对方的声音和肢体语言。只要仔细观察，你就能很快熟悉对方的声音和肢体语言。而这可以成为你们之间沟通的基础，使双方都放松下来。你需要适当地调整自己的声音和肢体语言，这并不是要欺骗对方，而是为了营造轻松的氛围。

当然，在好感阶段，你要表现出自己最好的一面。你需要注意社会礼仪，如为对方扶门、让对方先走或不要打断对方。此外，也要注意细节。通过这些方法，你可以创造好感。但是，这种关系仍然停留在表面，因此你还需要进行下一步。

在漫长的谈判过程中，双方的密切合作为你提供了绝佳的机会，维持与对方更紧密的关系。我们可以将这个第二阶段称为互惠阶段。一些谈判对手表示，在谈判过程中，他们的关系从根本上得到了加固。此阶段的核心是互惠原则，它指的是当别人给了我们什么东西时，我们倾向于以实物形式回馈对方。但是，通过在谈判的核心物质利益方面做出让步来换取友善的关系是错误的。这正是《谈判力》中所要求的原则："把人和事分开。"

而你应该做的是，在这一临界值之下，与你的谈判对手及其团队建立一个紧密的、相互支持的网络。其原则始终是：先给予小恩惠—等待—小报答。每一场谈判都给你提供了很多这方面的机会：你可以预先提供你的信息，在议程中考虑谈判对手的需求，让他先走。如果情况发生变化，你可以提前通知你的谈判对手。他会感激你的。如果他犯了一个小错误，你可以选择忽略它。多年以后，我仍然很感激那位工会成员，她告诉了我们解约合同的条款中有一处基本的表达错误，这会给我们造成损失，不仅如此，她还免掉了烦琐的手续，让我们直接调换了合同的关键一页。

互惠关系的建立是一门艺术。你需要预先给予对方一些恩惠，但不要过多。如果你的谈判对手不予以回报，你可以与他聊一聊，并尝试理解他这样做的原因。大多数情况下，对方不用很长时间就会改变态度。互惠关系比好感关系更稳固，而它的程度基本上不会超出你预先的投入。你越能关注谈判对手的需求，越是频繁地、长期地维系这种互惠关系，那么，你就能更快地深化这种关系。

关系发展的后期阶段是信任关系。在首轮谈判就能成功建立起信任关系的情况极少。通常，谈判对手需要与你经历谈判的所有阶段，包括谈判冲刺和实施阶段。个人信任建立在大量的共同经历之上。你的谈判对手需要与你共同经历好的、坏的时光。这样，他就能形成一种判断力，判断你的信誉和可靠性。当你在较长的一段时间中证明了自己是一个可靠的谈判对手时，信任就产生了。你需要长期维系一种信任关系。最重要的是，请密切注意你的信誉。关于这点，我们已经在第二章第一节中深入介绍过了。如果你的谈判对手发现你虚张声势或未能兑现诺言，而你们的关系也不够稳固，那么你几个月来的努力都会付诸东流。

信任关系一旦建立，便会提高关系的稳定性。即使你做出了出人意料的行为或者未能兑现承诺，你的谈判对手也不会从根本上怀疑你。

有效谈判中，信任关系是必需的吗？当然不是。进入每一个工作关系都是从初次相遇到成功创造好感，这可以让合作变得更加容易。下一步便是建立互惠关系，这有助于推动你的谈判进展。在这一阶段中，双方多次的互恩互惠创造了一种富有成效的基本氛围，而这又提供了良好的初始环境，让我们可以创造更多有益的价值并进行分配。但是，你要小心，这种关系是脆弱的。信任的崩塌或无法解决的困境可能会再次动摇这一关系。信任关系可以是你谈判的目标。这种关系越坚固，越能包容错误。此外，当你不用采取预防措施来防止被骗或被误导时，你就节省了大量的精力。尤其是当你与谈判对手处于战略伙伴关系或长期合作关系时，你更能体会到这一点。有了这些建议，你便掌握了发展个人关系的策略，从而能够有效地进行合作。

但是，仅凭这些还不够。除了在关系层面上需要做出努力，你还要掌握必要的技巧，从合作中创造附加价值。

成为做大蛋糕的专家

在第一章第一节基本理论中，我向你阐释了在谈判时将蛋糕做大的重要性。如果你与谈判对手就如何集中资源或巧妙地在不同议题之间进行交易有了一些想法，那么你们最后可分得的资源就会更多。比起从100欧元的蛋糕中切下来70%的蛋糕，从200欧元的蛋糕中切下50%要更好。而合作与做大蛋糕是直接相关的。如果你成功营造了一种合作氛围，那么你会发现与谈判对手进行头脑风暴会变得更加容易，而头脑风暴有助于讨论和制定巧妙的解决方案。另一方面，如果你发现了单方面增值的解决方案，那你可以引发谈判对手的兴趣。如果他发现你可以帮助他增加他的收益，那你可以激励他与你进行合作。无论如何，将蛋糕做大的技巧都值得你去掌握。尽管我们依靠直觉就能掌握分配游戏，但创造附加值绝不是天生就会的。

我们先从我们的态度开始，坚定地认为每次谈判都有将蛋糕做大的潜力。这一潜力虽然没有像教科书案例中显示的那么大，可能你通过巧妙的交易只能将交易总收益提高5%或10%。但是，在协议空间十分狭小的情况下，谈判者对创造出的任何附加值都会感到满意。

引入其他议题。你要小心纯粹的价格谈判，因为它涉及的只是分配问题的讨论。在这种情况下，你可以通过引入能够满足你或另一方利益的其他议题来实现更大的可操作性。对此，你可以考虑付款准时、质量承诺、服务、担保、融资或赔偿责任等议题。例如，购买汽车时，如果你同时购买其他服务的话，通常可以得到更低的购入价。商家为了在以后获得更多利益，把你和车绑定了，而你在以后转售时，也可以得到更好的专业服务。

改变谈判主题，以通过其他议题来提高做大蛋糕的潜力。除了已知的谈判议题，你还可以为谈判对手提供什么？对方有哪些技能或资源是你希望利用的？例如，当你与候选人进行合同谈判时，也许对方拥有能增强你团队的人才资源，或者，你也可以为对方提供有吸引力的工作岗位，这样一来，候选人就更容易选择跳槽到你这儿了。

你需要在不同的局势中有意识地寻找做大蛋糕的方法，可以自己单独寻找，可以与你的团队一起，也可以与谈判对手一起。这样你就很难错过做大蛋糕的好主意了。

先做大，再分配。“一个巴掌拍不响。”做大蛋糕需要谈判对手的最终加入。如果你在谈判一开始就强烈要求分得自己的那部分蛋糕，这通常会阻碍谈判心流的出现，从而抑制了好想法的诞生。从纯粹的逻辑角度来看，先做大蛋糕，然后再分配是有意义的。这里，我们可以再次用到对准备充分的谈判冲刺的想象。共同思考如何创造额外收益是准备工作的一部分。完成这项工作后，可以在最后微调价格或数量。当你在一开始表现出合作的热情，而最后却过分为自己这方索取价值时，有些谈判对手会感到困惑。但是谈判是一场多模式的游戏，有合作也有竞争。这种矛盾的状态，我们称其为谈判者的两难困境。对我来说，提前和谈判对手讨论这一话题对谈判是很有帮助的。这包括明确地交流我们当前所处的模式。例如，你可以说：“现在，我们找一找我们可以进行更紧密合作的领域吧。

在这之后，我们可以再交流一下我们彼此认为很重要的内容。最后，还要聊聊价格。如果我们事先对如何让综合方案对各方都能更容易接受的问题已经有了一些好的想法，那么这一部分对我们来说会更容易进行。”

谈判代表通常认为，做大蛋糕产生的附加价值应该给他们这一方。这是一种思维误区。真正重要的是，新的解决方案对各方的总体好处要大于对各方的总体弊端。如果一方获得了好处，那么需要建立一种机制，在其他地方来弥补另一方，这一点很重要。通常，一方获得的好处可以通过价格来平衡。例如，如果你可以为候选人的配偶在新的工作地点提供有吸引力的职位，那么候选人的薪水问题就更容易解决了。若你为你的新员工创造了许多的好处，那么就不必在薪水支付的问题上表达你的诚意了。

利用差异创造价值。如果你和谈判对手在一个谈判议题上有着共同的利益，就很容易进行合作并为双方创造收益。与我们的直觉相反，你们在利益以及优先性方面存在的差异也可以让我们从中创造价值，带来同样令人激动的效应。股市也是这样运作的，有一个对股票走向不乐观的卖家，就至少有一个对股票走向乐观的买家，否则就不可能有任何交易达成。每当你和你的谈判对手之间存在估值差异时，你都应该注意，你需要寻找到合适的议题，这种议题能给你的谈判对手带来很大收益的同时，对你造成的损失较小。例如，求职者可能认为地位比较重要，那么，你可以安排他去子公司负责监管工作，而这不需要你有任何其他的开销，高收益，低成本。你可以为你的谈判制定一个差异清单。然后，问问自己，如何才能从这种估值差异中创造价值并做大谈判蛋糕。以下是一些关于如何从差异中创造附加值的想法。

合资原则：你和谈判对手是否可以结合各自不同的能力来创造附加值？这些能力可以是实际谈判范围之外的内容。例如，其中一方非常了解本地市场，而另一方掌握了在本地市场上仍未开发的产品或服务。

保险原则：你的谈判对手是否比你更愿意承担风险，还是说恰好相反？你们可以约定由一方承担风险，另一方为此承担保费。假设你想收购一家公司，经过评估以后，你发现购买对象当前的赔偿责任的风险要高于卖方的出价。于是，你让卖方承担赔偿责任的风险，而买方以略高一点的价格购入，无须承担责任风险。保费应低于买方的风险评估，而高于谈判对手的评估。

银行原则：是否一方比另一方的支付能力更强？那么，根据情况，你们可以商量选择分期付款或现金支付。

预测差异：你和你的谈判对手是否对未来的预测存在差异？例如，工会认为公司盈利前景乐观，而公司对未来的态度明显要悲观一些。公司可以提议将下一次工资增长与未来公司的收益挂钩。如果公司像工会预测的那样发展良好，那么根据这一提议，工资会增长。如果没有，那么工资就不增长。我们称之为“相机合同”。对于未来不确定的事件，我们通过“如果—那么”的关系制定条款。这种关系有着检验真假的奇效。当相机合同的提议出现时，你会发现许多预测不再像最初声称的那样乐观或悲观。而在此之前的交流都是廉价磋商，并不牵扯到实际的结果。一旦预测与具体结果相关联，那么是骡子是马便一清二楚。只有认真做出的预测才能留下来。

不同的时间偏好：对你而言，快速的资金流动比长期的资金流动更重要吗？你的谈判对手看法正好与你相反，那就太好了，因为你可以利用此信息来将蛋糕做大。如果你未来的员工想偿付私人贷款，那么他可能会对劳动合同签订时的签约金感到高兴，并接受较低的基本工资。这或许对你的公司来说也是有利的，因为公司会在今年取得不错的成绩。但从长远来说，公司还是希望降低成本结构。还有一种利用对时间的不同偏好做交易的方法。有时候，你可能有一些关于如何交易的好想法，但是你还没有做好准备，或者认为当下不是进行交易的好时机。举一个例子，工会想要实现高额的加薪。你料到了这点，但是由于人员紧缺，你想提高每位员工的工作效率。当然，效率的提高比薪酬的提高要复杂得多。那么，你们可以协商好，现在可以加薪，但是在新规则制定后的一年内效率要实现提升。值得注意的是，对方很有可能会缺乏足够的动力去执行第二部分的约定，因为这部分对他是不利的。所以你需要针对这个问题想出一个具有说服力的答案，如果什么都没实现会怎么样？你需要对这种情况制定惩罚措施，其惩罚力度要么足以补偿你，要么足以激励对方，去实现交易的第二部分约定。如果效率没有提高，则可以取消第二阶段的加薪。

滚木法：优秀的谈判代表的一项重要能力是将不同的议题联系在一起，虽然它们在内容上无关联，但是其优先性对双方来说正好是相反的（对一方而言为高收益，对另一方而言为低成本），我们称之为滚木法，即“共同滚木”。这一概念旨在强调，伙伴之间要互相帮助。过去，村里的每个家庭都要往河边滚木，大家把它看作共同的困难。有时帮助这个家庭，有时帮助另一个家庭。大家互相帮助，把这项任务看作大家共同的任务。这对谈判来说是个很好的启发。归根结底，滚木法是通过议题的交易，互相谋利。例如，如果你能资助你急需的一位求职者在几个月内获得 Scrum 认证证书（对他来说是高收益），那么他可能会愿意提前三个月入职（对你来说是高收益），因为你的公司可以享受培训机构的大折扣（对你来说是低成本），而他把自己的环球旅行计划推迟两年（对他来说是中等成本）。

为此，你需要了解自己和谈判对手的利益，并能够评估它们的重要性。你要寻找与对方存在的明显差异以及各自可以结合到一起的能力。不要害怕发散了谈判的主题或引入了不相关的议题。重要的是，最后大家都能分到更多的蛋糕。当然，别忘了要求得到属于你的那部分蛋糕。所有创造了附加值的人都有权要求得到它。

仅仅拥有创造附加值的好想法，并不意味着你可以真正践行这些想法。你还需要来自谈判桌四面八方的盟友。

有系统性地、战略性地搭建增值网络

在高难度的谈判中，不仅要梳理许多问题，而且你还要将众多参与人员协调到一起，包括你这一方和谈判对手那一方的参与人员。首先，你需要有系统性地了解所有参与人员的概况，最好从关系层面出发了解。在下文中，我会介绍如何巧妙地完成这项任务。当你有了大致的了解之后，你可以以此为基础有战略性地搭建你的增值网络。在这个网络中，聚集了所有以创造可持续的增值解决方案为目标的参与者。作为谈判代表，你的任务是持续地扩建这个网络。同时，这个网络是跨越各方界限而存在的。它不仅可以确保你在谈判中可以像打乒乓那样来回推挡，而且还可以确保双方真正地进行合作。你和对方将携手解决共同的谈判问题。一般而言，这意味着，哪种结果能最大化地、最持久地满足双方的利益，并且在双方看来都是足够公平的。

绘制包含所有参与人员的概览图。对此，你需要尽可能广泛地进行思考。你的目标是，首先将实际的和潜在的参与人员考虑进去。你不仅要记下现有的人员情况，还要记下可能加入的参与者，这样才能扩展你的选择范围以及行动方案。在这个过程中，你可能会突然发现结盟、选择替代交易或替代伙伴的机会。你的出发点是组织和法人。而实际上，你在概览图上写下的是有血有肉的自然人。因为到最后，采取行动和做出决定的是实实在在的人类。

你可以通过纯手工的方式来记录参与人员。例如，在白板上贴圆形的小索引卡片（每个人对应一张卡），用线条表示人与人之间的关系。通过这种方式，你可以灵活地更改结构。或者，你可以使用幻灯片或更专业的应用程序，如数据可视化工具 Microsoft Visio。这对于更大型或更长时间的谈判很有帮助。

以下问题可以帮助你对谈判网络有一个全面的认识，而不会忽略任何人。

谁对最终的交易有决策权？是否需要经过监督委员会、董事会、协会、上级、其他成员、专门委员会的同意？你要考虑到你这一方以及对方的管理规章，同时要注意母公司和子公司的情况。

是否存在非官方的决策者或网络？对此，你也要考虑到幕后操纵者、党派成员、有影响力的协会、教育关系网络或前雇主的校友（如从顾问处打听）。

谁会对决策者和谈判代表产生重大影响？

谈判结果会对谁有直接或间接的影响？

谁负责执行谈判结果？

谁是墙头草？

哪些内部、外部的顾问和专家参与了谈判流程？

谁可以阻止交易且拥有否决权？这里，你要考虑到工会、政治机构等。

为了不局限在现有的结构中，你还应该寻找其他的伙伴和拥护者，并将其写在你的概览图中。你要寻找能够提高你和谈判对手的收益的人，如你的竞争对手、供应商、客户和合作伙伴，还有谈判对手的竞争对手、供应商、客户和合作伙伴。看一下整个价值链，你要特别注意那些有希望创造高额附加收益的人。这些人不一定是外部的人员。通常，对方的组织中或者你自己的组织中新加入的参与者就能为你带来最大的附加收益。哈佛大学教授兼谈判顾问拉克斯和萨本缪斯称这些人为拥护者或内部高价值参与者。问问自己：谁将从我们的解决方案中受益最多？他是否已经参与了谈判？

例如，某些供应商定的以价格驱动的标准化采购程序中没有体现出附加值。他们需要在其客户组织内找到其他盟友。以某律师事务所为例，该律师事务所在特定法律领域具有很高的专业性，可以提供十分高效的咨询服务。在拍卖过程中，采购部门不接受律师事务所较高的小时收费价格，因为其竞争对手每小时的收费更便宜。但从经济的角度来看，咨询者的总费用甚至会更低，因为该律师事务所可以凭借其专业性更快速地提供建议。或许，该律师事务所可以成功说服一些来自各个专业部门、控制部门和法律部门的内部拥护者，在内部游说以争取一种新的报酬模型。比如，计划的该项服务可以作为试点项目以固定价格提供给顾客。该公司的成本得到了控制，并且如果在需要的情况下，律师事务所会获得更高的估算时薪。采购部可以作为成功案例推广这种创新方法。

假设你已经对主要参与者广泛地浏览了一遍。对于复杂的谈判，参与者总人数可能会很多。如果你时间不多，那么你需要将目光限定在主要的参与者中。然后，你只记录你认为至少可以产生影响的人。如果概览图中超过 50 人，那么通常需要花很多的精力去管理。

用更多信息来丰富你的概览图：各个参与者最重要的利益是什么？他的 BATNA 是什么？标明参与者之间最重要的关系：谁与谁是信任关系？哪里存在紧张关系？谁听从谁的话？特别是对于决策者，你要知道是谁在影响他们。此外，你还要写下正式和非正式的决策途径。

现在，你已经了解了概况，也对当前的参与者以及可能加入的其他参与者有了清晰的了解。此外，你对参与者之间的关系和决策过程也一清二楚了。你尽可能在事实的基础上做出对各个参与者利益的假设。有了包含所有参与者的概览图，你就拥有了一个有价值的谈判工具。在谈判的大多数时候，它都会为你提供很重要的帮助。

组织一场活动，以搭建你的增值网络。现在再往前走一步，你会看到谁在支持你达成高价值和可持续的交易。这一隐形团队没有正式的界限，它由来自各个领域的参与者组成，也包括谈判对手那一方。由于你的资源有限，因此你需要优先采取下一步行动。你要确定谁在整场谈判中具有极大影响力，以及如何可以轻松地争取到他的支持，以达成增值的交易。然后，在这一基础上，准备一场战略性的运动。

为此，你需要分析每个参与者的利益，粗略地制定一个方案，尽可能广泛地考虑到大家的利益，将你想到的解决方案一个个地呈现给你不断壮大的价值创造团队。先从有影响力的、更容易被你说服的成员开始，接受他们的反馈，同时不要偏离你的基本思路。与他们约定好，进行定期反馈，以告知相关变动，并指出在动态的谈判过程中，适当的调整是很有必要的。确保自己的队伍获得了足够数量的坚定支持者。同时，要尝试在谈判对手那一方找到你的盟友。最后，将目光转向第三方，看看谁可以支持你。

现在，至少在你这一方，你拥有了坚定的支持者阵营。接下来，你要赢得其他仍然对你的解决方案持批评态度的、有影响力的参与者，特别是那些拥有否决权的参与者。这些人在你的概览图中应该用红点被标记出来了。说服这些人不是那么容易的事，所以你要做好心理准备。对于这些人，你可以尝试使用间接的策略。搞清楚这些人听从谁的话，你可以先通过谁再给这个人打电话，与这位大人物联系之前，你应该先拉拢谁？

如果你有胆量的话，你还可以让持有批判态度但具有影响力的人进入你的谈判团队。这是我们秘而不宣的动机：将受害者变成犯罪者。

重要的一点是，你以解决方案为出发点开始，并在其中融合你所有的信息和专长。一方面，这旨在说服其他人同意你的增值解决方案；另一方面，你仍然需要更好的解决方案。在这一早期阶段，你可以激发他们的智慧去找到好的解决方案。怎么做呢？你需要展示出你愿意调整的开放态度并有针对性地提出开放性问题使对方活跃起来。你可以这么问："这就是我目前构想的解决方案，可以让我们所有人从中受益。你有想到更好的方案吗？"或者问："你之前有没有遇到过这种情况？在这种情况下，我们可以从中学到什么？"

虽然你一开始在构建谈判网络中需要广泛地考虑，但最终不一定总是需要让尽可能多的各方人员参与到谈判流程中。管理和联系工作需要花费很大的精力。因此，你要抓住一切机会进行简化。你可以将这一网络分成不同的小组，并在不同的层面上进行管理。

我希望我能给你留下关于这种方法的印象。重要的是它将网络可视化，因为这样可以激发你的想象力和创造力。构建网络和开展活动方面的想法可以帮助你系统地采取行动。看似间接的方法却能使你更快地实现目标。

题外话：飞行员如何有效地合作

航空业被视为成功进行风险管理的典范，因此飞机是最安全的交通工具。如果民用航空接受外科手术的失败率，那么全世界范围内每天将发生 17 起飞机事故。即使航空公司接受强化治疗的失败率，每天也将发生 2 起事故。事实上，2017 年民航每天仅发生 0.03 起事故，2018 年为 0.04 起。航空风险管理的一个非常重要的组成部分是机组资源管理，这由法律规定实施。这是针对 1970 年代因人为失误造成的严重飞机事故的反应措施。这一概念是由美国国家航空航天局（NASA）提出的。当时，事故的原因主要在于机舱内的交流、机组内部的能力冲突以及某些情况下飞行员的决策失误。而 CRM 是针对飞行员和乘务员逐步开发出来的关于人际交往能力的培训，它的出发点是改善驾驶舱内的合作，即驾驶舱资源管理。后来，大家很快认识到，不仅要关注驾驶舱，而且要关注包括所有衔接人员（例如空乘员或空中交通管制员）的大团队。因此，驾驶舱资源管理发展成了机组资源管理。到今天，我们考虑到了航空系统的所有工作领域，这也被称为公司和文化资源管理。这种系统的合作观非常适合我们的谈判模型。为了成为一名成功的谈判代表，我们需要掌握广义上的团队概念。除了你自己的团队，你的谈判对手和其他重要参与者也属于大团队。大团队的工作是取得最优的谈判结果，不让钱留在谈判桌上。

在飞行员的 CRM 课程中，改善多个领域的合作是很重要的一个问题。一项研究表明，民航的飞行事故中，有 53%的事故出现了人际沟通问题。其中，30%的问题发生在驾驶舱内，而 70%的问题发生在全体机组人员和外部对话者之间。

共同的心理模型是飞行员人际交往能力训练的一个重要概念。心理模型是人类行为指导的全部概念，也可以说是内部清单。这些心理模型与飞行员如何面对特定的人、情况和事件有关。参与者的心理模型越相似，合作就越有效。如果模型匹配，那么就产生了一个共同的参考系，每个机组人员都可以以此为参考。每个人都将自己的经验带入他们的心理模型。由于每个人都有独特的经历，因此没有完全一样的心理模型，只有相似的心理模型。由此可以得出三个结论。首先，对飞行员来说，通过培训和法规为他们的行动建立坚实的共同基础非常重要。其次，飞行员在起飞前与他们的心理模型保持同步。在航前准备会议中，机长与副驾驶要详细讨论对他们来说，哪些过程是重要的。飞行员之间还可以简短地进行交流，如关于他们的教育背景和经历。最后，这是一个主要要点，我们要了解心理模型的调整是飞行过程中的一个持续过程。如果其中一名飞行员偏离了常规程序，则必须提前通知其同事，这一点很重要。如果其中一名飞行员注意到他的同事偏离了下一步行动，他应该立即将这一问题说清楚。从一开始就鼓励每个参与人员分享自己的看法是机长的职责。

从共同心理模式的概念中我们可以获得什么启发，以用于与谈判对手的合作呢？首先，你可以花点时间与你的谈判对手交流一下对谈判流程的想法和经验，并尝试通过共同的计划、议程或流程合同，协调出一个共同的心理谈判模型。特别有帮助的一点是，在开始谈判之前完成共同的谈判培训。通过这样的培训可以形成一个共同的参考系。需要特别指出的是，如果你看到你的谈判对手偏离了共同基础，你需要明确指出这一点。如果你自己想偏离计划的流程，那么，你需要向对方解释，并使共同的心理模型同步。此外，你需要从一开始就鼓励谈判对手在对谈判流程有异议的情况下坦诚地给予反馈。

在关键的飞行阶段，必须进行有效的人际沟通。飞行员可以有针对性地利用飞行中的低工作负荷阶段，通过与机组人员之间的非操作性沟通，为紧急情况下的成功合作创造前提。

在上一章中，我们已经讨论了关于飞行中非高压阶段的建议：传达一种自觉的、积极的第一印象，从一开始就鼓励大家给出反馈和提问，出现干扰性问题时立即交流。这一场景可以很好地用到谈判中。

你可以利用低工作负荷阶段有意识地改善与谈判对手的沟通。你要注意谈话的前 180 秒，并发送积极的信号，鼓励你的谈判对手给予坦诚的反馈并及时交流干扰性问题。当谈判冲刺的工作负荷很高时，做这些就太迟了。我建议还要更进一步：在谈判冲刺之前，有意识地创造低工作负荷的场合，以便有时间可以练习这种沟通技能。

以下是飞行员避免在空中交通管制方面犯错的基本操作规则，也可以用于日常谈判中。与空中交通管制许可有关的任何模棱两可的情况，不应与其他飞行员同事探讨，而应和空中交通管制员交流。我在谈判中观察到，通常在谈判对话结束后，依旧存在一些不明确的问题。我们没有通过简短的官方途径与对方继续探讨，而是在自己的谈判团队中进行长时间的讨论。那是低效的，并且容易出现差错。因此，我认为飞行员的规则很适用于谈判。对于与谈判对手之间的不明确的问题，我们不应该在自己的团队中将其弄清楚，而是需要和谈判对手探讨。

冲突管理是飞行员 CRM 培训课程中不可或缺的一部分。该课程为飞行员提供了积极的、专业的冲突管理心理模型。飞行员是不允许在飞机上发生无法控制的冲突的。这种冲突可能导致不稳定及不恰当的情绪行为。因此，飞行员需要意识到，冲突是领导过程的必要部分。冲突能够激发创造力，具有澄清问题的作用。一起解决冲突的同事不应该被视作对手，而应该是伙伴。解决冲突是他们合作过程中的正常阶段。飞行员在解决冲突方面有着巨大的共同利益，因为飞行安全是重中之重。你的谈判是否也有这样重要的共同利益？即使没有，积极、专业的解决冲突的心理模型也可以提高你的谈判效率。

CRM 的成功案例被应用到了其他领域。消防队、铁路和卫生部门都参考了航空培训中提出的人的因素的思想，并取得了显著效果。那么，为什么不在你的组织中也引入谈判资源管理呢？

合作原则清单

避免陷入阻碍合作的思维误区

零和误区：每次谈判都有创造合作收益的潜力。

冲突错觉：你们不只是存在矛盾的利益，还要注意相同和不同的利益。

透明度错觉：对方对我们的了解比我们想象的要少。谈判始终也是一项教育任务。

反动贬低：始终想象谈判对手的建议来自中立的第三方。结果会不会有所不同？

乐观偏误或优越感偏误：不要以为自己比谈判对手更幸运或更聪明。

利用你的团队和中立的第三方评估来避免掉入这些陷阱。时间压力容易引发思维误区，因此，你需要安排缓冲的时间。

在谈判初期建立合作框架

进行非正式的准备性会谈，并传达：我们是一个有着共同任务的团队，我们到最后再解决分配问题。

避免使用谈判的概念。它会激活我们的竞争基因。

想象在成功的谈判结束后举行共同的新闻发布会。

采用“只管去做”的方法，将谈判变成一场研讨会。

和你的谈判对手共同完成一次谈判培训。

如果你有关于冲突的艰难经历，你可以请一名冲突调解员。

系统地处理与谈判对手的工作关系

好感阶段：开始时，尽可能多地寻找面对面时间。注意相似之处、细节和肢体语言。创造对彼此的好感。

互惠阶段：与你的谈判对手建立一种相互支持的隐形网络。所有程序性的问题都适用于此。先向对方提供一点小恩惠，但要适度。

信任阶段：在更长的阶段中保持互惠原则。密切注意你的信誉。让建立信任关系成为你的谈判目标。

将谈判蛋糕做大

在谈判中引入其他议题。

先做大蛋糕，而不是先分配。

利用你和你的谈判对手之间的差异来创造附加值：技能→合资，愿意承担风险→保险，资金流动性→银行，预测→相机合同，时间偏好→用现在换以后，议题优先级→滚木法。

搭建增值网络

绘制包含所有参与者的概览图。广泛地进行浏览。在整个价值链中寻找新的、能给谈判创造附加值的伙伴。

通过参与者的利益、BATNA和相关关系的质量来丰富你的概览图。

组织战略性运动，为你的增值解决方案找到尽可能多的支持者：描绘一个考虑到所有参与者利益的结果愿景。确定有影响力的参与者。从更容易说服的参与者入手，然后是持批判态度的参与者，你也可以间接影响他们。

流畅谈判小建议：在谈判的早期阶段释放所有合作的信号。聚集增值网络中所有参与者的智慧，一起寻找可创造附加收益的解决方案。这会为你的谈判冲刺留出充足的行动空间。

“双管齐下”原则：充分发挥解决方案的潜力

两种伟大的谈判哲学体系相互矛盾。有些人信仰硬式谈判，即在谈判中坚守己方的立场，这一阵营有自己的偶像、导师和顾问。而其他人则将每次谈判视为与谈判对手共同寻找解决方案的研讨会，这一阵营的谈判人员也有自己的偶像、导师和顾问。毫无疑问，两个阵营要花费很大的力气试图推翻对方的理论。到底哪个阵营是对的呢？答案是，两个阵营都是对的。

用博弈论的话来说，谈判是一种多模式的游戏，它同时涉及合作与坚持立场。这一点常常令人困惑，让人感觉前后矛盾。我们常常容易陷入一种与我们偏好的冲突方式相对应的哲学体系中，而我们只有在向另一方敞开心扉时才能发挥全部潜力。这不是谈判中的唯一矛盾。

实践中的错误

大多数谈判的开局都充满希望。双方承诺要相互尊重，并努力寻找互惠互利的智慧的解决方案。然而，不久后谈判对手违反了游戏规则。他没有寻找增值解决方案，而是要求从现有的谈判蛋糕中分走很大一块。你甚至发现，他试图用错误信息误导你。作为谈判代表，你的耐心到了极限。从现在开始，你要进行无情的反击。既然对方的谈判代表想开战，那么可以满足他的愿望。

解释：在谈判开始时，走上建设性道路是容易的。但是，在进一步的谈判过程中，不可避免地会改变计划的步伐。因为每一场谈判都是由一部分合作和一部分坚持立场组成的。谈判对手试图在某些问题上坚持自己的主张并标记他的领地，这是完全正常的情况。关键的是，如何在一开始避免这一变化的产生。你不要因为对对方的失望而陷入破坏性的模式，而是要从一开始就预料到这一矛盾，并与你的谈判对手讨论这种矛盾的情况。当然，你不能接受任何的欺骗手段。你也不能让谈判对手将游戏规则强加于你，你要坚持自己的策略，不要受对方行为的影响而偏离目标。

共情的同时坚定立场

你是竞争型的谈判者吗？你是否总想切分更大的谈判蛋糕？你可能会担心，你的谈判对手会将过多的移情能力解读为一种软弱，如果你现在对对方表现出过多的理解，你之后该如何坚持自己的立场？又或许你是一个合作型的谈判者，你或许会发现你很难在各个问题上坚持自己的立场。如果你太过强硬，可能会影响你们的关系。为了能够良好地进行合作，关系和信任难道不是最重要的吗？

我们已经在第二章第二节中谈到了共情，它可以分为真正的共情（用心代入）和功能性共情（用脑代入）。功能性共情在谈判中会产生更好的结果。与谈判对手打交道时，最重要的是能够用语言描述对方所看到的世界。对此，可以采用的方法是有效提问和积极倾听，正如我们在第一章第一节中所讨论的那样。贴情绪标签有助于你展现出对另一方的共情，例如，“我感觉你现在很失望？”注意，情感标签是由“我讯息”加上一个限定语（我感觉 / 我的印象是），再加上一个尽可能精确的情绪表达组成的。如果你最终成功地诱导对方说出了“对”，那么，这说明你的共情到位了。关于如何对待共情，这里有三条重要的基本规则需要你注意。首先，不要将共情与好感混淆，代入对方的情感并不意味着你必须认可它；其次，共情并不意味着同意，你始终要清醒地意识到这一点；最后，避免对他人的情感做出任何形式的评论，尝试扮演中立的观察员的角色。

另一方面，坚持自己的立场包含两个要素。首先，你必须准备好捍卫你的需求。你要知道，坚持自己或组织的利益是完全没有问题的。这种意识甚至是谈判时最大化扩展解决方案空间的前提。正如我们在第二章第一节中提到的：当双方都坚持自己的利益，然后安排一个有效的共同解决问题的流程时，才会出现最优解决方案。但是，仅凭这种意识是不够的，你还需要有效地表达你的需求，这类似于走钢丝。你既不能让对方觉得自己太低声下气，也不能让对方觉得自己太好战。其中的诀窍是找到中间的平衡点并清楚地传达你的信息。明确表达自己的利益不仅可以在分配蛋糕时帮到你，而且还有助于将蛋糕做大。如果你能尽早明确这些问题，同时又不会造成任何伤害的话，那么，这对你们的工作关系会大有帮助。很明显，这一段传达的信息是，不要只选择共情或坚持立场，而是同时选择两者。

不要陷入非此即彼的误区。观察你自己的思想，你是否预设了自己必须在共情和坚持立场之间进行选择？这种内省是处理这种情况的第一步。不要在非必要情况下限制你自己的选择，否则就让事情变得太简单了。共情与坚持立场并不是一种交换关系，而是可以并存的。例如：我应该如何在共情的前提下告诉对方，我认为他在欺骗我并需要他马上停止这一欺骗行为呢？

你的任务是在完全坚持自己观点的同时，还能完全表现出自己的共情能力。在这样的困境中，你需要问自己两个问题。

第一个问题：通过干预，我一定要实现的事情是什么？

第二个问题：在这个过程中，什么情况是绝对不能发生的？

对应到我们的案例中，第一个答案就是，我希望我的谈判对手谨慎地向我们提供正确的信息；第二个答案是，我绝对不允许对方感到自己被攻击，也不希望我们陷入不断升级的冲突中。

现在，让你的大脑全速运转，将两个问题的答案联系起来。如何实现我真正希望的，同时阻止我绝对想要避免发生的事情？我该如何坚持自己的立场，并且避免由此对我们的关系造成压力？联系到我们的示例：如何让我的谈判对手告诉我真相，并避免对方感到被攻击和冲突升级？回答这种类型的问题会让人很辛苦。你需要给自己一点时间思考一下，然后你会惊讶地发现，你获得了最初没有想到的选项。好消息是，通过这种联合思考，你就获得了强大的工具。坏消息是，你必须以一种有效的问题，如“在特定情况下我该如何坚持自己的观点，并且同时考虑到对方的情绪状况”为出发点，进行深入思考，而这个问题没有标准答案。每种情况都是不同的，所以你要满怀好奇心地去探索，看看自己会有什么新的发现。在之前提到的情况下，可以尝试说：“我认为你不是有意这样做的。但是慢慢地，我感觉到，你的某条信息没有经过充分验证。你能解除我的疑虑吗？”

当然，也存在这样的情况，你希望在不影响未来对同一问题所做决定的情况下保持共情。例如，一家企业工会告诉你，他们过去被管理层的代表多次恶劣对待，并且企业没有为工人配备必要的工作设备。与此同时，你产生了一种不安的感觉，结果可能具有两面性，你可能会受到未知的限制。

你的任务是要让对话者知道，你理解他的情绪状态，同时保留自己做出他不喜欢的决定的权利。一种方法可能是："我知道这个问题激怒了你。我知道你觉得自己受到了不公平的对待，但是，我觉得你们之间可能存在误解，而且我们之间的交流也太少了。不要误会我的意思，我现在无法给你做出任何承诺。我要做的第一件事是了解事情的全貌。一旦了解清楚后，我会尽快给你回复。希望你能理解。"

作为谈判代表，你不必在共情与坚持立场之间妥协。因为你可以在很大程度上将这两者都带入到你的谈判中。但这就要求你不断丰富自己在冲突中的行为方式。你需要在谈判过程中，一次次地停下来，判断自己和谈判对手的冲突行为。如果因为一方缺乏共情能力或表达不够明确，导致谈判进展很慢，那么，你就要采取对策。为此，系统地评估主要参与者的冲突行为是有帮助的。

判断自己和谈判对手的冲突行为。在第一章第一节中，我们仔细研究了托马斯和基尔曼提出的五个冲突模式。在开始重要的谈判之前，有必要花 30 分钟时间进行 TKI 冲突风格测试。这样，你才能更好地了解自己偏好哪种冲突风格。特别是当我们在艰难的谈判中处于紧张状态时，我们会重新回到我们偏好的冲突风格。我之前说过，每种冲突风格都有其合理性。我们只有采取适合当下情况的冲突风格时，才能取得最大的成功。如果我们了解自己的偏好，就可以在谈判过程中意识到这一点。你可以对自己说：我们的谈判刚刚卡住了。我感觉我内心有很强的冲动要向对方那边迈一步，因为我在有压力的情况下会偏向妥协的冲突风格。那么，现在选择这一风格是否符合我们的利益？或者我可以再一次明确强调我们的利益，并且同时又考虑到对方的情绪？

同样，对你的谈判对手也是如此。如果你知道谈判对手偏好哪种冲突风格，那么对你来说这就很有价值。一旦谈判流程变得低效时，你就可以采取相应的对策。你越早认识到这一点，就越容易重新调整方向。你可以这样思考："现在我的谈判对手十分果断。我知道他偏好竞争的冲突风格。我怎么能向他表明我们会重视他的利益，同时又不放弃我们的利益呢？"

如果你以前从未与对方谈判过，你怎么能了解到对方的冲突风格？有时，在进行重要的谈判之前，与所有谈判者一起进行冲突风格测试，并与经验丰富的教练进行讨论，会是一个不错的方法。如果无法做到这一点，则可以尝试为你的谈判对手完成冲突风格测试。你可以从各种来源获得所需的信息，例如，在社交网络上搜索、阅读谈判对手的出版物、观察他出席的公众活动、采访和他熟悉或已经与他进行过谈判的人、与他进行非正式的谈话等。如果你有足够的资源，你还可以聘请专业的心理学家来为你绘制远程图解或个性特征图解。这样的剖析不仅会让你了解对方的冲突风格，还能让你了解对方的思维、决策或社交风格。

有了这些信息，你可以更好地了解谈判对手的行为，并懂得用哪些论据可以说服对方。如果我们非常了解自己以及谈判对手，就可以更好地避免低效的冲突行为。为此，我们需要提高自己的沟通技巧。

提高自己的意志力。并非每个人生来就会熟练而机智地坚持自己的观点。因此，这里有一些技巧供你参考。你的目标是学会平衡冲突，其中也包括在冲突中学习坚持自己的立场。

先从态度开始，你有权表达自己的观点，即使这一观点不是百分百正确，或者你考虑得还不够全面。你的谈判对手不是必须同意你的意见，但是他应该仔细倾听。为此，你必须坚持表达。如果他拒绝，那么，你需要切换到元层面，讨论你们该如何更有效地与彼此打交道。

你可以在他人面前或通过手机视频功能多次练习你的核心信息表达，即核心利益表达。坚持练习，你会发现自己有很大的进步潜力，特别是如果你从谈判对手的角度来看。你的思路是否清晰、合乎逻辑？你是否已经准备好所有事实？你是否考虑了对话者的接受能力？你可以将核心要点写在小纸条上，以便在谈判对话允许的情况下也能派上用场。

为你的要点找到一个框架，包括谈判对手的利益和目标。用中立的态度、不评判的态度来表达你的观点，你不仅要推测谈判对手的动机和利益，还要在言语上付出额外的努力，向对方传达你中立的态度。例如："我们对你提出的要价感到惊讶。根据我们的数据，你的要价比市场水平高10%。这对我们来说过高了。请不要误解我，我觉得你们这样肯定有充分的理由。但这并不会改变我们不接受的态度。你能再给我们解释一下你的想法吗？"

如果你倾向于早早地让步或妥协，那么你就是在为他人谈判。你没有在维护自己的利益。一切不是为了自己，而是为了他人。这样想会让你意志坚强起来。通常情况下，我们本来就是为我们的公司、组织或客户进行谈判的。或者总有其他人存在，无论是董事会、监事会、成员，还是你的家人。

增强意志力的另一个技巧是，在谈判时让其他人监测你。为此，你需要写下你的目标，然后与上级商定你的目标，定期汇报你的情况，使实现目标的过程透明化。

养成不要对每条提议都说“好”的习惯，即使你觉得对方提出的条件很慷慨，或者高于你的最低门槛了。让自己至少再矜持一轮，冷静地收下提议，休息一段时间。然后，你可以说：“非常感谢你的提议。刚刚的方向是对的，但是你能否再进一步调整一下报价？”高级的版本可以这样表达：“这为什么是你可以为我们提供的最佳报价呢？”

如果你以团队形式进行谈判，那么最好在团队中选一个有竞争性的人。虽然内部讨论会进行得不那么顺利，但是你可以确定，你们在竭力争取最佳策略。此外，有竞争性的成员还会给你很多启发，告诉你应该主张哪些观点。

建立共情循环。并不是每个人天生都富有同理心。通常意志力强的人在这一点上会比较弱。因此，下面一些技巧可以帮助你显著提高对谈判对手的共情能力。

其中一个重要技巧是共情循环。它与第一章第一节中的内容相关。在那一章节中，我们已经了解了重述的方法。重述意味着你用自己的话重新表述对方的主要信息。那么共情循环是怎样的呢？它包括四个步骤：

步骤 1：你提出一个开放性问题；

步骤 2：对方回答，你聆听；

步骤 3：你用自己的话总结其主要观点，即重述对方的话；

步骤 4：你问对方，请他回答他觉得你的重述是否到位。例如，“我理解对了吗？”如果答案是否定的，就返回步骤 1。如果答案是肯定的，祝贺你，你正确地理解了你的谈判对手。在你正确理解谈判对手的观点之前，要不断重复此循环。

共情循环中需要注意的是，如果你只是为了向对方展示你的共情而十分表面地完成这一循环，那是非常糟糕的。我们可以敏锐地觉察出对方是在套路自己还是真的对我们所说的感兴趣。因此，最好是形成一种真正的好奇求知的态度，而不是“我本来就知道是怎么一回事”这样的臆断性态度。你的引导性问题可以是：我的谈判对手有什么我们所不知道的信息？对方是站在什么角度提出这些观点的？

除了共情循环，还有其他一些技巧可以帮助竞争型的谈判代表提升其共情能力。

提出比你直觉想得更多的问题。还记得七三规则吗？你应该用70%的时间听，用30%的时间说。但是，对固执的竞争型谈判者来说，用50%的时间聆听就已经是一个很高的要求了。为了让对方讲话，你需要跳出自己的舒适区，不断进行提问。

那些喜欢坚持自己主张的人会倾向于强势论述，他们喜欢这样思考或者说话：“我们这样做是因为我们有优势。”“要么按照我说的去做，要么你就拿不到这一单。”由此，你会挑起对方进行隐秘的抵抗。最后，这甚至会损害你在谈判中的意志力。因此，你最好用另一方也接受的公平标准来代替你的强势论述，那么你可以这样说：“我们的提议符合具有较高风险特征的公司的当前市场价格……有几家咨询公司给了我们类似的参考案例，那些公司根据我们所提供的建议都能很好地经营。”

如果你以团队中的竞争型角色进行谈判，那么在团队中加入关系经理是一个不错的主意。关系经理是一个十分重视关系，并且与你的谈判对手有一定亲密关系的人。例如，在我们的劳资谈判中，让乘务员或飞行员加入我们的团队是很有意义的，他们可以代入到我们谈判对手的思想世界中。在与中国伙伴的谈判中，我们的翻译人员发挥了至关重要的作用。翻译人员对我们所讨论的业务问题并不了解，但是，翻译人员能敏锐觉察出谈判对手的情绪。凭借这种敏锐能力，翻译人员帮助我们合理地翻译了我们的信息，以便谈判对手能够在思想上跟上节奏，知道目前的进度。

商定相互聆听的流程。尤其是在情绪冲突中，一开始就商定好相互聆听彼此是很有用的。这可以为从一开始就增强相互理解提供重要的基础。这一流程可以像这样安排：首先，伙伴 1 持续连贯地表达他对事情的看法，比如，持续表达他的某项利益在即将进行的交易中对他是尤为重要的。这里最多只允许提出简短的理解性问题。对此，他有 5 至 15 分钟的时间。接着，伙伴 2 总结了他的理解，并让伙伴 1 像刚才提到的共情循环中那样进行评价。双方都一致认为理解并不意味着同意。现在轮到伙伴 2 了。他可以用 5 至 15 分钟的时间持续表达他的观点，然后另一方执行共情循环。此过程加上休息环节可能需要 90 分钟的时间。但是，以我的经验，这一个过程可以给谈判带来根本上的变化，双方一开始就能迅速增强理解，实现共情。双方还能练习使用这种高效的工作方式，为后续进程指明方向。这样的流程只有在你们做好了充分准备并且双方都同意的情况下才能奏效。在特别困难的情况下，你可以请主持人引导你们完成整个过程。此外，你要把优先权让给你的谈判对手。这可能会使他对该流程感到兴奋。而且表达了自己的信息并让你成功接收之后，他也能更好地聆听你的观点。

以上就是所有可以用来处理共情与意志力的矛盾关系的方法。你不能陷入“非此即彼”的误区，而是要常常给自己布置一个难题，即如何同时应用这两种谈判技能。你需要了解你和你的谈判对手面对压力时所偏好的冲突风格，以便能采取应对策略。同时，你还要提高自己坚持立场并且表现出同理心的技巧。此外，你还可以商定一种相互聆听的流程，它能帮助你从一开始就可以有效地处理这种矛盾关系。

那么，现在你已经为下一个任务做好充分准备，平衡价值创造和价值分配之间的紧张关系。

平衡价值创造和价值分配之间的紧张关系

在第一章第一节中，我已经说明了价值创造与分配之间的关系。聪明的谈判代表能同时掌握这两者并且平衡其紧张关系。这两个主题像一条红线，始终贯穿整本书。我们在第二章第四节中详细探讨了价值创造。关于价值分配，主要是在第一章第二节有所涉及。我们不要欺骗自己：无论你与谈判对手的合作有多么好，最终都要面临分配问题。

从一开始就与你的谈判对手探讨这种紧张关系。为什么我要谈论价值创造和价值分配这两者之间的紧张关系？这是因为两种模式彼此抑制。就像冬季运动项目北欧两项，它由越野滑雪和跳台滑雪组成。作为跳台滑雪者，你需要爆发式的弹跳力，你必须在一刹那间让自己跃离跳台。而在越野滑雪中，考验的是耐力。这就对特殊项目的训练产生了影响。弹跳力训练过多的人，其耐力会受到抑制。而在越野滑雪中，对耐力训练过多的人在跳台上的表现会变得更弱。因此，平衡这两个项目很重要。

对价值创造和价值分配来说，也是一样的道理。过早或过于进攻性地开始谈判蛋糕的分发，都会阻碍进一步谈判的合作潜力。就如俗语所说，“熊未打死，便想分皮”。另一方面，经过一段时间的良好合作，我们最终很难弄清楚分配的问题——不清楚谁能分得多大的蛋糕。这个两难困境也不会消失，它会一直存在，直到谈判结束。

针对这种困境，最好的策略是，从一开始就与你的谈判对手坦诚地探讨这一两难问题。在早期阶段就引入这一话题，推荐的表达为："我们的目标是找到一种解决方案，让双方利益都尽可能多地得到满足。我们越是进行系统性的交流，越是能发挥关于智慧解决方案的创造性，我们就越容易获得成功，最终，大家都维护自己的利益也是没问题的。如果双方能一直积极地处理合作和分配的这种紧张关系，我们会很感激。你觉得呢？"对此，我们又回到了多模式的问题上，同时你也应该持自我批判的态度。如果你深陷于竞争模式，那么，坦诚地提出来："实际上，现在我们这一方非常关注分配蛋糕的问题。但在这个时间点上，我们最好能一起看看，哪些想法可以改善双方的结果。你认为哪个问题方便探讨一下呢？"如果对方的论述极富竞争性，你应该这么回答："是的，关于这一问题，我们最终是需要一个解决方案。但是就现在来说，我也理解你的焦急，但是这个问题我们还无法做出决策。我们准备将所有事实情况收集起来，以便尽快根据客观标准做出决策，你觉得如何？"并且，你需要一再提出元层面的问题："我们刚刚做大蛋糕了吗？或者，我们已经在分发蛋糕了吗？"

将价值分配也视为共同的问题。在谈判中，有一种非常有效的方法来处理分配问题，即给分配问题一个建设性的框架。这指的是不要只将寻找最大的蛋糕视作共同的问题。不要放弃系统化的、共情的方法来制定创造性的解决方案，而是要坚持将分配问题定义为一个共同的问题，你和谈判对手需要为此寻求共同的解决方案。

解决这一问题的中心工具是客观标准。你可以对照图 3 中的收益—收益坐标轴进行分析。首先，我们需要寻找对一方来说收益固定，而能给另一方带来最大收益的所有解决方案。这些解决方案位于收益—收益坐标轴的“东北”区域。从理论上讲，它们的数量是无限的。寻找这些解决方案的过程，我们称之为将蛋糕做大或创造价值。为了取得最终结果，我们需要和谈判对手一起从这些解决方案中选择出一个方案。我们将这一步称为蛋糕分配或价值分配。

这一关键在于说服你的谈判对手与你一起寻找解决公平分配问题的方案。为此，你需要提前铺好路。如果有可能的话，你要强调未来关系的重要性：“我们希望第二次见面时一切顺利。”避免使用威胁的语气，或者下“要么接受要么走人”的最后通牒，这不符合合作的氛围。

此外，你要始终为你的提议给出实质性理由。你不是在掷骰子，不是在赌博，而是在寻找合适的解决方案。你需要有意识地引导双方解决公平分配的共同问题。你可以将实质性内容套用到这一模板中：“我们已经卓有成效地走到了这一步。现在的任务是对综合解决方案做出公平的调整。所以我们提出了关于未解决问题 X（价格或其他参数）的建议。这符合过去三年中 Y（客观标准）的平均水平。这对你也很公平，因为 Z（为什么这一建议符合对方的中心利益）。你觉得怎么样？”

如果对方已经在你之前提出了分配建议，那么，无论该建议在你看来是否合适，你都需要将其视为针对共同解决方案的建设性建议。你可以像这样表达：“谢谢你的建议。你能否向我们解释一下，这条建议是出于什么样的考虑提出的？”如有必要，你可以提示一下对方，你们依旧是以共同的解决方案为出发点：“你的建议是否遵循了某一客观标准？从你的角度来看，这是什么标准？”或者说，“我们如何在你的建议的基础上将你的观点与我们的观点相结合？”或者说，“为什么你的建议是有说服力的？”

在许多情况下，不存在一种可以供双方同时参考的完美标准，又或者，同时存在几种标准，却都不能带来明确的结果。在这种情况下，如何解决公平分配的共同问题？你可以考虑从流程入手：有没有可以咨询的专家作为协助制定标准的调解员？邀请提出不具约束力的解决方案建议的仲裁员，还是邀请双方都信任并做出具有约束力决策的仲裁员？恰恰是在这种情况下，你可能会找到创造性的解决方案。例如，你可以将调解和仲裁结合在一起。或者，你可以尝试特殊形式的仲裁，如“最终报价仲裁”。在这种特殊的仲裁中，双方都提出了一套最终的综合解决方案，由仲裁员决定哪种方案更具有建设性，更能平衡双方的利益。他只能选择两个提议中的一个。在实践中，这通常能引发意想不到的效果，因为双方都试图找到一种最具建设性的解决方案。

对于分配问题，通常值得我们深思的一点是，对双方而言公平分配到底是什么样子的。而一旦有多方参与谈判，这些问题就会变得复杂，尤其是因此牵涉到数学运算。那么，这时，“夏普利值”或“霍华德·雷法混合模型”之类的方法便会帮助到你。

不过，关于如何分配现有谈判蛋糕，以下三个原则是很有帮助的。第一个原则是平等原则。不管他们的投入如何，每个人都收到相同的份额。司法系统以平等原则为基础，没有人会因为他们收入更高或职位更高而在法庭上受到不同的待遇。50：50 的分配比例是日常生活中的经典应用。第二个原则是公正原则。谁的贡献大，那么谁获得的份额就更大。自由市场经济就是按照这个原则运作的。

第三个原则是需求原则。份额的数量取决于个人需求。例如，社会援助之类的社会制度就是根据这一原则开展工作的。实践中，这些原则也会以混合形式出现。有趣的是，作为个人，我们倾向于选择对我们最有利的原则。如果我们处于弱势地位，我们往往会坚持平等原则，甚至是需求原则。一旦我们有能力了，我们就理所当然地认为公正原则是普遍的正义原则。你需要意识到谁支持哪个原则，谁从中受益，并尝试使用不同的方法以应对他们。

减少对方欺骗你的动机。传统的谈判方法仍然是常规的。也就是说，许多谈判代表从一开始就将大部分时间都花在了改变他们的看法上，即对他们来说什么是可能的，什么是不可能的。为此，他们喜欢使用阴谋诡计。有些发生在灰色地带，有些仅仅是欺骗。你最好是在多个层面上尽早与之抗衡，最重要的措施是树立一个好榜样，密切注意你的信誉，犯了错就要承认。

缩短与谈判对手的社交距离，并努力建立可靠的工作关系，逐步实现彼此之间更大的信任。

从一开始就要制定好游戏规则，与对方就如何对待事实和真相达成一致的态度。例如，你可以制定这样一条规则：我们不必从一开始就告诉对方一切信息，但是我们所说的一定要是正确的。此规则可以有效扩展为：如果我们的谈判对手明显做出了错误的假设，我们要向他指出这一点。他们中的大多数都会遵守商定的规则，由于一致性原则，我们也要遵守。

此外，不要仅仅依赖从一个方向获得的信息。你需要像优秀的记者或调查员一样，确认关键事实的可靠性。在这方面，你精心维护的信息网络可以为你提供帮助。

最后，你还可以使用合同来保护自己，以免被你的谈判对手欺骗。如果你的谈判对手预测未来前景一片大好，相信他的话。这里你可以采用相机合同。如果预测成真，会怎么样？但最重要的是，如果现实与预测不同，会怎么样？在这种情况下，你需要让自己得到保障。如果你的谈判对手的态度是认真的，那么应该不会有任何问题。例如，如果管理顾问向你承诺，根据他的建议，销售额会增加，或可以节省大量资金，那么你可以将其咨询费用与这些关键数据挂钩。如果你不确定所购买的物品是否处于最佳状态，那么你可以让对方进行担保。最重要的是，你要确定如果实际情况与担保内容不符，你可以怎样做。此时，我们已经深入到了合同律师的领域，所以要注意一点，合同担保永远不是一个万全之策，它不能代替真正的信任。你需要发现并证明违反合同的行为。合同担保的执行充满不确定性，并且需要时间和金钱的投入。如果你认为担保很重要，那么，你要考虑该怎么商定有利的证明规则。同样重要的是，你需要有一个快捷且具有成本效益的程序，如在违反合同的情况下执行仲裁程序。

同时提出多套综合解决方案

关于双管齐下地思考和行动，这里有一个很好的在高难度谈判中的应用实例。设想一下以下情况：大多数议题已经讨论过了，与谈判对手交流信息也交流得差不多了，但是，仍然存在不确定性。现在，给出的第一个提案可能是一个好办法，也许你的谈判对手已经提前给出了提案。在这种情况下，我建议你将两个或最多三个价值对等的提案放在一起，供对方选择，而不是只给出一个提案。专家们将此工具称为多个价值对等提案（MESO，即 Multiple Equivalent Simultaneous Offers）。

MESO 具有许多优点。实际上，通过提案，我们结束了信息交流的环节，并开始了定锚和讨价还价的部分。同时提出两个以上的提案，可以帮助你避免从价值创造到价值分配发生冲突性的节奏变化。而且，你还能与谈判对手交换有价值的信息，这会带来更好的解决方案。由此，也给你的谈判对手传达了一个信号，表明你能够提供灵活的解决方案。但是，你可以在替代提案中保留对你很重要的单个议题。让谈判对手能够在不同提案之间进行选择，这意味着给了你的谈判对手参与设计的权利。只要我们的谈判对手感觉到自己可以影响后续的流程，那么，他的流程满意度就会提高。通过他的反馈，你可以获得宝贵的信息，从而设计更好的解决方案。你可以通过多个提案来刺激价值创造的过程。除此之外，这一方法还能让你利用锚定效应，表现出你对替代解决方案的开放性态度。

让我们举一个简化过的例子。你正在与候选人协商关于合同的提案。有三个议题仍然还未决定：薪资总额、工作地点和休假天数。薪资在 10 万欧元至 12 万欧元之间。工作地点是柏林、汉堡或者两个地点各 50%的时间。从雇主的角度来看，你希望他去柏林，但是候选人已经表明这对他来说可能很难做到，他的家人都在汉堡。关于假期，有三个选项：20 天、25 天或 30 天。如果不用到 MESO，你可能只会给对方一套综合解决方案，例如表 5 中的提案 3。相反，我建议你同时将提案 1、提案 2 和提案 3 提交给候选人。在我们的案例中，由于家庭原因，候选人现在肯定会排除提案 3。到现在，已经可以看出多个提案的好几个优点了。如果你只给出提案 3，那么许多申请人可能会因为自己想去另一个地点而放弃。申请人无法看到你在这一问题上的灵活性。同时，通过提案 1，你在薪资和假期方面定下了一个较低的锚，作为选择心仪地点的代价。如果你作为雇主先给出提案 3，然后再讨论其他的工作地点，那么你会被明显更高的价钱给锚定。

议题与选项	加权	选项分数（0—100 分）	提案 1：10 万欧元 汉堡 20 天（0—100 分）	提案 2：11 万欧元 50%/50% 25 天（0—100 分）	提案 3：12 万欧元 柏林 30 天（0—100 分）
薪资	30%				
10 万欧元		100	30		
11 万欧元		75		22.5	
12 万欧元		50			15
工作地点	50%				
柏林		100			50
50%/50%		75		37.5	
汉堡		50	25		
假期	20%				
20 天		100	20		
25 天		75		15	
30 天		50			10
总分			75	75	75

表 5：多个价值对等提案（MESO）

关于如何同时处理多个综合解决方案，这里有一些技巧性的建议：提供两个（最多三个）不同的提案。超过这个数量的提案对谈判对手来说会太过复杂，对你自己可能也是如此。同样，在议题方面，数量最好也是两到三个。准备提案时，你要清楚明了地以并列形式呈现它们，这种方法虽然巧妙，但需要结构化的准备。你要确保提案的总分对你来说价值都是大致对等的。在准备提案时，最好不要立即将它设计为可以接受的最终报价。你的目标是讨论不同的提案，借此让自己应该往哪个方向思考而形成更好的认识。因此，你不应该让对方告诉你他最终会选择哪种方案。你应该请他指出哪个提案最符合他们的利益，让他指出后续应该在哪个方案的基础上进行调整，另外还要问他为什么不考虑其他的解决方案。一旦收到对方的有用反馈，你就可以再次向他们提供 MESO。该方法非常适合连续多次使用。

MESO 是一种有价值的工具，可以有效应用于谈判的每个阶段。其中最大的挑战是使谈判双方的问题复杂化。因此，你要确保你的提案以清晰、有条理的方式呈现；避免不必要的复杂性，专注于提案的基本要点；做好功课，熟练掌握评分体系。请注意，通过它你也向你的谈判对手传达了你的偏好信息。

由于提案对你具有同等价值，因此你的谈判对手可以推断出你对不同议题的优先性排序和评分。你的谈判对手对你的提案表示感谢，并使用“摘樱桃”策略制定了一个新的方案。他从你的提案中“摘”走了最好的条件，这种情况并不少见。你需要预测到这一点，在介绍你的提案时，你就要指出，你提供的这些方案是遵循一套严密逻辑的综合方案，不存在其他的最佳方案。即使你的谈判对手对此没有留下深刻的印象，你也已经跟他交流了两到三次了。你要坚持让对方指出哪个提案更符合其利益，以此作为对你的回报。然后，你再根据对方的利益量身定做出新的 MESO，作为对其“摘樱桃”的回应。

掌握双管齐下的总体策略

谈判的世界充满了两难困境、矛盾和同时性。在本章中，我们已经研究了意志力和共情之间的矛盾关系，以及价值创造和价值分配之间的多模式。理想状态下谈判代表应同时掌握这四个技能。此外，还存在许多其他的两极现象。

在 BATNA 的应用中，也涉及同时推动你的谈判解决方案和 BATNA。如果你不保留其他替代方案，那你的谈判对手可能会在谈判结束时“饿死”你。也就是说，如果你的供应商意识到你别无选择，那么你就得考虑接受一个近乎垄断的价格。如果你没有准备好搬迁或停工，也不想忍受劳资纠纷，那么你可能就得满足工会的要求。为了避免最终陷入别无选择的境地，你应该同时准备达成交易和未达成交易的选项。

另一个矛盾存在于持久性和灵活性之间，两者在谈判时都很重要。在恰当的时机保持持久性或灵活性也很重要。就维护你的核心利益或应用客观标准而言，我建议你保持坚持不懈的态度。此外，在组织谈判时，你还应该坚持将其作为与你的谈判对手共同解决问题的过程。另一方面，要避免纯粹地去比拼谁能更强硬地坚持自己的立场。你的核心利益指的是，你想要达成什么样的谈判目标。至于如何实现你的核心利益，你应该保持灵活性。你应确保谈判流程是以解决方案为导向。至于具体的实施方案，你需要进行反复的调整。以下比喻非常适合用在这里：谈判就像在相对未知的领域中移动。你的目标比较明确。而如何到达目标地，你不应该过早地确定。当然，你可能已经设置了一条临时路径。但是，你也要保持多条替代路径是开放的，并巧妙地躲避意外的障碍。你提前做的功课越好，你的信息网络越有效，你的地图就越详细。尽管如此，关于这一点的最佳建议仍然是：战略性地思考，适时地行动。

为什么谈判具有如此多的对立关系和矛盾？就其本质而言，这与谈判的复杂性有关。在不断变化的环境中，有着众多参与者和众多议题，你无法预测这么多步的行动在最后会发挥怎样的实际作用。因此，重要的是要尽可能长时间地保持多种方案的成功潜力。你要同时培养尽可能多的解决问题的技能，你很有可能需要多次用到它们。

与处理复杂的问题一样，这里不存在一种万能方法可以处理所有相互矛盾的技能和情况。但是，这里有一些原则可以指导你正确地处理矛盾。提前认识到局势的本质是矛盾的。换句话说：发现问题，排除危险。如果你对谈判中的矛盾有所思考，那么你会更容易确认谈判中的两难困境。你可以对自己或你的团队说这样的话语："啊，这个地方就是共情和意志力的问题造成的阻碍。""是的，我们要考虑如何通过智慧的解决方案实现合作收益。但是，我们一定不要忘记，最终还要解决分配的问题。""我们现在走的路是对的。让我们再看一下 B 计划，以免忘记。""是的，我们坚持不懈，不过早放弃是一件好事。但是，坚持我们的立场真的能使我们更快地实现我们的目标吗？"适当的分析可以为我们奠定必要的基础，从而为进一步行动或不采取行动做好战略性计划。在谈判中，要尽量避免矛盾发生。

处理矛盾的下一步，忍受认知失调的感觉。如果我们的看法或意图出现矛盾时，那么我们会产生不适感。两种或以上的思想发生冲突，我们称之为认知失调。为了减少不适感，我们倾向于选择其中一个方向并为其辩护。例如，我们选择意志力而放弃共情，我们会对自己说：另一方吃硬不吃软，他们不值得我们共情。冷静面对这种不愉快的情绪，你会更好地实现谈判目标。请告诉自己："谈判就是充满矛盾的，这种感觉不好，却是正常的。如果我更深入地分析一下两难困境的原因，也许会有所帮助，或者就干脆放一放再处理？”

现在，激发你的创造力。问自己一个问题：两个矛盾如何结合到一起？我可以利用其中的什么潜力？经过仔细观察，这是否只是表面上的矛盾？正如之前提到的那样，尽可能避免陷入非此即彼的陷阱。我该如何在共情的同时坚持自我？如何灵活地坚持下去？我该如何维护自己的利益，同时使对方仍然愿意共同寻求解决方案？面对这些相互关联的问题，我们不是每次都能找到好的答案。但是比我们想象中要好的是，表面上的矛盾通常是可以解决的。而这跟你与谈判对手的关于困境的良好沟通有关。

因此，我的建议是，与你的谈判对手公开透明地讨论这种两难困境。你必须越过你的痛阈值去向对方解释你的矛盾。即使你认为自己已经描述清楚了，你也要继续努力让对方明白你的处境。如果你同时面对多个谈判对手，你可以说：“我们非常希望与你们达成协议。谈判桌上也产生了很好的化学反应。但我们不能仅以此为基础就做出决定。我们有责任为我们的组织赢取最佳的结果。因此，我们有义务与其他伙伴一起寻求解决方案。你们可以相信这一点：我们会基于公平的标准做决定。有任何进展，我们会及时通知你们。你们可以站在我们的角度理解一下吗？”

对于这些矛盾的情况，没有万能秘方。冲突也是不可避免的。你要学会与这些错综复杂的情况共处一段时间。你可以花点时间从你的网络中获取大量信息，并通过将矛盾用联合思考联系起来，激发每个参与者的智慧。当然，你在谈判时也必须做决策，即便有时承受了巨大的压力，且信息不足。

同时朝两个方向思考是很辛苦的一件事。在下一章中，我们会探讨面对谈判的复杂性如何保持理性并节省精神资源的问题。

题外话：飞行员使用 FOR-DEC 做决策

成功的谈判代表最重要的技能之一就是，在很长一段时间内同时朝多个方向思考和行动，对于重大战略问题尤其如此。另一方面，在高难度的谈判中，我们总是需要为中等重要的问题给出决策：我们在哪里进行谈判？我们使用哪种 IT 解决方案进行合作？谁会成为我们的谈判代表？我们关注的是哪三个投标者？我们的第一个报价是什么？

在我的谈判实践中，飞行员的结构化决策流程 FOR-DEC 对我很有帮助。每个字母代表决策流程中的一步：事实（Facts）、选项（Options）、风险与收益（Risks & Benifits）、决策（Decision）、执行（Execution）和检查（Check）。连字符代表片刻的停顿。连字符前的部分（FOR）代表对情况的分析。连字符后的部分（DEC）代表措施的实施。这个流程可以帮助我们迅速地做出正确决定。在没有标准程序却有足够时间的情况下，飞行员使用此流程来做出决策。如果时间紧，飞行员会调整流程。

让我们单独看一下流程中的每个程序：

事实：问题是什么？收集所有可用信息，也要考虑不寻常的信息来源。飞行员会从空中交通管制部门、航空公司的运营中心，甚至有时会从操控无线电的其他机组人员那里寻求建议。此外，关于医疗问题，还会咨询机舱的医生。

选项：存在哪些行动备选方案？你需要收集所有可行的解决方案选项。选择太少？对此，你每次也要考虑到不寻常的、新颖的或高风险的解决方案。如果你制定的解决方案过多，那你需要将更多的精力放在你想要实现的最重要的目标上。如果你有足够的时间，那么可以在这个问题上寻找最佳解决方案。但是，如果你时间紧迫，选择第一个合适的解决方案就足够了，这也是可以给你省出额外时间的解决方案。

风险与收益：每种选择的优点和缺点是什么？在这一步中，你需要逐个对选项进行评估。现在，可以看出你在第一步搜寻事实中所做的工作是否缜密。如果没有足够多的可用信息，则可能会做出错误的决定。相反的情况也是会发生的，即信息太多也可能会做出错误的决定。通常，这甚至会导致更多的不确定性，因为每种选择都充满风险。在这种情况下，重要的是将优缺点进行优先级排列。同时，不要忘记，人类通常对损失和风险的评估会比同等收益和机遇的评估要高。对此，你要克服风险厌恶。

连字符：先暂停片刻，分析阶段到此结束。让事实发挥它的作用。你是否已经考虑了所有情况，没有落下任何情况？通过这一停顿，将情况分析阶段和实施阶段明确分隔开来。

决策：根据标准我们要选择哪个选项？现在，FOR–DEC 模式正促使你做出决定。这样可以防止你的思想盘旋。通过权衡利弊，快速淘汰没有成功希望的选项。

执行：何人？何事？何时？怎么做？做出决定后，立即准确地采取第一步，确保实施。现在，你要确定何时开始下一步，即检查情况。

检查：一切都执行了吗？是否出现了新的情况？ FOR–DEC 也适用于动态发展的情况。你需要在指定的时间检查一切是否都按预期进行。框架条件是否有变化？如果框架条件发生了很大变化，或者没有成功，那么，你要从 F 重新开始，简短地再过一遍整个 FOR–DEC 的流程。

让我们代入驾驶舱中的一个实际案例来体验一下这一模式。想象一下，你是空客A380从新加坡飞往法兰克福的返程航班的机长。突然，遇到了气压下降的情况。

事实：压降缓慢，不需要立即紧急降落。但是，飞机不能飞行超过10000英尺。由于较高的空气阻力，最大飞行时间为2.5小时。我们已经飞过了德里，即将到达巴基斯坦。现在的目标是找到一个合适的机场安全降落。此外，机长还要保障乘客的利益、保护机组人员和负责操作性问题。

选项：迪拜、曼谷和德里的机场可作为空客A380的着陆选项。由于需要的飞行时间太长，无法到达法兰克福和新加坡。

风险与收益：迪拜是一个安全的机场，有许多条线路可供乘客选择。但是，没有内部技术人员。我们在曼谷拥有自己的员工，但是可供商务旅客继续飞行的航班很少。在德里机场我们有自己的工作人员，有很好的航班可供旅客选择，但是天气不太理想。

连字符：机长再次审查所有选项，并询问副驾驶，他是否有疏漏的地方。

决策：机长在权衡所有情况后决定降落在德里。较差的天气对于该决定并不重要。

执行：机长要求副驾驶通知空中交通管制员，飞机要返回德里。飞行员开始执行程序，飞往德里机场。

检查：返回德里的程序设定完成后，飞行员检查油耗是否符合预期。此外，他们还对德里的天气再次进行了观察。

在时间紧张的情况下，FOR-DEC模式是一个很好的工具。当你需要为中等重要的问题做决策时，你可以使用这种系统性的决策形式。你会发现它的优点，它可以节省你的时间并帮助你做出更好的决策。最重要的是，它可以让你避免走入思维误区。你的决定既不受记忆中相似情况的支配，也不是思考解决方案时产生的第一个主意。通过这一系统性的流程，可得性启发的影响得以降低。FOR-DEC 让你拥有了强大的决策力。你可以利用节省下来的时间来处理你的工作关系，改善谈判流程或在交易的设计上投入更多时间。

“双管齐下”原则清单

将共情和意志力结合

为你的谈判对话设定高要求的目标。问自己一个问题：我如何在重要问题上 100%坚持主张，同时又对我的谈判对手表现 100%的共情？让你的大脑高速运转，思考这个问题。拒绝非此即彼。

深入分析自己和谈判对手所偏好的冲突风格。

如果你难以在谈判中展现意志力：你要利用自己发表意见的权利，即使你的观点尚未充分考虑。你不是为自己而谈判，而是为别人而谈判。让其他人在一旁监督自己。

在对方发表重要陈述时建立共情循环：用自己的话重复他的核心观点，询问他你是否正确理解了他的观点，等待他的回答。

平衡价值创造与价值分配

这种对立关系是每次谈判的基本主题。你可以从一开始就与你的谈判对手公开讨论这一矛盾。

从一开始就将棘手的价值分配问题定义为共同的问题。对此，使用客观标准。考量每个分配建议，始终回答以下问题：为什么该建议对你的谈判对手也是公平的？

从战略上处理复杂谈判的矛盾

使用同时给出多个综合解决方案的方法，由此，你会获得有价值的信息，并为你的谈判对手提供参与制定方案的权利。从一开始就提防对方的“摘樱桃”策略。

接受复杂谈判的矛盾性，让现有的两难困境成为你思考和讨论的主题。

训练自己对矛盾的忍耐能力。在弄清楚信息之前，不要急于做出决定。

流畅谈判小建议：谈判时，重要的是坚守立场的同时也要进行合作。这是个矛盾的问题，你需要把这一矛盾看成是谈判的能量来源。你要一次次地挑战这一棘手的任务，寻找克服这些矛盾的解决方案。尽管存在各种矛盾，你也要牢牢把握住自己的目标。你必须先找到路径，但不要从一开始就忘记你要到达的终点。

理性原则：专注于寻找智慧的解决方案

当谈判变得充满挑战时，至关重要的一点是要冷静观察、谨慎行事。此时，你的理性受到了考验。在复杂的情况下，我们很容易陷入思维误区。一些谈判对手有意利用这种现象为其谋得利益。时间上的压力还会降低你做出理性决策的能力。对此，有几种策略可以帮助你保持冷静，即管理时间因素、为谈判做好情绪上的准备、节省你的精神资源、将处理认知偏差的方法应用到你的分析思维中。

实践中的错误

错误：经过两年多的努力，我们的俄罗斯伙伴终于邀请我们到莫斯科进行谈判。谈判定于12月中旬星期三至星期五进行。到了出发当天的早晨，我们还没有讨论过一个棘手的话题。在我们登机后，我们的谈判对手突然向我们提供了一个总体解决方案。这个总体解决方案在很多问题上，对我们来说，那都是无法接受的。当我们要求再见一面时，我们的谈判对手建议在十个月后会面，并表示在此之前，他们的谈判日程已满。我们考虑，是否应该接受他们的建议，因为再等十个月并非易事。其中一些条款表述得十分复杂，可它们真的像我们所担心的那样对我们不利吗？并且我们的一些重要观点已包含在他们的提议中。另外，在我们看来，俄罗斯伙伴似乎也没有要什么特别的花招。但是我们已经花了很多时间准备谈判，德国董事会对我们的结果也很期待，我们不想两手空空地回去。我们也担心在十个月之后会比这个时候取得的成果还要少。

解释：我们的俄罗斯伙伴以特殊的来宾待遇让我们承受时间上的压力。在这种压力下，我们很容易采取非理性的行动。所以，每当你在谈判中陷入时间压力时，你都应该格外警惕，看看自己是否有思维误区。在这一案例中，存在多处思维误区。尽管结果对我们并非特别有利，但我们在进行总体的衡量时将过去的努力也算了进来。同时，我们受到“沉没成本效应”的影响。特别是当未取得成果的谈判者被组织视为失败者时，这种效应尤为显著，而事实上，未达成协议是完全合理的。最后，损失厌恶和所有权效应导致我们想要保住我们所取得的结果，即使那可能是不合理的。

顺便说一句，我们还有一个聪明且经验丰富的同事。他预订了第二周周二的酒店和航班，为俄罗斯伙伴提供了整个周末进行谈判的机会。他已经吸取了教训，并安排了足够的缓冲时间。他在周末从谈判对手那里争取到了可观的让步，还发现了对方露出的两处马脚，而这恰巧可能会在后续行动给我们造成很大的麻烦。

纠正谈判中的经典思维误区

想要提高自己谈判能力的人，就必须要深入地研究人类的思维误区。人们往往不会以决策的经济收益为导向，而会以启发式判断为导向。这些粗略的经验法则通常会造成系统性的偏差，即偏离理性的决策。

为什么这些会给谈判造成问题？你肯定不希望你的谈判代表在进行亿万美元的并购交易时，听取的不是Excel表格或者他的财务主管的意见，而是人类在石器时代就存在的直觉。而现实中，这样的情况每天都在发生，甚至是在非常重要的谈判中。

但是，在某些情况下，它们大大偏离了理性价值观。系统性思维误区，或更确切地说是认知偏差，现在已成为心理学常识的主题。这一概念由诺贝尔奖获得者丹尼尔·卡尼曼和他的朋友阿莫斯·特沃斯基在20世纪70年代提出，他们在《不确定状况下的判断：启发式和偏差》中探讨了这一话题。另外，持续关注每一个思维误区并不是那么重要，重要的是，这能帮助你避免将认知偏差的策略应用到你的日常谈判中。

你了解经典的认知偏差吗？谈判时，你对常见的思维误区越了解，你的洞察力就越强。这是很关键的一步。我在表格（见表6）中为你总结了谈判中最常见的思维误区。在第二列中，我简要描述了认知偏差的不同类型的具体含义。在第三列中，我给出了认知偏差的简短示例，并解释了其与谈判的相关程度。

名称	描述	示例 / 谈判相关性
锚定效应 / 调整启发式	人们的数值估计一般会受到最先设定的数值（锚）的影响，以初始锚为参照点进行调整并做出估计。其影响通常表现为无意识的。	二手车经销商的第一个报价会影响我们的还价。 在所有报价和要价中起重要作用。另请参阅第一章第一节。

续表

名称	描述	示例 / 谈判相关性
框架效应	用不同的形式来表达同样的内容，会影响信息接收者的行为。	将谈判称为共同解决问题的过程，还是称为你想获得胜利的斗争，会有很大的不同。 思考一下，你要如何表达事实和提案。将不利的框架重新改造一下。另请参阅第一章第一节。
损失厌恶	我们对损失的敏感度比对获得的敏感度要更高。	在对方中断谈判之前，计算一下如果没有达成协议，对方所有的损失。 始终思考，将信息以收益的形式、以损失的形式呈现是否会有所不同。另请参阅第二章第三节。
反动贬低	贬低一项提议，只因为该提议是对方提出的。	你提出了一个建设性的建议，你的谈判对手对此产生情绪化的反应。 始终问自己，如果提议来自客观的第三方，你是否会对提议有不同的评价。另请参阅第二章第四节。
零和误区	在谈判中，一方的所得正是另一方的所失，不存在合作收益。	你试图在十个谈判议题中获得每一次的胜利。 你要注意是否存在合作收益的可能性。也许你可以让你的谈判对手在一个议题中获胜，而自己又以此赢得另一个议题。另请参阅第二章第四节。
赢家的诅咒	在有多个投标者的情况下，存在中标者出价过高的风险。非知情买家高估了商品的价值。	设想一下，你在购买二手车时没有任何技术知识储备，你很有可能会因为不知情而以一手车的价格买到一辆事故车。 在不知情的情况下，拍卖要谨慎。或者让自己成为行家。
可得性启发	在解决问题时，我们的大脑倾向于选择容易提取的信息，即使难获取的信息会形成更准确的判断。	因为我们很清楚自己在谈判时的初始状况不好，所以我们倾向于高估谈判对手的初始状况。谈判中一直存在信息不对称的情况。因此，不要高估可获取的信息。另请参阅第二章第一节。

续表

名称	描述	示例 / 谈判相关性
所有权效应 / 禀赋效应	在人们拥有一件东西之后，人们会倾向于认为，自己拥有的事物比别人拥有的同样的事物更有价值。	当你想出售汽车、房屋或公司时，有可能高估了它的价值。 在谈判中，我们常常得付出一些东西才能得到一些东西。请尝试从独立的专家那里获取建议。
优越感偏误	我们高估了自己的能力。	我们进行毫无准备的谈判是因为我们相信我们可以在谈判桌上做出艰难的决定。谈判时，对我们的能力进行切实的评估很重要。我们有时会拒绝好的报价，因为我们认为我们可以获得更好的报价。另请参阅第二章第四节。
恶性增资 / 沉没成本效应	我们容易过多地受到过去决策的影响，即使这一决策被证明是错误的，我们依然会增加资源的投入。	你已经与一家合资企业谈判了很长时间，你的谈判对手在谈判中表现出了强硬的态度。你是否能够从该项目中获利尚不明确，但由于你已经进行了很长时间的谈判，因此你愿意冒着风险继续下去。复杂的谈判是辛苦的。没有达成协议的谈判者在组织中被瞧不起。沉没成本效应是谈判中的巨大危险。
确认偏误	我们倾向于寻找那些和自己预期相符的信息，或者将信息解读为与自己预期相符的信息。	我们认为我们的谈判对手非常不理性，甚至可能出现许多精神病的症状，实际上，他只是一个普通人。 我们在谈判中对很多信息进行了评判。偏误是危险的，会导致我们做出错误的决定。

表 6：谈判中的思维误区概览

有了这些基本知识，你就为每次谈判做好了充分的准备。在下一步中，我们将探讨哪种策略可以帮助你避免谈判中的思维误区，让你做出更合理的决策，从而获得更好的结果。

使用进阶策略来避免走入谈判误区。根据我的经验，表中提到的认知偏差是高难度谈判中思维误区的前 11 名。截至今天，英语维基百科列出的认知偏差已超过 200 种。每种偏差都遵循其自己的规律，几乎没有人能够全部记住这么多的信息。但是，有一些有效的策略可以帮助你解决思维误区。

在第二章第四节中，我们已经介绍了三种策略，可以避免你走入思维误区。除了那三种基本策略，让我们再看一下可以帮助你保持理性的四种进阶策略。

首先，你需要为谈判设立一个理性的锚点。这意味着一个透明的、不存在诡计的出发点，该出发点定义了什么才是理性的。如果你的解决方案偏离了这个锚点，那么就该引起注意了，你可能走入了思维误区。例如，你考虑了沉没成本，或过于乐观。这个锚点就是我们的目标体系，也就是我们在第二章第一节中提到的。换句话说，你需要从最重要的利益中得出几个最高目标，再为其各自设定一个最低和一个最高目标，并为未达到最低目标时该怎么办的问题设置清晰的流程。如果你的解决方案未达到最低目标，你就要留心一下，自己是否存在某种认知偏差。

请记住：你的目标体系只是一个可以通过新信息进行调整的假设。在制定目标体系时，需要系统的方法。你需要确定自己的利益并对其进行优先性排序，根据各个议题提出综合解决方案，再将其与你的利益进行比较。有条理地工作可以减少非理性的风险。

避免思维误区的另一个重要策略是利用谈判间歇重新调整。谈判对话的场合极其容易产生认知偏差。对大多数谈判者来说，这是一个压力很大的场合，而压力会导致出现思维误区。或许有两个或多个谈判团队要求面对面坐着，那意味着社交压力。对话通常以乒乓球的形式进行。你们认真聆听，回答棘手的问题，同时还要注意答案中的许多信息，那是认知压力。如果你不走运，碰到对方使用巧妙的花招或明显的压力战术，那就进一步增加了你的压力。这就是你需要谈判间歇的原因。

在谈判间歇期间，你需要先问问自己和你的团队：我们仍然是理性的吗，还是我们的思想逐渐出现了偏差？我们刚刚获悉了什么新的事实？我们是停留在了我们之前做出的假设中，还是在开放地对其做出调整？我们是否被自己的论述困住了，或者可能需要重新开始？对方刚刚对我们耍了花招吗？他们是否设置了迷惑性的锚或框架？对方是否利用了我们出现的损失厌恶或所有权效应？

下一个策略可以帮助你避免掉入与谈判对手相关的思维误区：深入思考对方的世界，尝试了解他在谈判过程中选择某些行为的原因。通常，我们认为谈判对手是静态的，似乎他在整个谈判过程中没有改变自己的意见。但这是不可能的。正如我们需要动态地适应变化的情况一样，对我们的谈判对手也是如此。你要尝试向局外人解释为什么从他的角度来看对方的行为是完全理性的。只有当你能流畅地做到这一点时，才说明你充分理解了对方。你的谈判对手仍然理性吗？他走入了什么样的思维误区？你该如何帮助他？他是否对你进行了反动贬低？那么，你可以尝试选择一个对方觉得更有好感的人，将你的建议以他的名义传达。你的谈判对手是否选择了容易获得的事实而得出错误的结论？如果是，那么他受到了可得性启发的影响。你要做的是为他准备相关的数据，让他更容易理解。你的谈判对手是否陷入了优越感偏误？如果是，那么你可以找到一种方法，在不威胁他的情况下，让他意识到他行为的风险。

在每一场具有挑战的谈判中，你都会犯错，这是不可避免的。达成协议后，通常还需要在团队内部再组织一场会面，通过回顾或总结经验教训来分析自己这方以及对方在哪些问题上不够理性，从中得出简单的经验，并在下一次谈判中加以注意。同时，不仅要关注谈判流程，也要关注谈判结果。你是否一直都有考虑到自己设定的理性的目标体系？你是否有充分休息的机会来调整自己并讨论可能出现的思维误区？你是否成功将客观的观察者视角应用在正在进行的谈判中？你是否做到了经常站在对方的角度看问题？你可以使用此处给出的认知偏见列表来审视双方是否理性，这有助于改善你以及团队未来的决策。如果你发现非理性的行为导致了双方都不满意的结果，不要害怕在现有协议的基础上再开始另一场谈判。

依靠你的系统 2 思维模式。卡尼曼和特沃斯基在关于思维误区和启发式思维的研究中提出的核心论点很有趣：人类有两种思维系统。系统 1 是快速的、自发的，始终活跃且依赖情感；系统 2 是缓慢的、费脑力的、极少活跃的、有逻辑且有意识的。我们希望在谈判中能将系统 2 的全部潜力用于重要的决策。因为思维误区是在我们进入系统 1 时发生的。系统 2 需要我们付出努力，有意识地思考每一项决定是否会使我们更接近我们的目标。你要试着在重要谈判时尽量多运用系统 2 思维模式。为此，我们需要冷静、时间、相关信息以及关于议题和关系的一目了然的概况图。这并不是那么容易的事情，但是朝着正确方向迈出的每一步都是有意义的。

你的理性受到许多因素的影响。我们已经了解到：觉得自己受到不公平待遇的人可能会做出在经济上不理性的个人决定。如果需要的话，你可以再次查看第二章第一节中的最后通牒博弈。同样，积极和消极的情绪也会影响我们的理性。对服务员来说，仅仅是保持微笑就可以获得两倍多的小费。我们可以认为，情绪更有可能导致我们通过系统 1 做出决定。

另外，谈判时影响我们理性行为的一个特别重要的因素是时间因素。接下来，让我们看看如何完美地解决这个问题。

自主管理时间因素

我认为，我们系统地低估了时间在谈判中的重要性。在分析谈判时，你是否会惊讶于对方做出了看似不理性的让步？通常，在这种情况下，你可以看一下他要遵循的截止日期。时间压力是谈判中非理性的入口。我们做出错误的决定是因为，我们没有足够的时间进行理性的分析。有时，我们对于自己的决定所产生的后果其实是很清楚的。但是，时间压力导致我们不得不退回到底线，因为对极其重要的议题来说，或者对后续的流程步骤来说，此时取得结果十分重要。因此，有充足的时间是你谈判中的一个重要杠杆。对不着急取得结果的人来说，他可以一直等到最后的结果让他满意了再同意。

将时间因素理解为影响谈判的重要因素。如何辨认出一个人是否是谈判专家？谈判专家提出的第一批问题往往有两个：我们有多少时间？对方有多少时间？一开始，双方往往都没法快速地给出清晰的答案。在这一问题上，值得研究一下。谁的时间多，那么谁在初始阶段就具有优势。如果专业部门给采购人员提出要求，某一货物必须在短时间内交货，这可能会使采购人员在和供应商谈判时面临很大的压力。

让我们快速看一下这三种可能出现的情况。

第一种是双方都有足够的时间。一开始听起来不错，双方都有足够的时间讨论利益和可能的解决方案选项。但是，如果不断讨论新的想法和选择而没有一个正式的结束日期，这也可能会造成谈判拖延。在这种情况下，你需要尝试约定谈判的结束日期。结束日期的来临必然会带来结果，如中断谈判或升级谈判，让较高级别的机构或中立的第三方加入。

第二种是双方都有时间压力。这导致谈判以目标为导向，具有迫切性。在这种情况下，存在这样的风险，即谈判冲刺阶段的压力会变得非常大，双方会仅仅因为他们没有足够的时间来探索不同的解决方案而接受次优的解决方案，或者这种过度紧张的状态会直接导致工作中出现错误。一些谈判代表试图在他们的谈判对手中制造这种混乱。除了时间压力，他们会通过人身攻击等方式增加情绪压力。如果双方在谈判对话开始时就承受了时间压力，我建议从一开始就为共同的准备工作制定明确的时间表，以减轻谈判冲刺的负担。在最后再安排一个缓冲环节，来缓解谈判冲刺的压力。

第三种是时间范围有偏差。即一方想早点完成，而另一方有的是时间。那些有充足时间的人通常处于更舒适的起步位置。因此，时间范围较短的一方会不断尝试为自己争取更多时间。如果对方的时间比我们多，那么我们的关注点就在于缩短对方的时间。

尤其是复杂的、互相联系的环境会给你的谈判带来许多时间上的挑战。如果你还要执行其他流程，那么就会限制你的时间范围。如果你的谈判对手知道这一点，那么他可能会以此对付你。例如，公司经历大规模的变动，通常会分为许多子项目。现在，你的任务是与劳资委员会和工会在某个特定时间点就其中一个子项目中的改革问题进行谈判。如果你的谈判对手知道你的截止日期，那么，你的谈判对手可能会以准时结束为条件，让你在其他的议题上做出让步。另一方面，你或你的谈判对手可能会依赖于另一个拖延时间的谈判流程。参与的伙伴和人员越多，对时间的依赖性就越大。你要多次讨论这些时间依赖性，让这一话题在你的团队和组织中公开透明。你要考虑到时间上的延迟。在与对方交流你自己的最后期限时要保持谨慎，他可能会试图利用你的时间压力，在快到最后期限的时候要求你让步。

还有一些重要的方面与时间因素有关。你要注意你的交易成本。在每个谈判过程中，都需要投入一定的工作时间和专业知识，以及房间、旅行、酒店或基础设施的后勤费用。谈判持续的时间越长，这些成本就越高。

在漫长的谈判期间，框架条件也会发生变化。双方的替代方案都在不断产生和消失。谈判人员被调换了或者他们改变了意见。如果当时的情况对你有利，你应该趁热打铁。如果你的处境不好，也不要放弃希望，情况可能会发生变化。

在我的谈判培训期间，对我来说很有趣的一点是，我会经常观察时间压力是如何影响大家让步的意愿的。通常，谈判者会在开始阶段浪费很多时间。他们没有制订工作计划，花了很长的时间去试探对方，而对冲突问题的探讨过少。这意味着谈判到了最后阶段却没有时间了。然后，当我宣布“请在五分钟内完成”时，大家突然做出了许多让步。在这个阶段，运气、谨慎和缜密的准备工作起着至关重要的作用，这点也与现实生活一样。

利用时间因素来推进高效的谈判流程。首先，在纸上或谈判日历中写下所有已知的截止日期，并按时间顺序排列所有事项。有哪些外部的截止日期？要留意像节日、休假日期、法定截止日期、投标截止日期或外部活动日期之类的。如果你在推测期限时却不知道某事项确切的完成日期，你可以用“×”注明一下，在后续过程中对日期进行调查。接下来，将你自己的事项添加到日期计划表中，如团队会议、项目截止日期、委员会会议，以及个人缺勤和休假。同样，你需要从你的谈判对手那里了解有关这些日期的信息。如有疑问，就可以直接询问他。即使他不回答你，你也可以从他的沉默中推测出什么。这样一来，你就了解了谈判的时间框架。该框架是一个动态文档，它会处于不断变化之中，你需要持续对其进行调整。

接下来，与你的谈判对手讨论总体时间表。在这里，你要用到第二章第三节中的五个设计元素。你可以从结尾入手。

在什么时候以谈判冲刺结束谈判是现实的并且有必要的呢？在此日期之后安排一个秘密的缓冲时间，以便为谈判僵局和漫长的谈判收尾做准备。在冲刺之前，你要计划好“盘点”的日期，与谈判对手一起检查是否已为冲刺做好了所有准备。接下来，安排第一个启动日期，根据谈判的规模，讨论后勤和谈判的战略框架。最后，安排一个或多个日期用于制定谈判草案。在这一环节中，你需要详细讨论解决方案选项并进行记录。至于你是要在白板上、Excel 表格中、会议纪要中还是在合同草案中执行此操作，都是次要的问题。另外，你还要考虑谁会参加这些日程，以及这些日程是正式的还是非正式的。

重要提示：该时间计划表是一种假设。你需要认真地对待它，但是你和你的谈判对手可以灵活地处理它。在某些情况下，你需要推迟约定的日期以使情绪降温。为此，你要计划好缓冲的时间。

为每次谈判对话制定一个协调一致的且明确的议程，向共同阶段的目标迈进。你要考虑一下各个要点的顺序。你想要把哪项活动提前，把哪项活动推迟？重点部分是往前放还是往后放？你需要确认，各个要点是要放到一起，还是最好分开。在谈判期间，要注意遵循议程。但是，你也要保留灵活性，在双方都有需要的情况下做出调整以适应当下的情况。另外，不要忘记在议程中安排休息时间。

谨慎利用时间压力。谈判中的一个经典策略是，给对方设定最后期限。这样做会造成时间压力，但能推动谈判进程。

设定最后期限并不是创造时间压力的唯一方法。每当你在谈判过程中对谈判对手提出的要求感到惊讶或被逼表态时，所有的警钟都为你响起。这可能是对方的一种战术。即使不是这样，由于时间压力，陷入思维误区的风险也会增加。在这种情况下，请养成这样的习惯，即始终请你的谈判对手给你思考的时间。

当然，在某些情况下，最后期限会推动谈判进程。明确的结束时间可以让我们聚焦于谈判流程。还有两种情况，设定最后期限是有效的。一种适应情况是，如果你觉得你的谈判对手在战术上拖延了谈判，那么你可以考虑设定最后期限。另一种适用情况是，当你的谈判对手发出第一个终结谈判的信号时，你可能还需要最终推动一下。这种信号指的是对次要问题或实施问题的细节提问。你可以判断出，你的谈判对手已经在思考进一步的步骤，并在脑海中预演出了结果。同时，你也要注意谈判对手的情绪和肢体语言。如果他越来越放松，这表明他愿意结束谈判。

你如何熟练且恰当地应用期限策略？首先，请考虑错过最后期限的后果。可能的后果是推迟或中断谈判或制裁，制裁可以是严肃的公开交流或缩减谈判主题。你要在你的组织内部确保强迫手段的实施。为此，你需要与可能否决它的负责人交谈，注意要明确协商。我经常看到，坚持到底的勇气在最后面临决策时是如何消失的。但是，你作为谈判代表的声誉取决于此。你要向你的谈判对手明确宣布最后期限，让他知道截止日期的确切时间，具体到小时、分钟，并向他说明如何避免错过截止日期。然后，期待对方的赞同、提议、返回谈判桌、答复或其他反应。同时，你还要让他知道如果错过截止日期会带来什么后果。有时，只告诉对方错过最后期限会造成一定后果，但不解释确切的后果是什么是很明智的做法。这样做，就扩大了你的战术选择余地。

如果你的谈判对手超出截止日期未给出结果，那么坚持等待很重要。但是，不要急着去执行后果。谈判对手在十二点零五分达成协议的情况也并不少见。对于每个截止日期，你可以在执行后果之前先安排一个小的缓冲，并保持沟通渠道畅通。在我最终执行后果之前，我通常会给谈判代表打最后一个电话。有时，就是这样一通电话带来了达成解决方案的机会。

在谈判时，还有一些关于设置截止日期的特殊形式。一种形式是所谓的爆炸式提案。看似慷慨的提案仅在特定时刻有效，过了这一时间就完全失效。例如，公司给抢手的候选人一个短期有效的录取通知，防止他们再考虑其他的录取通知。较为温和的一种形式是所谓的丧失优势。从某个时间点起，你的谈判对手就失去特别的优势了，提案的其余部分仍然有效。日常生活中的一个例子是，即将退休的雇员如果提前离开公司可获得一笔额外的遣散费。

当没有达成协议时，组织倾向于将其归为谈判代表的错误，这是很危险的。这样一来，谈判代表就容易陷入必须达成协议的压力中。而谈判对手可以系统性地利用这一点来对付你，使你承受时间压力，从而获得你的让步。你可以通过在委托时与客户设定明确的标准来衡量谈判结果，从而保护自己。你要试着建立一种文化，在这种文化中，人们是通过客观指标来评判谈判代表的，而不是根据是否达成协议来进行评判。

不要掉入沉没成本的陷阱。在错误的商业决策中，沉没成本通常起着很大的作用。例如，沉没成本是项目中已经产生而无法收回的费用。而这些费用通常会成为继续推进项目的理由："我们已经在可行性研究上花费了5000万欧元。现在，我们必须要取得成果才行……"由于费用无论如何都无法收回，因此我们在进行理性决策时根本不应该考虑这些费用，它们与决定无关。真正应该考虑的只有未来的成本和收益。

在漫长的谈判中，会产生类似的效应。如果你在谈判中投入了大量时间和精力，那么你希望这项投资能带来回报。对此，如果在谈判冲刺开始之前就建立了一个具有约束力的目标体系也是有帮助的。你需要冷静地思考你是否可以通过签约实现你的目标和利益。如果不能，那么你就要忘掉之前投入的时间，因为那是错误的投资。你浪费的工作时间不能列入考虑之中。

识破时间圈套。由于时间限制对谈判中做出的决定有重大影响，因此人们自然会倾向于利用时间因素来对付对方。你可能会猜到，我对此是反对的。这样的做法会对你的信誉和声誉产生负面影响。你需要了解常见的圈套，以便识破它们并采取相应的对策。

始终提防虚假的截止日期。谈判代表很喜欢用的一个借口是，上级设定了期限，实际上这一期限是由他自己掌控的或者上级根本没有设定任何截止日期。同样，谈判代表也喜欢用最后通牒的战术，因为他们以为单靠最后通牒的施压就足够了。实际上，这是一个空洞的威胁。

对此，你能采取什么应对措施呢？这里还是要提到信息网络的重要性，拥有了好的信息网络，我们就能够检验对方的话是真是假。如果你的谈判对手声称其董事会给了他严格的指示，那么，如果你有间接或直接的渠道联系该公司自然会有所帮助。但是你也可以在谈判桌上做很多事情。你可以坦诚地告诉你的谈判对手，截止日期给你造成的挑战，或许他会理解你的处境。你可以询问对方，截止日期是不是不可更改的以及其设定的实质原因是什么。通过对方的答案，你可以获取宝贵的线索来检验真实性。如果对方回答得含糊不清或完全不回答，那么，你应该起疑心。你要问自己：如果我们还需要更多时间，那下一步的流程该是什么样的？

国际谈判中的经典战术是一种特殊形式的宾客待遇。在这里，我想回顾一下本章开头部分提到的我前往莫斯科的实际案例。由于涉及差旅费，对方常常会以此拉长时间战线，让原本制订了明确回程计划的客人承受时间压力。这里提供一个简单的解决方案：你要提前预估到对方的这种计谋，并为此预留一个缓冲时间。或者与你的东道主达成有约束力的协议，如果谈判没有顺利结束，那么就请对方到你的地盘继续进行。

另一类时间圈套是各种形式的拖延。谈判时，对于这种行为，可能存在多种理由：谈判对手正在等待重要信息，例如有关其 BATNA 的信息。或者，他受委托进行谈判，但对结果并不是真的感兴趣。例如，与工会就改革方案进行的谈判或在第三方的压力下进行的和平谈判。或者，对方比你拥有更多的时间，单纯想给你施压。请不要总认为拖延背后存在一种战略性目的，也许那只是对方缺少计划或想要避免冲突的情况。在这些情况下，存在多种拖延谈判的方式。谈判对手可以延迟谈判的开始日期。他可以假托自己需要与委员会协调。他可以故意把谈判的议题复杂化，要求你给出不相关的数据，用大量的数据压倒你，或者在谈判桌上说一堆不切实际的漂亮话。

时间圈套的最后一类是透支对方的体力。即在己方能忍受的前提下，一直拖延谈判冲刺，直到对方不得不签字。在第二章第三节中，我讲了一个很好的案例。这一案例中，飞行员通过三班制轮流与我们进行谈判。长时间的谈判对于内部和外部的利益相关者也很重要，以此可以证明双方在共同的斗争中都不遗余力。

请在你的谈判策略中始终考虑到时间因素。另外，也要注意谈判对手是如何处理时间的。理想情况下，你可以与谈判对手一起管理有限的时间。这样做，能为你们的谈判对话创造一个极好的框架。至于如何填充这一框架，我们会在下一章节提到。

为谈判对话做好专业的准备

总的谈判流程比一个单独的谈判对话要包含更多方面。谈判对话只是谈判桌上和谈判桌外众多环节中的一个。我们已经在第一章第二节中讨论了这一点。真实或者虚拟的谈判桌上进行的谈判对话是谈判活动的一个中心环节。你的目标是在这一重要场合下保持对全局的把控，尽可能多地学习，提出自己的观点，避免重大错误。因此，你需要充分利用你的认知能力并保持理性。如果你陷入了情感旋涡甚至冲突旋涡中，那么就会错失很多潜在的可能性。在下文中，我会简要概述如何尽可能地利用谈判对话。其中牵涉的很多问题我们已经探讨过了，那么，你可以参阅本书对应的内容。让我们按时间顺序回顾一下，为了进入高效的谈判心流，你在谈判之前和谈判期间可以做的事情。第一条建议早在谈判对话的准备阶段就要完成。

利用每一个培训机会。幸运的是，我们现在有很好的谈判培训的机会，培训中可以进行大量的谈判模拟。你可以练习在谈判对话中巧妙而谨慎地使用计谋。我还可以推荐培训课程，帮助你学会如何进行高难度的对话。我们已经在第一章第三节中了解到，训练可以建立自信心。因此，你要充分利用这一点。

为你的谈判创建一个富有成效的框架。谈判准备阶段必做的一个练习是，与另一方的谈判代表协调议程。你们需要专注于三到七个基本要点，留下足够的空间，对谈判对话不要采取过度的管控。你们需要确定由谁以哪种形式准备议程内容，以及在相应的问题上，谁负责发言。此外，你们还要讨论需要准备哪些文件。

不要忘记安排固定的休息时间。休息在谈判中很重要，这样可以使情绪冷静下来，重新组织一下谈判团队。通常，在激动的时刻，我们会忘记休息或找不到合适的时间点来提议休息。这就是你要在议程中安排休息的原因。其中的经验法则是，你应该在谈判进行了 60 分钟后、90 分钟前，安排至少 15 分钟的休息时间。

与你的谈判对手确定具体的地点和时间，并为每个参与者计划好足够的到达和出发时间。在高难度的谈判中，最好是在所有人都休息好了后，以及有限的认知资源还很充足的情况下，尽早开始谈判。在适当情况下，可以利用傍晚到达的机会，以便双方可以在非正式的场合认识彼此，或者让对方在情绪上做好充分准备。同时，要确保在谈判地点可以使用必要的基础设施和人员，如稳定且快速的 WLAN、投影仪、白板、工具箱、展示板、麦克风或口译员。另外，还要考虑提供充足和易消化的食物，可能还需要准备夜宵。为双方准备单独的密谈室，避免长距离走动，并确保不存在“隔墙有耳”的可能。

如果你是在团队中进行谈判，那么你要跟团队成员解释一下角色，并最好将主持人的角色分配给谈判代表，由他来协调你自己团队的讨论。我们将在第三章第四节中详细讨论团队谈判的话题。

与你的谈判对手就某些游戏规则达成一致。最好事先与你的谈判对手讨论好游戏的一些规则，并在谈判开始时再次重申这些规则。在下表中，我整理了一些游戏规则，你可以根据自身情况进行探讨。至于是直接还是间接地讨论这些规则，你可以视具体的语境而定。

名称	描述
并行协商	在所有问题谈妥之前，先不要达成任何一个协议。我们协商出一揽子方案，将所有议题最终联系到一起。另请参阅第一章第一节。
真实性	我们不必分享所有信息，但是我们分享的信息必须是真实的。我们要让另一方知晓，我们的信息基于的原则和前提是什么。另请参阅第二章第二节。
反馈	我们要请求我们的伙伴一旦发现有任何问题，要直接坦诚地给我们反馈。如有需要，我们也愿意这样做。另请参阅第二章第四节。
情绪	一旦有一方或一方以上出现情绪问题，我们就休息，不需要任何理由来解释为什么想要休息。休息过后，我们一起讨论如何建设性地将谈判继续下去。替代方案：每一方都有权表达自己的情绪。在他们表达完毕后，我们要给其足够的空间，避免双方打一场情绪化的乒乓球。这时，房间内只有一方可以是感性的。然后，我们再安排休息。
理解	我们要尝试着去理解另一方。但理解对方并不代表我们同意。另请参阅第一章第一节。
保障信息阶段	我们要拿出足够的时间来理解彼此的利益并制定出好的解决方案。在此信息阶段，我们要避免报价和索求。我们要共同确定信息阶段何时结束。另请参阅第一章第二节。

表 7：谈判规则

并非所有的规则都适用于你的谈判。你可以将此表作为清单，看看它对你的谈判是否有帮助。

站在谈判对手的角度看问题。在开始谈判对话之前，我建议你先将自己置于谈判对手的角色。在谈判准备阶段，他还要解决哪些问题？他如何为谈判做准备？他必须克服哪些情感障碍？模拟谈判是让自己代入对方角色的绝佳工具。你可以找一个人担任你的角色，而你亲自担任谈判对手的角色。

注意你的个人谈判风格。你需要定期测试自己的偏好。在进行重要的谈判对话之前，让自己清楚地认识自己偏好的风格，并考虑在特定情况下这种风格是有利还是不利的。

注意你的情绪触发点。你的个人情绪状态会直接影响你的谈判表现。一方面，你要注意谈判活动之外的触发因素。另一方面，谈判中的某些议题或人也会触发你内心的感受，从而影响你的理性判断。你必须同时处理好这两方面的问题。

对于那些会引起你负面情绪的人和议题，你可以在谈判之前就做好思想准备。在日常生活中，请注意会引发与谈判项目相关的负面情绪的因素。如果你注意到这样的触发因素，你可以对自己说："噢，这个人或这个话题让我产生了不好的情绪。"这样你就可以把这些情绪控制到一个合理的水平，并改善你对触发点的感受。然后，在具体的谈判对话之前，模拟一下在对话过程中会遇到哪些人和议题。你要关注自己此刻产生的情绪。如果你感受到了消极的影响，你就指出这一现象，你可以对自己说："梅耶先生激起了我的愤怒或者攻击性。我会密切注意的。"如果你在手机上对此再做个简单的笔记，那就更好了。面对经常使你激动的议题也可如此："我们的经济状况实际上不错，这一说法让我很生气。”如果你承认这种情绪关联性，那么你可以大幅度削弱它们对你的影响。

但是，不仅仅是谈判对话中的议题和人会影响你的情绪，进而影响你的表现，还有谈判之前发生的事情，虽然与谈判内容无关，但也可能影响你的理性，从而对你谈判桌上的表现产生负面影响。例如，恶劣的天气、与伴侣的争执或高速公路上的交通拥堵。因此，最好是在谈判开始之前先冷静一分钟，进行情绪自查。问自己：“我现在感觉如何？”你要指出自己的负面感受：“我心情不好，因为我对我的迟到感到恼火。”通过这种有意识的感知，你可以消除这些负面情绪的影响。另外，你还要关注谈判对手的负面情绪触发点。如果存在这样的情况，你就不能毫无顾忌地与对方进行谈判。你可以安排休息或再次指出让人不愉快的情况，例如阴郁的天气。在正式开始谈判之前，先花几分钟时间确认一下你的谈判对手的情绪状态。

为谈判对话的前 180 秒精心准备。沟通过程的前几分钟对后续进展有着非同一般的重要意义。人们往往会利用互动的前几分钟来评估他人并预测后续进展。这种现象称为“薄片撷取”，并且具有科学依据。其预测的质量有时会让人惊喜，尤其是经验丰富的人做出的判断。例如，一位经验丰富的婚姻咨询师，通过 15 分钟的咨询交流就可以就一对夫妇在三年后是否还会在一起，给出具有 90% 准确性的预测。

相反，这也意味着，对前几分钟做出的精心计划和准备是十分有效的。我不赞同按时间顺序为整个漫长的谈判过程做准备，并以书面形式记录下来。根据脚本进行的这种谈判是没有用的。相反，这会让你失去灵活性，让你无法真正意识到当下的潜力。但是，写下你希望在谈判的前 180 秒内做什么是很管用的。我甚至建议你用手机将前 180 秒要说的话录下来，练习几遍如何具有说服力地表达你的信息。皱眉、紧张不安的颤抖或说话太多卡顿都会让你的信服力大打折扣，并降低你对自己能力的判断。另外，还要注意你的穿着、坐姿和工具。比起零零散散的纸张，细心整理好的贴有标签的文件夹或 iPad 给人的印象截然不同。

你要特别考虑前 180 秒要释放哪种信号。这取决于具体的谈判情况。通常，我建议你向对方展示合作意愿的信号，同时明确表示你会坚持公平地捍卫自己的利益或组织的利益。由此向你的谈判对手表明，你同时支持合作与竞争。此外，这有助于向对方表示你具备一定能力并且做了出色的准备工作，从而防止对方出现欺骗你和耍小花招的心思。你还要考虑一下如何通过外在（如声音和姿势）来强调自己的信息。当然，如果你的目标是跟对方划清界限，例如因为你无法再容忍对方耍手段，那么你需要选择其他信号。

写下你自己的任务以及为对方准备的信息。对于每一次重要的谈判，你都应该制定一份谈判准则，其中需包含前 180 秒的指导说明。然后，根据之前与谈判对手协商好的议程，写下针对每个议程活动的任务和关键信息。

任务指的是你希望在谈判对话中从谈判对手身上了解的内容。最好以有力提问的形式来设定这些任务。对此，我建议你从第一章第一节中寻找提问的灵感。不要忘了：有力提问还包括良好的聆听，参见第一章第一节。

关于如何向谈判对手表达你的关键信息，我们已经在第二章第五节中讨论过了，尤其可以参见“提高自己的意志力”这一部分。首先，你的出发点应该始终是你自己的利益，而不仅仅是立场。其次，则是要以谈判对手可以理解的方式来表达你的利益。如果你成功地从谈判对手的角度来表述信息，那是最理想的情况。

不好的表达："我们要求薪资能提高 10%。"

更好一点的表达："由于公司现阶段发展良好，我们的成员希望收入增加，能超过平均水平。"

最佳表达和上一个一样，但是再增加一部分："这对你来说也是在接受范围内的。即使增加了薪资，单位用工成本仍比竞争对手的低 10%。"

根据谈判状况，有必要设定一个锚点，并写在关键信息中。对此，你也需要提前准备好。

准备好你的谈判草案和合同文件。谈判对话开始时，除了谈判准则，还需要一份谈判草案摆在你的面前或者电脑上。有了它，你可以一目了然地查看所有议题和解决方案选项。你还可以在其他行列中删去当前讨论的综合解决方案，加入新的解决方案选项或替代方案。我们已经在第二章第一节中详细讨论了如何专业地制定一份谈判草案。如果预判在谈判对话结束时会签订合同，那么建议你提前准备好这些文件，并在必要时提前与另一方进行讨论。你还可以考虑诉讼合同、补充协议、预约合同等。

在谈判对话中管理好自己的情绪。谈判对话中双方出现利益冲突，情绪高涨，那也没什么，但你需要为此做好准备。你的目标仍然是能够在整个谈判中做出理性的决定。此外，你还要提前制止谈判桌上发生情绪冲突。

首先，我们要观察一下自己的情绪。出现情绪问题可能是谈判之外的原因或者谈判中的原因。而大多数是因为，我们没有注意到自己高涨的激动情绪或没有及时注意到它。

所以，从一开始就安排好固定的休息时间很重要。我们根本不会意识到暂停对我们自己和讨论都是有益的。你需要强迫自己真正利用好休息的时间，在休息时进行简单的情绪自查，看看自己是否还保持着冷静，是否仍然有足够的精力。

如果你是与团队中的一个或多个人员进行谈判，那么还有一条有用的建议。让一个对你比较了解的同事成为你的情绪伙伴。你与他约定好在谈判对话期间互相观察彼此。一旦情绪伙伴注意到你越来越焦虑或激动，他就给你一个约定好的暗号。通常来说，更好的方法是他立即提出短暂休息。在情绪伙伴这一方面，我常常有很好的体验，并因为他的帮助而避免了不必要的情绪升级。

当然，观察对方的情绪也很重要，他也应该做出理性的决定。此外，不良情绪会传染，这也被称为情绪溢出效应。如果你在谈判对手身上感觉到更强烈的情绪爆发，那么你最好使用我们在第一章第一节中讨论过的贴情绪标签的方法。你指出自己感知到的情绪：“我有可能是误会了，但我感觉你刚刚要生气了。”

对此，有三件事很重要：传达“我讯息”；尽可能准确地描述你的感受；打好预防针，承认自己可能是弄错了。

那么在谈判对话时，可以完全把情绪赶跑吗？不，当然不是。相反，重要的是要承认人是有情绪的动物。谈判中你要有意识地觉察自己和谈判对手的感受。悄悄跟自己描述这种无效的情绪，偶尔明确地向你的谈判对手指出这种感受。我们要避免的是破坏性的情绪和不断加剧的冲突。那么，是否存在一些情况，我们可以有意识地使用情绪呢？是的，有，但仅仅在极小的使用范围。这里存在五个前提：

你的情绪必须有一个真实的依据，不能存在虚假；

这里牵涉到谈判中非常重要的一个问题；

你能够把握好所要表达的情绪的度，并将其保持在受控范围内；

你很少使用此方法；

你有明确的撤退策略，换句话说，你已经事先考虑过如何在必要时让自己免受枪林弹雨。例如，通过休息或暂停谈判的机会。

如果遵循了这五个要点，那么你可以让对方简单地了解你在某些重要问题上的情绪状态。

在谈判对话中使用简单的、友善用脑的工具。谈判对话可能会非常艰巨，而作为谈判代表，你会承受压力。同时，你还要巧妙地处理自己的利益和对方的利益、待解决的问题以及不同层面相关者的利益。此外，还有时间压力、信息分散、沟通不畅和情绪爆发的问题。所有的这些情况都是在不断变化的动态环境中发生的。这可能会导致所谓的认知超负荷，你会陷入认知旋涡。我经常亲身经历这种现象：下一轮谈判的准备工作正在巨大的时间压力下进行。在下一轮对话即将开始前，董事会那边打来电话，给出了明确的指示。在去谈判室的路上，一位员工悄悄告诉我新发生的令人惊讶的事实。进入谈判室后，迎接我的是谈判对手愤怒的人身攻击，以及干脆利落的最后通牒。如果你不同意，谈判就失败。

在如此紧张的时刻，手头有简单可靠的工具是关键。你大脑的工作记忆容量已经被各种信息块填满。而你的谈判对手可能试图通过有针对性的情绪攻击来进一步影响你的理性能力。我建议你从以下易于记忆的元素中选择一个来使用（见表 8）：

元素	描述
利益	当你完全不知道下一步该怎么办时，你可以谈论利益。说出在这一问题上，对你来说真正重要的是什么，以及为什么？你认为谈判对手有什么利益？如有必要，将利益分成共同的、冲突的和不同的利益。
重塑积极氛围	无论对话多么糟糕，总有积极的因素值得一提。这可以缓解你与谈判对手的情绪。“谢谢你的坦率。这有助于我们对情况进行正确归类。”或者：“我认为我们能像现在这样一起坐在谈判桌前是很好的。这始终是以利益为导向解决困难冲突的最佳方法。”
关系 / 流程 / 内容	注意，我们是在三个层面进行谈判。通常，我们会强调内容层面。如果在内容上卡住了，我们可以看看是否可以在流程或关系层面上取得进展。“或许我们在细节话题上讨论得太深入了。如果我们往后退两步，再谈一谈取得解决方案需要采取哪几步，你觉得怎么样？”“我感觉我们一直在原地打转。我们要不要花几分钟时间谈论一下如何改善我们的合作呢？”
PPP 框架（目的、产品、流程）	你不可能每次都能对谈判对话做好精心的准备。如果你只能在谈判中自由发挥，那么 PPP 框架是很有帮助的。第一，你可以讨论此对话的目的（Purpose）是什么；第二，你可以描述通过对话可能取得的产品（Product），如共同的会谈纪要、合同草案或协议；第三，流程（Process）回答的是要实现目的和获得产品需要哪些步骤的问题。对此，制定简单的流程：首先，让我们谈谈我们的优先利益，然后我们可以逐个讨论议题；其次，我们要制定解决方案选项，并在此基础上组合成一揽子解决方案。
“去阳台上”	《谈判力》的作者之一威廉·尤瑞发明了一种很有意思的谈判工具。想象一下在谈判室中双方之间存在一个阳台。你可以去阳台上，从中立的第三方的角度看待谈判。在适当情况下，再将你的发现带到谈判对话中。“如果有一个中立的第三方看到我们，他可能会注意到……”

表 8：谈判工具

有了这五个工具，你就能自如应对艰难的对话形势。如果你不仅仅要面对艰难的对话形势，还要面对很难对付的谈判对手，这时该注意什么呢，我们将在第三章第二节中介绍。

在下一部分中，你会了解到如何在谈判中控制自己的情绪。

调节情绪，提升心理弹性

那些善于自我调节的人在谈判中具有明显的优势。自我调节指的是你能够在多大程度上控制自己的行为、情绪和冲动。在整个谈判过程中，尤其是在谈判对话中，你需要这一能力。许多谈判书籍提到运用谈判桌上的权利抗衡和心理诡计，以此给你的谈判对手施压，致使他犯错。这会损害双方的信任，而信任是减少谈判时不必要的复杂性的重要基础。一旦信任产生，双方就不用费心思采用各种各样的保障策略，来确保对方的真诚和可靠。尽管如此，谈判时你可能会碰到对方有意地、熟练地对你施以诡计或威胁你。你需要为此做好准备。即使没有这些手段，谈判也是有挑战的。内容上和社交上的复杂性会给你带来压力，有限的时间也会给你带来压力。

为了增强自己的精神力量，你需要了解什么呢？情绪、冲动或思想是你大脑中所谓的从点到面的加工。这个过程是自动的、无意识的。例如，如果你的谈判对手对你进行人身攻击，那么你的大脑中两个杏仁核会被激活，从而产生不愉快的情绪。由此产生的对你不利的问题是，这会阻碍你采取预期的行为。在这种情况下，这一行为可能是提出一个机智的问题或提出一个好建议。我们忘记了自己的目标，对抗—逃离—僵化系统随之被激活，肾上腺素和皮质醇激素释放了出来，而在这种状态下，创造力会受到抑制。

幸运的是，存在从面到点的加工方式，可以控制这种自动的从点到面的加工，如愤怒。这就使得我们仍然能够实现预期的行为。从面到点的加工需要付出精力和努力，是有意识的。例如，当你口头攻击某人时，从面到点的加工包括驱散攻击，转移注意力或重新评价（如“他没有生我的气”）。对于这些从面到点的加工过程，我们需要用到大脑的另一种结构：前额叶皮层。遗憾的是，前额叶皮层的容量有限。当容量用完时，情绪和冲动会不受控制地影响你的行为。你会在疲惫不堪的小朋友身上，或者结束漫长一天谈判的愤怒的谈判者身上观察到这一点。

通过正念训练，你可以学会保护前额叶皮层，并节省精神能量。这些精神资源可供你较长时间地用于其他任务。在具有挑战性的谈判中，这是一个很大的优势。正念训练对自我调节的影响已得到科学验证。通过成像技术，人们观察到正念训练会导致杏仁核变小，杏仁核与前额叶皮层之间的连接得到强化。

正念指的是学习在日常生活中激活大脑的特殊网络，即任务积极网络。当你激活该网络时，你会直接通过感官体验世界，而不是去思考。正念是对当前内部和外部可感知的所有事物的“非判断性接受”。这样可以为从面到点的加工过程节省能量，以便你在其他地方做出明智的决定或调节情绪。

任何人都可以学习这种技术，它不需要花费太多精力和时间，并且你可以将其应用到日常生活中。

据我所知，这是在谈判过程中增强你精神能量的最有效的方法。我经常使用它，并且我知道一些精神状态极强的谈判者也会这样做。

我不是可以教你正念的老师。但是，我认为正念对于谈判非常重要，我做了这件事，并因此极大地提高了我在激动的情况下保持镇定，继续系统性地追求目标的能力。因此我建议你研究一下它。

总的来说，在谈判时要谨慎。这有助于你更好地利用每次谈判中潜在的机会。如果我成功引起了你对正念训练的兴趣，你可以选择以下三种方式之一：使用相关的手机软件，钻研一本相关的现代书籍，或根据固定的课程完成 MBSR（Mindfulness Based Stress Reduction，正念减压）训练。

在本章探讨了谈判中的理性之后，是时候讨论一下硬币的另一面了，即谈判中的创造力。让我们看看飞行员是如何在压力下工作的，以及我们作为谈判代表可以从中学到什么。

题外话：飞行员如何在压力下工作

飞行员面临的挑战是，一方面，他们的情景意识必须达到最高要求，以便能够应对动态的环境状况。在紧急情况下，例如，如果发动机出现故障或目的地机场出现恶劣天气，那么高效地处理尽可能多的信息的能力将发挥决定性的作用。另一方面，对这些情况的系统管理需要从长期记忆中调出脚本。在关键时刻接受新信息以及从长期记忆中调取系统的脚本都会占用工作记忆。由于这种双重负担，飞行员的信息处理能力总是会受到限制。他们必须学习如何处理这一问题。

所有关于飞行员在压力下工作的策略，其基础都是米勒定律。米勒定律指的是乔治·米勒的一个发现，即普通人只能在工作记忆中同时保持 7±2 个信息单元（所谓的信息块）。问题在于，在当时情况下接收的信息单元的总和加上从长期记忆中获得的信息单元的总和受到神奇数字 7±2 的限制。换句话说，重要的一点是从长期记忆中激活的内容不能占据整个工作记忆，否则将导致工作记忆过载，并出现有关当前情况的重要信息被隐藏的情况。

对飞行员来说，可以得出以下结论：如果可能的话，任何工作记忆的信息单元都不应被驾驶舱外的信息负荷所占据。这里的负荷，如家庭问题或其他的职业压力。

飞行准备工作不到位意味着飞行员在飞行期间必须重新处理各个信息，因此限制了工作记忆的容量。例如，飞行员应该在出发前而不是着陆前才了解目的地机场的特点。

训练不到位会导致飞行员要么根本记不住重要的脚本，要么只是残缺地记忆，要么只能通过相当大的认知努力去记忆。

如果可能的话，从长期记忆中调用的脚本应该是易于记忆的，并且占用尽可能少的信息单元。这里有两个来自飞行员界的关于脚本的有趣案例：

三个信息块"驾驶（Aviate），导航（Navigate），通信（Communicate）"：这项定律可以帮助飞行员在紧急情况下正确地进行优先性排序。排在第一位的始终是驾驶，它指的是要控制好飞机，飞行员需要使用飞机的控制装置和仪器来确定位置、高度和速度。只有驾驶得到了保障，才进行下一步导航，它指的是飞机在哪里以及你要去哪里的问题。只有在这一点弄清楚了的情况下，飞行员才与空中交通管制员进行通信。

第二个关于容易记忆的脚本的案例是合成词FOR-DEC。我已经在第二章第五节中介绍了这种紧急情况下的结构化决策方法。

作为谈判代表，我们可以从这一飞行员的专业知识中学到什么？同样在谈判中，你也总是会遇到紧急情况，对此，你应该拥有合适的专业工具。显然，在进行重要谈判之前，你应该付出一切努力去减轻工作记忆，即消除外部干扰因素，提前进行可能的准备工作，并确保你和你的团队接受良好的培训。在紧急情况下，简单的记忆技巧也可以为你提供帮助。

如果谈判对话陷入僵局，你应该首先与你的谈判对手稳定对话，这相当于“驾驶”。然后重新评估整体战略情况：我们在哪里？我们想去哪里？“导航”之后才考虑在谈判室之外进行交流“通信”。我们很容易忘记这点。忘记了，我们就会在不尝试稳定对话气氛的情况下起草策略，或者在总体策略不明确的情况下进行沟通。

理性原则清单

避免陷入经典的思维误区

研究思维误区或认知偏差，并将其应用到你的分析中。

最重要的心理误区：锚定效应、框架效应、损失厌恶。

谈判中最典型的误区：被动贬低、零和误区、赢家的诅咒、沉没成本效应。

日常的误区：可得性启发、所有权效应、确认偏误、优越感偏误。

建立目标体系，以便你始终有理性的锚可供使用。

试着去解释，为什么你的谈判对手的行为从他的角度看是完全合理的。这是了解谈判对手思维方式的一种好的练习方式。

管理时间因素

谈判开始时，与你的谈判对手协商出一个总体时间表。

谨慎而有条理地使用截止日期：给出明确的截止日期，说明你对谈判对手有什么期待，解释截止日期到了之后会发生什么，在组织中确保后果的执行，执行后果前花一点时间来进行最后的沟通。

当心对方的时间圈套：虚假的期限、故意的拖延或透支体力。

为谈判对话做好准备

协商一个清晰、简单的议程，为前 180 秒做精心准备，写下你的任务和信息。

协商有效的游戏规则。

让自己站在谈判对手的角度：他需要解决什么问题?

明确你的情绪触发点。哪些议题或人会使你的情绪失控？在即将进行谈判对话之前，你感觉如何？做一个情绪自查。

在对话中管理好你的情绪：安排固定的休息时间，指定一个情绪伙伴，在具备明确的撤退策略的情况下谨慎地使用情绪。

学会调节情绪

在长时间的谈判中系统性地节省你的精神资源。

训练自己非评判性感知当下的能力。这是谈判中的一项重要技能。

正念训练。

流畅谈判小建议：在谈判开局阶段，许多谈判对手都会浪费大量的时间，只是围着问题兜圈子。最终，这个时间丢失了，并且导致了不必要的压力。你们需要一起商定一个总体时间表并尽早讨论关键问题。通常，你需要几个循环性的回合来处理具有挑战性的问题。你要节省你的精神资源。谈判是一场马拉松，而不是短跑。

创造力原则：在每种情况下都能产生最佳想法

富有创造力的人在谈判时具有明显的优势。这对于合作谈判的影响是显而易见的：创造力是寻求能够为双方利益服务，并以此做大蛋糕的智慧解决方案的秘方。但是，创造力在交易设计中需要。在富有挑战性的谈判中，你始终需要新的想法和方法来设计进一步的谈判流程，或者将与谈判对手的关系提升到一个更好的水平。如果你拥有创造力，这是十分有帮助的。如果你在团队中进行谈判，当你成功地激发了团队的创造力，那么你会获得很强的战斗力。最后，王牌团队指的是你不仅要在自己的团队中发挥创造力，还要与谈判对手一起发挥共同的创造力。

实践中的错误

错误：立场式谈判在严重冲突中仍然是常态。谈判以拳击比赛的风格进行。然而，谈判方有时会遇到更加复杂的问题。双方都认为，问题需要聪明的思考和设计，但这是可以解决的。这时，通常会出现一个具有创新精神的人号召大家：让我们一起头脑风暴。很快，大家围坐一圈，想法的收集可能并没有马上开始，直到有人开始提出了第一个想法。“这是开局很不错的一个方法”，第一个想法受到称赞。法律顾问插话："是的，确实不错。但是我们还得考虑到，这样的设计会导致反垄断问题。""真的吗，会有什么问题呢？"

解释：艰难的谈判问题确实可以通过一起头脑风暴很好地被解决。经验表明，将创意流程嵌入到清晰的结构中，才能取得最佳效果。在下文中，我们会讨论一种十分有助于谈判的头脑风暴的形式。在我们的简短案例中，人们忽略了要为头脑风暴制定清晰的规则并进行准备，只是围坐成一圈，带着这样的意图说："现在发挥出你们的创意吧。"这会抑制思想的流动。此外，案例中两次违反了将想法的收集和评价分开来的要求。根据这一逻辑，表扬也是明确禁止的，因为它是一种评价方式，会将自由思想引到一个方向中去。另外，每一种"是的，但是"的表达都是禁止的，它阻碍了人们的进一步思考。现在，让我们逐步了解一下，该如何激发灵感。

开启流畅谈判

创造力是指创造新事物或原始事物的能力，这些事物在最终是有帮助或可用的。创造力的水平可以通过三个因素来衡量：创意的数量、创意的灵活性和创意的独创性。数量表示想法的绝对数量，灵活性表示想法类别的数量，独创性表示这些想法是多么新颖和独特。当你的谈判陷入僵局，那么，创造力会为你提供帮助。你可以思考五种不同内容的提案，让你的谈判对手回到谈判桌前。

除了这些实质性想法，关键的是要考虑完全不同的类别：你可以调换自己的谈判代表、开展沟通活动、实施 B 计划或致电另一方的首席谈判官。现在你已经考虑了五个不同的类别。独创性的提议可以是在桌式足球赛中解决冲突、与谈判对手举行研讨会、与谈判代表的家人交谈或向其他人寻求建议。

关注你的谈判思维模式。人们对于取得谈判成功的关键因素有不同的理论。这种思维模式决定了你会采取多种不同的方法来推动谈判。大多数人将谈判等同于讨价还价。这里存在一定的协议空间，你的任务是不断地索取尽可能多的协议空间。通过这种思维模式，你的创造力将集中在锚定策略、让步顺序和证明“你是对的”的论证上。另一种思维模式是将谈判理解为成本效益分析，它需要有长长的列表和巧妙的公式。下一个思维模式是将谈判等同于扑克或国际象棋。因此，你的创意力主要是集中在虚张声势或采取下一步行动上。对许多人来说，谈判还是一种合作关系，其中牵涉到人际关系。因此，你的创造力要主要集中在这一层面上。

在我看来，将谈判理解为共同解决问题的过程可以带领我们取得成功。从本质上来说，它指的是一起与谈判对手探索如何为该谈判问题找到最佳解决方案，它可以激发你在所有层面上的创造力，从讨价还价到分析、制定战术，再到关系层面。

当你进行创造性活动时，就会出现一种特殊的意识状态，即心流。谈判时，你会很好地体验到这种状态。你可以在自己单独或者与团队进行准备工作时进入这种状态，或者是与你的谈判对手在谈判桌上一起进入到共同努力寻求最佳解决方案的模式时。为了在谈判过程中实现这一创造性的心流状态，有两个因素值得我们注意：积极的心情和正确的节奏。

当人们有积极的心情时，他们会更具创造力，会创造出更多、更灵活和更具独创性的想法。你可以在不同的想法之间建立意想不到的联系，并将非典型的类别相互联系起来。这就是你始终要积极开心地组织谈判的原因。你要只带对谈判有兴趣的人参加，要注意选择舒适的房间和环境。美国总统喜欢去风景如画的避暑胜地戴维营进行谈判，并不是没有道理的。你要为所有谈判团队创建尽可能舒适的环境。同时，你要注意细节。例如，我喜欢随身带一个盒子，里面装有最新的美味的能量棒，以便在夜晚的谈判中派上用场。

为了让谈判在积极的氛围中进行，变换工作和谈判节奏更加重要。从本质上讲，这是开启流畅谈判的最大奥秘。如果谈判进展拖延，你应该加快节奏。你可以提出新的提案、成立工作组或安排新的会议。如果你或你的谈判对手表现出不堪重负的迹象，你需要放慢速度，例如休息、延期或讨论一个认知负荷不那么大的议题。

采用四个步骤来激发解决方案的创意。无论你要解决什么样的问题，如果始终采用相同的过程，会增加找到创造性解决方案的可能性。

首先要做的是定义问题。你需要拟定你想要解决的问题。“什么样的解决方案可以让我们在不放弃自己的利益的前提下，说服我们的俄罗斯谈判对手给予飞越权？”定义问题也是一门艺术。如果问题过于详细，答案无法解决原本的问题。如果定义太广，答案对问题也没有帮助，或者会把问题变得过于复杂。如果你对答案不满意，那么应该毫不犹豫地重写问题定义。

在定义问题的背景下，你需要在第二步中进行深入研究。利用书面形式并开展对话。如有必要，你可以委托第三方进行评价。你需要将所有内容紧凑地组合到一起，例如通过写简短的便笺或将几张幻灯片放在一起。

接下来就是第三步孵化。你需要给自己一点时间。在深入研究阶段之后是放松阶段，你可以在潜意识里孵化自己的想法。你要相信这一阶段以及你的潜意识过程，让自己远离这个问题一段时间，并有意处理与它无关的话题，从而为内部成熟过程留出空间。在孵化阶段结束时，就会产生启发或灵感的闪现。给这种灵感一个机会，一旦它出现在你的脑海中以及团队成员或谈判对手的脑海中，就将其抓住。

最后是塑造和完善新想法。不要小看这一步，只要你的想法未经过完善的加工，就很容易受到攻击。你可以试着想象穿梭到未来，为想法的展示做好最佳准备。想象一下，你已经成功地将你的想法展示给了你的谈判对手。你是怎么做到的？他问了哪些特别关键的问题？由此，准备你的展示并相应地回答这些问题。

遵守创造性小组工作的原则。刚刚讨论的四个步骤适用于任何形式的创意工作，无论是个人的还是小组形式的。谈判时，创意通常是在小组形式中产生的，在某一方的谈判团队中或者在与谈判对手对话的谈判桌上。当小组进行创造性合作时，需要注意一些地方。基本上，团体倾向于聚合思维。这种思维形式致力于取得单一的最佳解决方案。但是，为了激发创造力，首先我们需要发散思维，即在几个不同方向上思考。但是，在小组中，存在很大的趋同压力，尤其是当其他小组成员评估我们的建议时。

试想一下经典的谈判情景：一方提出了不同寻常的建议，另一方认识到这种方法存在的风险，经过长时间的思考，对该提案提出了一些尖锐的法律性反驳。现在轮到另一方了，他们绞尽脑汁，对刚刚受到的抨击进行了猛烈回击。于是，双方立即失去了寻求创造性解决方案的兴趣。保险起见，每个谈判方都采取了常规方法，以免自己受到对方的强烈批判。

为避免这种情况的发生，我们应该注意什么？尤其是当双方都想要针对各个议题提出多个解决方案，以便能在此基础上制定出智慧综合方案时，我们需要格外注意。对此，有两个重要的原则可以帮助我们让小组进入到创意模式中。第一个原则是分离原则，创意的产生和评判过程应严格分开；第二个原则是在小组讨论中，不存在创意所有权。

分离原则意味着在创意产生阶段必须严格禁止评判行为。你可以将这一点巧妙地融入谈判中，而不必过于执着地以规则形式体现："根据我的经验，如果花 10 分钟时间收集一些想法，而不立即评判它们，是很有用的。"不评判意味着你既不能对提议进行正面评价，也不能进行负面评价；既不能口头评判，也不能非言语评判。你们要约定好，不合情理的、不切实际的想法都是可以提出来的。有了这个规则，你就减轻了趋同压力。即使个别想法是荒谬的，也会刺激其他想法的产生，而这些想法会进一步提供帮助。

第二个原则对于让小组创造性地解决问题很重要。如果要促进团体的创造力，就应该取消个人对想法的所有权。个人不是他们提出的建议的所有者。在共同寻找解决方案的框架下，没有人会强调，这是你提出的建议。这样可以确保你能够提出你不相信或不符合你自己利益的建议。为什么要提这样的建议呢？因为即使是这样的建议，也可以启发大家产生更多的想法。这也有助于让所有成员放松下来，畅所欲言。最后，提出部分符合或完全符合另一方利益的建议可能也是有意义的。在某些情况下，这可以带来交易的可能性，让己方在别的问题上得到补偿。

有了这些基础知识，你便拥有了将创造性元素成功应用到每次谈判中的工具。在下一步中，我们会具体探讨创造性的谈判流程是什么样的。

使用最佳方法激发创意

我还是要重复这句话：每一次的谈判都是不同的。想简单地套用同一种方法在高难度的谈判中是不可能的。尽管如此，实践中，我们发现还是存在某些方法比其他方法更有效的情况。如果在棘手的谈判情况下，机械地套用亚历克斯·奥斯本自1939年以来制定的一系列规则来组织头脑风暴的话，那么，失败的风险很高。相反，如果做出一些小调整，你很有可能通过新思路来化解谈判僵局。

你需要把这一方法留给谈判中真正重要和困难的问题。不过，你可以多次使用此方法中的单个元素来激发创意。当然，你必须根据你的实际情况，和谈判小组一道对该方法做出调整。

该方法适用于解决自己团队中的难题。与你的谈判对手共同进行谈判头脑风暴会更具挑战性，但也更有价值。完成这一集体性的流程需要一些训练和彼此的信任。它可以极大地提高团队相互倾听和共同开发创造性思维的能力，这种影响也可以延展到该流程之外。

系统地准备头脑风暴会议。首先，你需要向谈判代表明确两个最重要的基本规则，这也是我们之前提到过的。

分离原则：必须严格分离解决方案的收集和评价两个步骤。

无所有权原则：一个人提出了建议并不意味着可以把他和该建议绑定在一起。

在下一步中，你需要阐述问题。这里要用到的是“我们可以如何”的提问句式。举一个例子：我们可以如何将我们对法律确定性的需求和你们对灵活性的需求协调到一起？最好的方法是通过这一问题将双方最重要的利益联系起来。你需要花一定的时间以书面形式完成这一问题的内容。正如之前所说，提问是一门艺术。所以，这一问题的表达既不能太具体，也不能太宽泛。你要确保所有的讨论都能回到原始问题上。如果你发现问题没有作用，那你就可以直接对其进行调整。这或许会有奇迹般的效果。

建设创意团队。五到十个人是理想人数，同时，你需要分配三个角色，一个是流程负责人的角色，该角色负责规则的把控和流程的引导，然后是时间管理者，最后还需要会议记录者来负责记录内容。理想情况下，你需要每个角色分配两次，双方人数均等。分等级的流程不应该对参加者表达其想法造成阻碍作用，所以你需要有一定的敏锐力。此外，参与者角色的高度混合有助于获得更大范围的想法。如果这是你第一次进行此流程，或者情况很紧张，最好请主持人进行引导。

接下来，你需要请每一方调查有关该问题的必要数据和事实，并阐明出发点。如有必要，你可以为每一方指定调查工作的负责人，或者最好是组建一个联合调查小组。你要让调查人员以清晰易懂的形式呈现信息。这一任务有助于启动和推动孵化阶段，即想法的成熟过程。理想情况下，你要让所有参与者提前一天对这些信息进行深入分析。在那之后，把信息放到一边，不要再去思考问题了。让自己放松下来，然后让潜意识想法的成熟过程开始。

在头脑风暴会议中收集尽可能多的新想法。接下来，你需要将所有参与者聚集在一个房间里。房间中心位置放上一个软木板、大型触摸屏或白板。整个小组共同努力解决这一问题。其中重点放在共同解决问题上，而不是放在谈判对手上。最好是将双方人员混合在一起，而不要彼此相对而坐。

与大众观点相反，能产生更多更好的想法的不是群体，而是个人。因此，接下来你需要请所有参与者自己用黑色粗笔安静地、清晰地在一张大的便利贴上写下自己的想法，并告知他们，他们写下的内容要让其他人远距离也能看清楚。他们要写的是关键词，而不是详细的解释。然后，你要激起参与者之间的竞争氛围，并奖励那个产出最多想法的人。首先，数量是决定性因素，而不是质量，因为评判阶段到下一步才开始。你要给参与者足够的时间，鼓励他们无拘无束地思考问题，哪怕是荒唐的想法，或者是符合另一方利益的想法，都是值得鼓励的。

如果想法产出阶段停滞不前，你可以通过促进创造性的问题来激发更多想法的产生。例如：在十年、一百年或一千年前，人们会如何解决这一问题，十年、一百年或一千年后人们又会怎么解决这一问题？阿尔伯特·爱因斯坦、马基雅维利、纳尔逊·曼德拉、史蒂夫·乔布斯、比尔·盖茨、玛丽·居里、穆罕默德·肖尔或格蕾塔·滕伯格等会如何解决这个问题？中国人、美国人、意大利人会如何解决该问题？如果我们有 1000 万欧元，会怎么做？如果只有 20 欧元，我们会怎么做？反面提问：我们该怎么做才能使问题变得更糟？我们要怎么做才能故意只帮对手的忙？这种方法也称为悖论干预。

请参与者简要解释一下他的想法，然后将纸条贴在上面，供所有人查看。注意此时不要对答案进行评判，既不能积极地评价也不能消极地评价。“是的，但是”的句式也要严格禁止。如果参与者自发提出另一个想法，他可以自行通过“嗯，然后”来进行连接。创造力可以激发更多创造力。参与者可以将相似的想法组合到一起，而不用花太多时间。而流程负责人需要要求参与者将现有的不同想法联系起来。这也包括荒谬的组合：如果将想法 A 与想法 B

结合起来会怎么样?

一旦该创意流程陷入停滞状态，就让大家休息一下。在想法的产生和评判阶段之间有意识地安排一个间歇。

在共同评判的过程中质疑并完善收集的想法。重要的一点是，要通过几个重复的步骤来执行评判流程。评判是谈判头脑风暴的真正优势。在质疑和完善想法时，小组的力量要远远优于个人。此外，你要始终强调结果是暂时性的。在评估阶段进行同步尤为重要。一个人说，其他人听，不能进行对话。

你需要请流程负责人整理想法，将其放入逻辑性的框架中。该小组应按顺序排列提议，以便进一步完善最佳想法。为此，该小组可以使用例如圆点胶之类的工具。先讨论最多想法的提议，然后进一步完善。在这一点上，如果有足够的时间，最好可以进一步更精确地表述想法，统一清晰地在便笺纸上写下来。

分几个步骤对想法进行评估。我们需要对想法进行细致的推敲和完善。重要提示：理性谈判中最重要的基本原则仍然存在，在一切谈妥之前，不达成任何协议。只有遵守此规则，你才能确保所有参与者敞开心扉，不会战术性地谨言慎行。

在第一步中，双方需要根据双方的利益来审视找到的解决方案选项。理想情况下，正如我们在第二章第二节中所了解的那样，你已经在谈判流程的开始举行了一次利益研讨会。兼顾双方利益的选项是最可取的。如果选项只有利于一方的利益，这也是一个重要发现。仅出于这个原因，也不用放弃该选项。毕竟，我们始终考虑的是一揽子解决方案。在不同的议题上也许还有另一个选项可以帮助弥补这一点。我已经在第二章第四节中向你介绍了滚木法的重要原则。

第二步，使用爱德华·德·博诺发明的通用的 PMI 思维方法。在压力很大的情况下使用这一方法会很有帮助。首先，给你要观察的选项一个关键词，然后将其写在一张纸上。将这张纸分为三列：P（Plus）、M（Minus）和 I（Interest）。每次先完整填写一列的内容，再开始下一列。在第一列“Plus”中，写下该选项的所有优点或有利因素。只有完成此步骤后，才在“Minus”列中填写所有缺点或不利因素。至于既有利又不利的点，你需要在两列中都填写。最后，填写第三列，即“Interest”列。在此处，你可以写下所有既不是优点也不是缺点的方面，并且需要进一步弄清楚的方面。如果明确了其中一点，则可以将其分配到前两列之一。每列最多花费二到五分钟。PMI 方法虽然不会得出明确的结果，但是，它一目了然地揭示了解决方案的基本要素，可以带来有价值的发现。此外，按照从重要到不重要的顺序排列优缺点是有帮助的。当然，你也可以选择为每个方面分配一个加权值并进行计算。然后，你就可以比较不同的选项。但这通常会导致伪精确。毕竟选项的评估是一门无法通过简单的算法而掌握的技巧。

第三步是挑选出评估结果为合适的选项，并为这一揽子方案准备好进一步的设计和细化。

使用敏捷工具

“考虑到能获取全面的角度，在考虑单独的解决方案之前，必须首先探索和定义问题的范围。即使找到了解决方案，通常也会引起有争议的讨论和争论……因此，除了寻找解决方案之外，团队还必须设法获得尊重、信任和专注。”你可能认为这段话出自经典著作《谈判力》的合著者罗杰·费舍尔。事实上，这段话出自一本出色的方法论书籍——《设计思维》。现代谈判可以与设计思维和其他敏捷方法很好地联系在一起，如果你想要为高难度谈判寻找激发灵感的方法，我强烈建议你使用敏捷工具。一旦我获得了一本有关敏捷性的新书，我就会在书中浏览，寻找对谈判也很有帮助的方法。我通常也会有很大的收获，这是为什么呢?

我们目前正在经历商业生活中的文化变革。根据过去几十年中以过程和效率为导向的管理方法，创造力和网状思维正日益成为日常的需求。因此，有越来越多来自 IT 和设计领域的用于促进创新、解决复杂问题的思想体系和方法应用到了日常工作中。如果想在极具挑战性的谈判中取得成功，就必须解决跨领域团队中的复杂问题。这也是敏捷工作形式的核心要求。

我常常惊讶地发现谈判和敏捷性的方法和工具存在如此多的相似性。许多敏捷方法可以直接用于谈判中，并启发出新的谈判方法。敏捷寻找解决方案着重于重复和递进，就跟谈判一样。这种工作方式可确保我们快速适应变化的框架条件。在不取消总体规划的情况下，逐步完善解决方案。如果我们将敏捷方法中的以客户为中心与以谈判对手为中心等同起来，就会出现更多的相似性。共情和移情能力对谈判来说，和敏捷性及设计思维对谈判来说一样，具有重要作用。我们需要考虑到他人的需求和动机。这两个领域的其他要素还包括团队间的跨领域工作，乐观和好奇的态度以及坚定地制定出良好解决方案的决心。我坚信，敏捷方法的发展会对未来的谈判发展有显著促进作用。对此，让我们看一些具体的方法。

设计思维以及来自敏捷软件开发领域的 Scrum 都运用了大量工具。其中有一些非常适用于高难度的谈判项目。首先让我们仔细研究其中两种工具，即移情图和看板。然后，我会为你概述其他适用的设计思维和 Scrum 工具。

通过移情图做准备。移情图是设计思维中用于“需求的发现和综合”阶段的一个工具，它可以帮助我们把握人们的情感状况。你可以在谈判对话之前使用此工具，以便更好地评估谈判对手的情感状况。这可以帮助你保持共情，并将其展示给谈判对手。你还可以在参加利益研讨会之前使用“移情图”，为探讨谈判对手的利益做准备。那么，该如何在谈判中运用移情图呢？

与你的谈判团队坐到一起，给参与者配备方形便利贴和稍粗的黑色马克笔。让所有人围坐在一个展示板周围，并在覆盖着牛皮纸的展示板中心画上一个大圆圈，在里面写下你们要研究的对象的名字。在中心圆圈中加上该对象的一幅或两幅打印出来的图片。再在中间写下这个人的重要传记数据：年龄、居住地、教育程度、出生地。该对象的照片或与他有关的物品的照片会丰富人物形象。然后，从中间开始，将这张纸分成四个象限。将四个象限分别标记为所看、所听、所思和所感。在团队中将以下问题的答案写在便利贴上。

所看象限：此人在平常的一天中会看到什么？此人当前正在看什么？此人在准备谈判时会看到什么？此时，你研究的是一个人的视觉印象。

所听象限：此人在平常的一天中会听到什么？此人当前正在听什么？在准备谈判时，此人会听到什么？

所思象限：此人在平常的一天中会怎么想？此人目前在想什么？当准备谈判时，此人会怎么想？

所感象限：此人在平常的一天中感觉如何？这个人目前的感受是什么？当准备谈判时，此人会有什么感受？

有了这张贴满便利贴的概览图，你就可以获得一个非常清晰的人物画像。请注意，这些都是在对话过程中需要进行确认的假设。有了这张 360 度画像，你就可以做好充足的准备，以便在谈判对话中对对方的情况做出具有共情的回应，或者在利益研讨会之前深入思考真正的动机。

使用共同的看板。看板是帮助团队完成任务的一种非常有效的方法，也可以称之为 Scrum 板或任务板。例如在敏捷软件开发中的迭代周期，即为期几天的集中性团队合作，我们可以用到这一工具。看板要用到一个简单的表格，该表格通常会分为几列，还要用到便利贴，方便从左到右进行移动，从而创建一个任务工作流程，起到激励和告知所有团队成员的作用。谈判时，你可以使用看板帮助自己的团队做准备或与谈判对手一起管理工作流程。同时，你可以专注于其中的部分区域或组织整个谈判项目。

谈判看板的划分方式可以根据你的需求做出调整。一个非常简单的看板由三列组成：从左到右依次是“待办”“进行中”“已完成”。“待办”列通常也被称为“积压”列。将各项工作都写在便利贴上，并根据其完成状态从左向右移动。这种从左到右的移动称为流动；这对团队有激励的效果。有一个重要的原则叫制品限制或 WIP 限制，它指的是团队只能同时进行一定数量的任务，以便能集中力量完成重要任务。团队同时发布的任务数量最多为团队成员的总数，最好是要比成员数少。如果团队需要在一个项目上工作几天，则可以在每个工作日正式工作前集中进行 15 分钟的“每日 Scrum”。每个人都简要地报告一下，前一天做了哪些工作，今天将会做哪些工作，也可以简单说一下工作中存在哪些挑战。

让我们看看谈判时具体如何应用看板。你需要根据你的需求对各列进行调整。例如，在高难度的谈判中，你可以在与谈判对手协商好谈判综合方案的要点后，制定一个看板，以便与谈判对手一起确定合同文本。在“待办”列中填入待准备的合同文件。然后，你需要将“进行中”这一列细分为“起草”“反馈”“讨论”。如果有更高级别的主管部门批准文本，则可以将“已完成”列细分为“完成工作状态”“批准”。此外，你还要将你的待办事项从重要到不重要进行优先排序。你要与你的谈判对手一起商讨，需要先起草哪两个合同文件，然后由谁来起草第一份文件，将相应合同文件的便利贴放到“起草”列中。一旦这项工作完成后，就立即将该便利贴移至“反馈”列。给出反馈后，便将该便利贴移至“讨论”列，此时，你需要与谈判对手讨论未解决的问题，并在必要时立即添加至看板中。这项工作完成后，需要将便利贴移至“完成工作状态”列，并等待主管部门的批准。当然，有时候你需要插入一个附加循环，将便利贴移到左侧。现在，你已经完成了所有便利贴从左到右的移动过程。我想你应该已经明白了这个方法。团队的每个人肯定都希望能从左到右移动便利贴，促进工作流程。如表 9 所示：

待办	进行中			已完成	
	起草	反馈	讨论	完成工作状态	批准
采购合同					
贷款协议					
……					

表 9：看板示例 1

如果你想与谈判对手高效地合作，则有必要通过看板来管理整个谈判流程。请注意不要将自己限死在按顺序谈判的逻辑中。如有必要，你可以再次查看第一章第一节中的内容。仍然不变的一点是，最终你要协商出的是一个综合方案。换句话说，“挑选解决方案选项”这一步会在整个综合方案的制订过程中同步发生。否则，你可能会忽略在不同议题之间进行交易的可能性，从而把钱留在了谈判桌上。如果你注意了这一要点，那么如表 10 所示的看板可以为你的谈判流程提供非常有效的帮助。

待办		进行中					已完成
收集议题	聚焦议题	阐明利益 / 标准 / 事实	生成选项	评价选项	挑选选项	确定文本	
议题 1 议题 2 ……							

表 10：看板示例 2

使用此看板，你可以有效地管理谈判流程并创造谈判心流。你可以以这种方式进行：与谈判对手交流了总体利益之后，收集可能的议题，每个议题对应一个便利贴。由此你就可以在此谈判中就解决的议题达成一致意见，并将这些议题粘贴在对应的行列中。

逐个讨论议题。与之前强调的一样，先讨论双方的利益、可能的客观标准和需要弄清楚的事实。然后，你可以针对每个议题生成创造性的选项，再根据双方的利益评估各选项。最后，在整个综合方案的框架内，选择你认为最合适的选项，然后将这些选项写下来。

利用设计思维和 Scrum 工具。除了移情图或看板，你还可以在谈判中使用许多其他的敏捷工具。在设计思维方面，微观周期的前三个阶段包含了大量技巧，这些技巧可以帮助我们在谈判中获得更多创造性的解决方案。这三个阶段指的是：问题定义和重新定义；需求的发现和综合；产出想法。

例如，在“需求的发现”中，“为什么—怎样阶梯式提问法”“五个为什么分析法”或“观点定义法”这些技巧值得关注。这三种技巧可以帮助我们更好地理解谈判参与者的利益。具体而言，它们与以下内容有关：

“为什么—怎样阶梯式提问法”中，涉及的是一个抽象阶梯，我们通过“爬上爬下”进行探索。一方面，我们需要对谈判对手的利益有深入的了解；另一方面，我们需要就如何满足利益形成具体的想法。关于为什么的提问会让我们往抽象的答案靠近。关于怎样的提问会让我们找到具体的答案。为什么申请人想要更高的薪水？因为地位问题对他很重要。我们如何才能提高他的地位？拥有更大的公务汽车或令人印象深刻的头衔。

“五个为什么分析法”也很容易解释。为了获得谈判对手的真正的和根本的利益，不要只问一次为什么。你要像小孩子一样，连续五次问为什么。以先前的答案为起点，进行更深入的探究。当问题变得没有意义时，说明你可以结束追问了。然后你去看无意义问题之前的答案。通常，这个答案是你可以好好研究一番的利益。此外，你与谈判对手的关系必须非常熟悉，以便他能五次回答你问的为什么的问题。该技巧更适合在准备过程中自己做假设时使用。

在“观点定义法”中，团队对不同利益相关者的观点做出假设。该技巧非常适合分析业务合作伙伴公司内或工会内存在的不同观点和利益。与其他技巧一样，使用这种技巧很重要的一点是：与你的谈判团队一起使用一个展示板和便利贴，轻松地将你们的发现可视化。

在展示板中间，写下你的问题，例如“在下一次航空谈判中，对方的利益是什么？”在头脑风暴中思考所有利益相关者并将其写在便利贴上，例如航空公司、机场、交通部、外交部、IT 公司等。然后有意识地站在各个利益相关者的角度思考，并在便利贴上记下他们的利益。确定利益相关者之间可能存在的联系和冲突。

Scrum 领域中也还有许多有效的方法可以应用到谈判中。事实证明，所谓的迭代在准备谈判或解决棘手的谈判问题方面非常有效。我们已经与谈判对手成功进行了这种形式的深入合作。Scrum Sprint 是一个包括前期准备和后期处理的项目流程，具有高度结构化的特点。在 1—4 周的限定时间范围内，团队需要尽可能多地完成以目标为导向的任务。对此，需要明确的人员角色、每日 Scrum，还有一个共用的看板。无须花过多的精力在规划上，此方法重点关注的是团队中优先性较高和以目标为导向的工作。此方法十分适用于谈判，你可以尝试一下。

谈判时，要尽可能地实现可视化。每个准备室和谈判室都需要放置挂纸白板、优质的挂纸板笔、展示板和便利贴，还有投影仪或大型显示器。如果已经使用了这些可视化工具就是一个好兆头。如果没有，恐怕你就无法充分挖掘和利用准备过程和谈判过程中的潜力。

可视化为什么如此重要？当第一个人走到挂纸白板前并且鼓起勇气画一个简单的草图或在上面贴便利贴的那一刻，房间的气氛就会改变。每个人都会望向那处的内容。此时，整个小组都同步了。如果说谈判对话时另一方是重点，那么，可视化的共同问题就成为所有人的重点。即使草图画得不好或者不对，也没有关系，这样反而可以激发其他参与者来更改和完善草图。常见的乒乓球谈判模式被舍弃，激烈的对话随之展开。

在这个过程中应该注意什么呢？最好从一开始就以参与方式设计草图，以便房间中的每个人都可以参与。这样就形成了一个共同解决问题的流程。共同可视化是第一个联合工作的结果。你们该如何一起实现可视化？你需要将空的挂纸白板或展示板放在谈判室中合适的位置，让另一方也可以轻松地使用它。提前准备好的挂纸白板或幻灯片不会起到与谈判对话中出现的可视化效果一样的作用。准备好可用的笔，并且最好在画完草图后将笔直接塞到另一方人员手中。如果你从一开始就使用便利贴或展示卡，那就更好了。这样做，你就强调了该图还有待完善的特征。使用便利贴有极大的优点，你可以轻松地对其进行重新排序或者重新粘贴。当然，你需要从一开始就确保在便利贴或展示卡上写的内容对其他人来说是容易辨认的。为此，你需要用中等粗的黑色马克笔，以印刷字体的形式书写，内容表达最好使用关键词，或者最多半句话。

不要只敢使用文字。在各个元素之间创建联系，利用展示板或挂纸白板的整个面积，使用箭头、特殊符号、笑脸或心形。图形符号，可以让难以形容的事物可视化，常常使用还可以促进和激发创造力。我喜欢派我的谈判团队参加像 Bikablo 一样的高质量的可视化研讨会。这可以从根本上提高团队的沟通能力，从而改变其谈判表现。

谈判中有什么地方可以用到可视化？你可以从即时议程入手，通过便利贴收集利益和可能的解决方案；创建一个共同的待办事项列表或看板；使用思维导图来组织问题，展示其联系或记录过程。一开始，你在谈判中可视化什么内容并不重要，重要的是你使用了可视化手段。

题外话：在面临压力的情况下，飞行员如何发挥创造力

2009 年 1 月 15 日，美国航空 1549 班机在从纽约飞往夏洛特的途中，于起飞后在近 1000 米的高度撞上了一群加拿大鹅，飞机的两个引擎因此都发生故障，无法再启动。三分钟后，机长苏伦伯格成功将这架空客 A320 迫降在哈德孙河上，机上 155 人全部生还。

多亏了录音机，在这关键的三分钟内发生的事件得到了很好的记录。引人注目的一点是，两位飞行员都拥有超过 20000 小时的飞行经验，即便是在这样一个惊人的、危及生命的紧急情况中，他们的对话依然冷静而简明。飞机与鸟相撞使得重型空客 A320 变成了滑翔机，机长苏伦伯格十分迅速地完成了 FOR-DEC 流程，堪称执行范例。关于 FOR-DEC，我已经在第二章第五节中向你介绍过了。当时，他只有两个选择：返回拉瓜迪亚机场或在新泽西州的泰特波罗机场紧急降落。两条路线都会经过人口稠密的市区，发动机推力是否足够值得怀疑。在后续的模拟中，假设在鸟击后 35 秒内就准备采取行动，也没有飞行员能完成回程。而机长增加了世界上任何清单上都找不到的第三种选择：将飞机降落在哈德孙河上。他之所以选择这个选项，是因为它有两个优点：在最坏的情况中，不会威胁到其他更多人的生命，而且只有在水上迫降，苏伦伯格才能控制住事态。他可以利用他超过 20000 个小时的飞行时间及其作为战斗机飞行员的经验来完成高难度的水上迫降，不会因为缺乏推力而冒着无法到达跑道的风险迫降。

苏伦伯格后来强调了特别重要的两点，他认为在灾难性的情况下，一方面作为领导者需要保持冷静，成为团队的支柱。他建议退后一步，重新考虑所有可用的选项。当飞行员有更多的时间进行高

难度的操作前，很常见的做法是再去洗一次手。那一刻，很有可能会出现灵感闪现或者至少可以确定该采取什么恰当的行动。另一方面，苏伦伯格指出了为其他团队成员的想法开放协议空间的重要性。在做出最终决定之前，他问副驾驶："有什么想法吗？"答案是："说实在的，没有。"即使在这种极端压力的情况下，他也考虑到了询问副驾驶的意见。

我们可以从这个事件中学到多少关于谈判的技巧呢？答案是可以学到很多。谈判时要定期训练面临压力的情况。例如，通过参加让你脱离舒适区的专业谈判模拟，或通过在团队中进行模拟谈判来为谈判做准备。用飞行员的话说：如果你定期进行紧急情况训练，那么最终遇到这样的情况只是将其变成另一种常规程序罢了。

不要太早着眼于一个选项，而要先收集选项。同时，你需要在团队中和谈判桌上发挥集体智慧来找到综合解决方案。

在紧急情况下，在谈判团队中明确划分角色尤为重要。在苏伦伯格分析情况的时候，他信任副驾驶，并让他尝试重新发动引擎。此外，如果没有训练有素的乘务员组织大家迅速而有条理地撤离，就算着陆完成得非常好，最终也会危及乘客的生命。

最后，在紧急的谈判情况下做出决策之前，请退后一步，查看情况，或者去"洗手"。

创造力原则清单

采取鼓励创新的态度

将谈判理解为共同解决问题的过程。在此过程的各个层面寻找具有创造性的解决方案。

谈判时要营造积极的氛围。确保气氛愉快，参与者有积极性。

适应固定的创意流程：定义问题、研究、孵化、塑造和完善。

始终将想法的产生和评估过程分开。在小组头脑风暴中，禁止小组成员索要想法所有权。

使用最佳方法来激发创意

协商好明确的游戏规则，例如分离原则和所有权原则。

为谈判头脑风暴会议做充分的准备。

激励每个参与者单独产生自己的想法。

在共同评估的过程中审查并完善你收集到的想法。

使用敏捷工具

使用移情图，以便更好地理解谈判对手的处境。问问自己，你的谈判对手现在的所看、所听、所思和所感。

与你的谈判对手使用共同的看板来有效地管理谈判流程。

利用设计思维和 Scrum 工具。其中的许多技巧都适用于推动谈判。

尽可能多地实现可视化。舍弃乒乓球模式，将谈判变成大家共同的项目。

流畅谈判小建议：创造力是应对高难度谈判的秘方。你需要尽可能营造积极的、创造性的谈判氛围，有意识地让你的谈判对手参与此过程，改变谈判的节奏，进展拖延时加快节奏，出现不堪重负的现象时放慢速度。

第三章

自如应对谈判的五大困局

每一次谈判都是不同的，没有谈判是可以百分之百地被计划的。在许多谈判中都存在某些特殊性。每一次高难度的谈判都会出现僵局，这是谈判代表的经验之谈。我们会一起探讨如何成功应对僵局。难对付的战术和谈判对手也属于谈判的一部分。你需要为此做好准备，不要让自己陷入追求最佳解决方案的困扰，即使面对特殊风格的谈判对手也是如此。商务谈判通常是代表委托人进行的。在这种情况下，至关重要的一点是要在委托人和谈判代表之间建立高效的工作关系。我会告诉你建立这种关系的方法。另外，团队谈判是高难度谈判的常见形式。因此，我会详细介绍如何有效地管理谈判团队。最后，我们还会讨论通过网络会议进行数字谈判涉及的特殊法律内容。这种谈判形式并不是自新冠肺炎疫情暴发以来才变得越来越重要。

谈判僵局：如何走出等待状态

僵局是谈判的一部分。高级谈判代表会考虑到这一因素并为其制订计划。即使有可达成协议的空间，当谈判濒临失败时，也会陷入僵局。但是，谈判对手们是因为没有有效地组织谈判流程而无法找到可达成协议的空间。因此，每个僵局都存在机会：各方都清楚地认识到，事情不能以这种方式继续发展下去。大家必须做出一些改变，否则僵局会演变成失败。你需要利用僵局的机会，改善与谈判对手的合作。每个僵局都是不同的，不存在万能解法。但是，我建议你针对这种紧要情况制定一系列策略。首席谈判代表会保持镇定，并期待这一机会能为谈判流程提供新的动力，以便重新进入谈判心流并取得最佳结果。

避免陷入僵局

一旦陷入僵局，谈判团队之间的交流便会中断，僵局变成不受控制的失败的风险增加了。如果即将出现僵局，最好采取措施避免它。僵局的预兆是双方的情绪反应，以及长时间等待得到的对方的反应。还有倒退谈判（即重新退回到已妥协的问题上）或向公众泄露信息，也预示僵局即将到来。

休息一下或直接休会。如果在谈判桌上出现了僵局的预兆，你最好提议休息一下。此刻的冲动不会有任何帮助。如果问题严重，你可以建议直接休会。你可以说："我们来到了一个困难的节点。从我们的角度来看，双方对总体情况再评估一下会是一件好事。我们要不要看看日程表，决定何时再继续谈判？在下一次开始时，每一方都要提出关于我们该如何继续谈判的建议。你觉得怎么样？"提出休会时，这些要素应该始终存在：给出你想休会的理由，暗示你想重新确认整个流程，约定继续谈判的确切时间，给大家布置一个共同的任务（即改善谈判流程）。

将重点放在潜在损失上。你还记得"损失厌恶"吗？我们在第二章第六节理性原则中认识了这个词语。在面对同等程度的收益和损失时，损失带来的痛苦感，是收益带来的幸福感的两倍。在谈判濒临僵局或失败之前，我们可以利用这种效应。为此，你需要准备一份清单，上面的内容主要为如果没有达成协议，你的谈判对手将会失去的一些重要利益。然后利用挂纸白板，将所有要点可视化，让谈判对手了解到如果谈判失败就无法实现的利益是什么。这种有效的工具通常都会让你达到你的目的。有时，在提前终止谈判的风险出现之前，与己方团队或与决策者讨论此清单是很有意义的。

查看是否存在部分解决的可能性。在谈判陷入僵局之前，是时候看看部分解决方案是否可以让你更接近目标。有时，你的谈判对手不愿意就总体的解决方案做出决定，或者他对你或你的团队缺乏信任。在这种情况下，你们可以协商采取在试点阶段或在部分领域进行试验的办法。

与你的谈判对手坦诚交流

在谈判停滞不前之前，是与你的谈判对手坦诚交流的绝佳时机。你要确保这场对话是在一个安静且安全的气氛中进行的。如果之前的情绪过于冲动，可以稍事休息一下，让情绪冷静下来。你要尽可能保持圈子越小越好，以便更有助于营造一个亲密的氛围。我建议在普通的谈判地点之外找一个地方，例如在公园里走走，或在一个僻静的餐桌旁喝咖啡。

从第三方的角度描述情况。在对话中，你首先要做的就是用自己的语言描述正在发生的事情。同时，你需要站在独立的第三方的视角上，分析各方是如何陷入这种情况的。你也要反思你做了什么导致这种情况出现。你要试着以分析的方式描述发生的事情，避免评价对方的行为。此时，你必须给出讯息。譬如："我觉得我们的流程陷入了停滞状态。这是我的看法：我们花了很多时间互相试探，而没有讨论关键性问题。你新给出的提议令我们感到非常惊讶。然后，我们花了很多时间进行评估，而没有让你知道我们的情况。当我们拒绝你的提议时，我感觉你很沮丧。那么你是如何看待这种情况的呢？"现在是为自己的错误道歉的好时机，但前提是你要真诚地道歉。

寻求建议。你可以在许多情况下使用此方法。尤其是当事情似乎陷入僵局时，寻求建议十分有效。被征求意见时，几乎每个人都容易感到受宠若惊。没错，通过这种方式，你可以在自己和谈判对手之间建立平等的关系。你既可以成功考虑到谈判对手的观点，也可以进一步把解决问题变成你们共同的任务。你可以这样说："我很遗憾我们陷入了这种情况。我们确实已经踏上了寻找对双方都有积极影响的解决方案的道路。现在，我需要你的建议。如果你是我，你会怎么做来继续推动流程？”不要期望对方立即给出坦诚的回答，如果你的谈判对手一开始逃避了，你可以再坚持试一下。你很可能已经激发谈判对手开始思考，相信你很快会获得宝贵的建议。

寻找最重要的价值和利益。当双方的原则纠缠不清时，往往会出现僵局。此时此刻，寻找与各自的原则相对应的最重要的价值或利益是一个好主意。

我仍然清楚地记得与大型机场运营商就建造转运大楼而进行谈判时，我们几乎面临僵局。谈判团队不愿意与我们协商租赁条款。“我们在数百个建筑项目中都使用了这些条款。这些已经得到了监事会的批准，我们不能做出变更。”另一方面，法律部门又要求我们使用我们的标准合同。于是，我们通过以下方法再次推动谈判：“我们理解，对你们而言，保留某些标准对业务管理很重要。但通过我们的项目，我们可以把我们的伙伴关系提升到一个全新的水平，我们的共同营业额会增加一倍以上。我们绝不能因为条款之间的争议而导致该项目失败。你觉得以下建议如何：我们以你们的标准为出发点，并在对我们很重要的方面给你们提出几个变更建议。考虑到该项目的规模和重要性，做出一些小的变更一定是有它的道理的。你觉得呢？”

巧妙引发僵局

尽管有预防措施以及坦诚交流的方法，但还是存在不可避免的情况会导致你陷入谈判僵局。于是，你们在不知道是否该继续，以及如何继续的情况下分道扬镳。当然，在某些情况下，谈判对手的最佳替代方案或者你自己的最佳替代方案要比谈判桌上达成的交易更好。那么，常见的情况是谈判最终失败，其中一方达成圆满结果。更常见的情况是存在可达成协议的空间，但各方无法找到这一空间。你可能会意识到这种情况，但是，你当时处于两难境地。如果你过多地向你的谈判对手表示，尽管存在种种困难，你仍然相信有找到解决方案的可能性，那么他会希望你做出进一步的让步，他会认为你的意志力不强。同时，你也让双方失去了更好地了解谈判失败会造成什么后果的机会。如果你发现僵局不可避免，那么以熟练的技巧来引发僵局就很重要。这个过程你要将行动的主动权掌握在自己手中。前警察谈判代表马蒂亚斯·施汉纳对此提出了很好的建议。他建议对中断谈判进行三次限定，以便可以再次开始谈判而不会丢面子。

你可以说："从我的角度来看，在当前时间点，就目前讨论的议题而言，不存在解决方案。"这样，你就可以在人、时间、内容等方面为重新开始谈判保留多个突破口。例如你的组织中可能有些人想要继续谈判。框架条件可能会随着时间而改变。如果你想到了新的解决方案，也可以回到谈判桌上。

但是，仅凭这一点还不够。当你回到谈判桌上时，你是要维护自己的面子的。对你的谈判对手来说，他回到谈判桌也应尽可能地合理化。你可以跟他说："非常感谢你的建设性发言。遗憾的是，我们今天不得不在这一点上结束谈判。这是我的名片，如果你有任何疑问或新的发现，你可以随时给我打电话。"这样一来，你的谈判对手就可以以询问为由表达他想继续谈判的意愿。

无论谁有勇气迈出第一步，都需要好的理由来重新开始。至于这一阶段你可以采取什么行动，我们接下来会继续探讨。

敢于重新开始

当双方都有时间研究新形势时，经常会面临该如何继续下去的问题。你可以再次浏览一下议题概述和评分表，找出到目前为止讨论失败的症结所在。如果你有一个好的B计划，那么可以立即开始实施它，但是，你需要保持开放的沟通渠道，以便你的谈判对手可以联系到你。如果你不确定是否存在能充分满足你的利益的解决方案，你可以尝试从独立的第三方那里获得客观的评估。如有疑问，就打电话沟通，这样即使双方在经历谈判濒临失败之后也能取得许多非常好的结果。是的，一个敢于重新开始的人会表明他仍然想要一个更好的解决方案。从理论上讲，对方可以利用这一信息对你造成不利结果。你可能以此向对方表明了你有B计划，并暗示了你还愿意做出多少的让步。

我不会夸大其词。一方面，你巧妙地引发了僵局，如上文提到的。现在，你有机会在不丢面子的情况下重新回到谈判桌上。另一方面，几乎没有人会在成功谈判的最后还记得是谁迈出了第一步。但想要重返谈判桌的意愿常常是不够的。通常，你的谈判对手会拒绝与你进一步交谈。对此，我会介绍四种策略，让你的谈判对手回到谈判桌上并且双方都能护住自己的面子。

让对方直观地了解你的B计划。在第二章第三节中，我们认识了一个非常有效的工具，可用于你具有良好的B计划的情况。不要以为你的谈判对手会像你那样了解你的BATNA情况。你需要花时间向他清楚地表明你的能力和意愿，向他提供具体文件，如诉讼草案、项目计划或与竞争对手的合作协议草案。你要尽可能地保持敏锐，给他一定的时间。同时，你要向他表明想与他达成的交易仍是

A 计划，但你也并没有放弃 B 计划。

渐进式地给对方一些小恩惠。在冷战期间，心理学家查尔斯·奥斯古德发明了一种处理棘手冲突的方法。它被称为 GRIT（Graduated and Reciprocated Initiatives in Tension Reduction），意为减缓紧张的渐进式和往复式举措。这一方法指的是，采取多个对对方有利的小举措，以逐步降低冲突的等级并重新建立信任。重要的是，你要与另一方明确地传达希望消除冲突的信息。即使对方没有给出回报或给出了攻击性的回应，你也要继续采取几个举措以表明你是认真地在考虑消除冲突。在国际冲突中，释放囚犯就是这样表示的。例如，即使没有得到对方的回应，也可能会得到有关对方合法目标的积极的公开声明。你要考虑如何在商务环境中使用这种有效方法。也许你与对方在大的交易上陷入了僵局，但是你可以和他签订较小的订单。你可以向工会做出对他们来说很重要，但对你来说是比较小的让步，而不要求任何回报。你可能还会想到其他积极的表示方法，如为某位成员的生日献上一束鲜花，或者在公开声明中强调工会在公司过去的发展中发挥的重要作用。

建议成立工作小组。成立了工作小组，即使谈判失败，也可以在工作小组中针对可解决的部分问题寻找方案。这个工作小组的讨论结果可能会带来一个独立的解决方案，或者可以为最终的综合解决方案提供最初的火花。如果你与谈判对手在全面合资方面协商失败，你仍然可以查看在个别领域中针对某个产品进行合作是否有意义。

我遇到过这样的情况，劳资谈判已彻底失败，劳资纠纷也已经发生。然后，我们举行了一个小组会议，目标是至少要继续讨论养老金的问题，确保我们对该问题有更深入的考虑，以便为之后的谈判做准备。通过这一过程，我们建立了新的信任，最终甚至达成了总体协议。

提出合理的谈判流程。陷入僵局的谈判是尝试其他谈判流程的绝佳时机。我们常常会凭直觉进行谈判。只有当事情停滞不前时，我们才会质疑我们的不良习惯。你可以建议双方花一天的时间单独讨论他们的利益。在结束时，将双方的十个最重要的利益都清晰地写在一张纸上，并按顺序排列。在第二章第二节中，我们学习了如何通过共同的头脑风暴会议来获得可能的选项。最后，各方共同商讨综合解决方案，直到获得一个最能满足双方合理利益的解决方案。如果冲突很难处理，那么可以让经验丰富的冲突专家来把控这一流程。在下一节中，我们将探讨第三方会如何帮助我们应对僵局。

发挥第三方的作用

根据我的经验，在谈判停滞不前时，我们才想到让第三方参与解决冲突为时已晚。对此，存在两个原因，一方面，许多谈判代表把第三方的参与视为个人的失败；另一方面，他们通常会严格地考虑到第三方的成本。但这两点很容易被驳倒。从我的角度来看，当你在适当的时候意识到第三方可以为你提供帮助时，这恰恰标志着你有着很强的自主意识。当我们将第三方的成本与冲突的成本或不良解决方案的成本相关联时，往往会很快意识到这一点。第三方不仅可以充当冲突调解员，还能使谈判重回正轨。

扩大谈判队伍。当第三方参与谈判时，通常会出现新的解决方案。例如，第三方可以将更多资源带到谈判桌上。如果你成功获得了另一个采购伙伴，就可以增加采购量，从而提高对对方的吸引力。如果你想出售公司，则有可能为愿意为其中的一部分支付更高价格的潜在买家找到合作伙伴。总体而言，你可以通过这种方式让你的谈判对手支付更高的购买价。

在我们与俄罗斯就飞越权进行谈判时，我们始终要面对俄罗斯国有航空公司提出的要求。他们是我们的直接竞争对手，不是想阻止我们飞越，就是想为此获得100%的赔偿。当时，俄罗斯政府也帮助了他们。这导致谈判常常陷入僵局。当我们把第三方带到谈判桌上时，情况发生了根本变化。我们请来的是一家俄罗斯货运航空公司，他们希望从德国飞往第三国。突然之间，局势发生了变化，俄罗斯方想从我们这里得到一些好处，因此对他们而言阻止我们飞越不再是可行的策略。

更换谈判代表。摆脱僵局的一种非常有效的方法是更换谈判代表或整个谈判团队。当谈判代表发生改变时，谈判策略也会发生更加可靠的变化。如果公司之前以谈判实力为导向进行了立场式的谈判，那么可能很有必要选择其他方式。这时，以利益为导向、受过冲突训练的谈判代表可以切实地对谈判策略做出改变。他的任务是首先重新建立失去的信任。

在第一章第一节中，我们了解了五种不同的冲突模式。谈判代表的风格各不相同，在某些情况下，彼此的风格互不相容。有时，是因为彼此碰撞的化学反应或者是早前的经历不合适，于是，就造成了冲突升级，而这常常又以僵局收尾。在这种情况下，你需要终结冲突并更换谈判代表。有时，可能是为了腾出谈判代表亲自承诺的职位，需要调换谈判代表。

更换谈判代表时要注意一些技巧原则。你需要确保之前的谈判代表可以保住面子。一个好的办法是给他分配另一项艰巨的任务，这项任务使得他无法继续在当前项目中同时进行谈判。你需要在你的谈判对手和你自己的团队面前公开透明地告知大家这一变化。这是相关决策负责人的任务。你需要将先前的谈判代表从谈判团队中完全撤出，并撤销他的职务。否则，你会从一开始就动摇新来的谈判代表的地位。此外，你需要给新来的谈判代表一定的时间来熟悉工作并赢得谈判对手的信任。我自己就有过这方面的经历，在与工会进行了长期的劳资纠纷后，我作为新的谈判代表接手剩下的谈判事宜。之前，双方谈判代表之间的个人关系出现了裂痕。双方都指责对方严重破坏了他们之间的信任。因此，对我而言，特别重要的一点是，与另一方讨论我们彼此相处的方式以及我们如何设计后续的流程。在这一过程中，我们逐渐赢得了彼此的信任。如果仅更换谈判代表不再有用，那么，可以考虑让冲突调解员参与进来。

让第三方作为冲突调解员。你可以在谈判僵局中通过各种形式让第三方参与其中。这只有在你的谈判对手同意的情况下才有效。同时，第三方在冲突中保持中立、公正的态度以及拥有处理冲突的经验很重要。主持人或引导者可以帮助各方遵循既定议程并更好地沟通。该角色负责把控流程，需要克制表达自己的意见。与之类似的还有调解人的角色。调解人需遵循与哈佛谈判原则相似的既定流程。他会根据合理的、基于原则的谈判流程指导双方。当双方的关系破裂时，尤其需要发挥他的作用。而仲裁员向双方提交提案，双方都必须接受。最终裁判对冲突做出具有约束力的决定。其中，仲裁员或裁判的角色在分配问题的冲突中尤其重要，因为根据哈佛谈判原则，他们采用的解决方案是客观标准。

如果双方离解决方案似乎还有很远的距离，那么加入的第三方会有许多优势。通过在谈判人员之间的穿梭外交，他可以让谈判顺利进行，并帮助大家摆脱谈判的困境。谈判的困境在于，以利益为导向的谈判要求谈判对手之间存在很高的透明度；但同时，谈判对手又可能会利用这种透明度为自己谋取收益。如果双方缺乏信任，那么他们就不会开诚布公地面对彼此。为此，调解员可以在先不告诉另一方的利益的前提下，亲自寻找可达成协议的空间，并在必要时向当事方提供适当的建议。中立的第三方为各方减轻了控制流程的负担。通常，还能在双方之间起到情感缓冲的作用。双方在第三方面前的行为都会更谨慎。仲裁员可以在不让谈判代表丢面子的情况下为另一方做出让步的决策。也就是说，最后做决定的是仲裁员，而不是谈判代表。经验丰富且训练有素的第三方会很快发现可以实现合作收益的议题。在协议空间狭小的谈判中，这些议题可能对促成解决方案有决定性作用。

此外，在调解与仲裁之间存在许多中间形式，在各个情况中都能发挥出很大的作用。有时，双方共同聘请一个中立的谈判分析师也很有意义，他可以以清楚明了的方式准备好议题和选项，并对其进行系统的评估。

在获得第三方支持的谈判中，最重要的一条规则是：在任何情况下，你都不应该当甩手掌柜，把所有事情都交给第三方组织。和之前一样，你应该积极参与谈判并且做好常规的功课，例如议题概述或评分表。

现在，你掌握了如何处理谈判僵局的众多策略。你可以预防谈判僵局的产生，也可以巧妙地引发僵局并敢于重新开始。你要把每一次僵局都看作一个机会。此时，你可以调整谈判流程，最后还可能进入谈判心流。在棘手的情况下，也可以借助第三方的支持。但是，有时候，挡在你和解决方案中间的不是特殊的情况，而是谈判对手的个性。在下一章中，我们会介绍你该如何与难对付的谈判对手进行谈判。

谈判僵局清单

预防僵局的产生

建议休息或休会。通常你可以通过有效的中断来阻止冲突的升级。

向对方简明地阐释谈判失败会造成什么损失。

查看是否存在比最初预期的解决方案更小规模的解决方案。

从第三方的角度描述情况。

向你的谈判对手寻求建议。

巧妙地引发僵局

对中断谈判进行三次限定：人、时间、内容。

尽可能使重返谈判桌变得合理。

重新开始

直观地向你的谈判对手展示你的 B 计划。

渐进式地给予对方一点小恩惠。

更改程序。

让第三方参与

扩大谈判方的队伍。

更换谈判代表。

使用第三方作为调解人。

流畅谈判小建议：不要害怕谈判僵局。它可以让每个参与者意识到，处于什么危机之中。这也是摆脱低效谈判模式的绝好机会。不要把时间耗在无希望的谈判上面。你会浪费可达成协议的空间。为此，你需要打破格局。

难对付的谈判对手：如何成功推进谈判

是什么使得谈判对手如此难对付？我建议你不要在此问题上过多地思考。一方面，这不能一概而论。每个类别都有其误导性。对你而言很难搞定的事情对其他人来说可能很容易解决。每个谈判者都有自己的谈判风格，而不同的风格都会碰撞出不同的挑战。另一方面，对这一问题的关注并不会帮助我们获得更有效的谈判流程。但即使在困难的情况下，这也应该是我们的目标。如果你把谈判对手贴上难对付的标签，那么这会从思想上限制你的选择。与其对谈判对手的个性感到生气，不如思考应对他们的谈判战术。否则，你的谈判对手很可能会听到你对他的评价。没有人会在被贴了难对付的标签后而让自己变得好说话。

如果你能专注于谈判对手的行为，那会更好。这可以让你适应特定的情况并制定出有针对性的对策。你需要把人与行为分开来看。这有助于你为谈判对手根据其行为搭建起通往更好的谈判流程和解决方案的桥梁。

因此，我们首先要了解的是常用的诡计，你必须在谈判桌上考虑到对方可能使用的相关战术。仅凭这些知识，你就能获得免疫，以防你受到危险攻击。另外，我在你的工具箱中还添加了一些策略，以避免你做出错误反应，并帮助谈判重新回到解决问题的模式。

你了解难对付的谈判对手可能采取的所有战术吗？

你知道蒙面魔术师吗？他在 1990 年代的美国电视上揭示了魔术师的秘密技巧。这使得他在同事中很不受欢迎。我可不希望我因为下面列出的清单而在谈判专家中也收获同样的遭遇。说实话，我把收集谈判桌上的战术当成了我的爱好。我不建议你自己使用这些战术，从长远来看，它们会损害你的信誉。一旦你的谈判对手发现了这些战术，那么双方的信任就消失了。这些战术有助于谈判中存在的竞争要素，但是它们也破坏了谈判的第二要素，即合作。

那我们为什么还要研究这些战术呢？因为如果我们发现了这一战术，那么它对我们就无法奏效。如果你了解某种战术，你就更有可能觉察出它的存在。那样至少就成功了一半。我建议你采取以下态度：当真正的谈判专家在谈判桌旁相见时，他们无论如何都会知道所有的战术和圈套。那么，你就可以放心地把这些东西丢到一边，直接把精力放到共同解决问题上面。而其他人立马就会意识到，圈套用在你这儿根本没什么用。

通常，我们会假设我们的谈判对手是诚实的。在大多数情况下，也确实是这样。然而，大多数战术恰恰利用了这一点。当涉及重要问题时，采用某种战术可以让你的谈判对手拥有巨大的优势。但请不要因此变得太过多疑，保持足够的警惕就行了。

此外，并不是每一种战术都是被别有用心者精心策划出来的。一些战术与性格有关，能凭直觉使用。例如，一些非常成功的谈判者往往会系统性地模糊记忆。也就是说，你的谈判对手只是模糊地记住了以前的协议，无论是口头上的还是书面的协议。然后，他利用这种记忆缺失，巧妙地以对他自己有利的方式对其做出重新阐释。不清楚的情况变成明确的协议，明确的协议变成空洞的承诺。到最后，是不是有意地使用该战术并不重要。无论是有意还是出于直觉，其危害都是一样的。只是与性格密切相关的战术很难识别。

通常，我们都还不能立即确定这是一种战术。首先，作为谈判对手，对你来说，另一方有意使用某种战术只是存在着可能性。然后，你需要收集更多的信息，以查明情况。

我为你整理了 17 个最重要的战术（见表 11）：

战术	描述	巧妙提问及应对措施
关于底线或者 BATNA 的谎言或虚张声势	传统的谈判者花很大精力来欺骗谈判对手关于他们底线在哪里，以及还能接受多少的想法。他们会说这样的话：“这是我绝对的底线”，“我有一个更好的选择，低于这个价格的，我不会接受”。他们会歪曲事实或夸大事实。	你能否解释一下你是如何设定这一底线的? 我们可以怎样去验证你说的更好的选择是真的呢?
难以置信的好	另一方给你提供了难以置信的好方案。你觉得是你的谈判对手失算了或最终变理智了。当你已经在脑海中接受了这个对你有利的方案，并告知了你的委托人之后，你给你的谈判对手发出了相应的信号。现在，你的谈判对手提出还要增加条件和之前未提及的其他议题。此时，你很难有退路。	这是你的综合方案，还是我需要考虑其他方面的内容? 抱歉，我们希望在最终给出评估之前先了解全部的情况。
看似重要的要求	你的谈判对手提出一项或多项额外的要求。他不断强调这一点对他格外重要。实际上，他人为地夸大了这一点的重要性。在最后一刻，他以这个看似重要的要求换来了你的重大让步。	制定有吸引力的两套综合方案，其中一套包括对方提出的可疑的要求，另一套不包括。然后问对方：如果我们可以为你提供这些方案之中的一个，那么你会选择哪一个呢？必要时你会收到初步提示。

续表

战术	描述	巧妙提问及应对措施
权限谎言	当进行委托谈判时，谈判代表可以在两个方向上欺骗对方。他可能会给你传达一种他有权签订协议的印象。而在似乎快要达成交易的时候，他突然表示自己还得与委托人协商。恰巧他还有追加的要求。 或者，你的谈判对手可能会声称他的委托人给了他一个明确的框架。只有当你做出重大改进，他才能遵守该框架。而实际上，并没有这样的框架。	在一开始就弄清楚你的谈判对手拥有哪些权限。特别是对于难以置信的好的方案，你也应该弄清楚授权问题。 如果你的谈判对手以预先给定的框架为由，那么这也是一种对其底线的虚张声势。
好警察 / 坏警察	首先，所谓的“坏警察”向你提出苛刻的要求。随后，“好警察”登场，他似乎站在了你这边。你纯粹出于对好警察善解人意的感激，做出了不必要的让步。这在许多谈判者心中是最著名和最受欢迎的谈判战术。	如果你特别喜欢其中一个谈判对手，而又不喜欢另一个，那么很可能你被施了圈套。对付这种战术特别有效的方式是可以明确指出：“我好像感觉你这一方分饰了不同的角色。那么，哪位的观点真正对我们的交易起决定性作用呢？”
一致性陷阱	在发生一致性陷阱的情况下，你的谈判对手试图让你同意看似无可怀疑的标准。实际上，你的谈判对手已经确认了提议的标准对他来说非常有益。与此类似的是“登门槛”战术。你的谈判对手先要求你做出一个小小的让步。一旦他达到了这一目的，他便提出更多进一步的要求，这些要求看起来其实是一致的。	请谨慎对待你不了解后果的标准，例如：“这只是其中一个标准，可能还有其他与我们的问题相关的标准。你能否将所有事实提供给我们？” 如果有人想让你“登门槛”，你可以坦诚地询问他，他的最终目标是什么，同时告知对方你不会再做其他的让步。

续表

战术	描述	巧妙提问及应对措施
最后一秒	一个经典的战术是，在交易意愿达成之后，在合同签订之前，谈判者在最后一秒又提出一个很小的议题。通常我们不希望因为这一点细节导致谈判失败。但我们会认为我们在此之前所做的所有努力都受到了威胁。在这种情况下，人们利用了损失厌恶的效应。看似近在咫尺的谈判成功可能会导致非理性的让步。	你需要为最后一秒可能会出现的这种情况而做好准备，准备一个在最后一秒可以派上用场的反驳清单。 从一开始就制定一个游戏规则，以预防此类行为的发生。 在有所怀疑的情况下，你应该保持坚定的态度，否则，你就得预料到自己被利用了。
互惠圈套	互惠原则深深植根在我们的心中。你要提防有意利用此原则的谈判对手。此战术存在很多种形式：你的谈判对手提前给你小小的礼物，并以此要求更大的回报。或者他立即对你的回报做出回应，但只是一个小小的让步。 拆屋效应：对方先提一个苛刻的大要求，之后再提一个小要求。而我们把这当成是对方一个很大的让步，于是便答应了这一要求，没有回报。	始终考虑恩惠和回报是否相符，特别是在压力下。如果你存在怀疑，可以先休息一下。然后，与独立的第三方讨论，从他的角度来看，恩惠和回报是否匹配。
极端要求，小幅度让步	在这一战术中，谈判对手利用了锚定效应。首先，他提出非常高的要求，然后做出了小幅度的让步。这样就可以诱使你被锚点牵着鼻子走。	有三种经典的反锚定策略：完全忽略对方所设的锚点和做出的让步；设定一个极端的相反的锚点；最后一个策略是退场走人。使用这三种策略，从一开始就留好回到建设性对话的退路非常重要，例如回答："那对我们没有任何推动作用。让我们谈谈可以应用哪些客观标准吧。"

续表

战术	描述	巧妙提问及应对措施
要么接受，要么走人	谈判对手给出最后的报价，并以此威胁：如果不接受的话，那就一拍两散。这种情况可以与戏剧性的“拂袖而去”联系到一起。	这是一个没有万能解法的棘手局面。有一些可以让对话继续进行的办法：“你介不介意再向我们解释一下，为什么你不能与我们继续谈判了呢？”“如果我们不能对你的报价做出回应，接下来的流程要如何进行？”此后，再给出最后的还价通常也是有用的方式。
对自己的报价重新出价	你的谈判对手偏离了通常的报价和还价框架，并要求你对自己之前的报价重新出价。	讨论对方与通常的谈判程序的偏差。然后，在有必要的情况下，提出修改后的报价，该报价在总量上保持不变，但需要修改对你的谈判对手特别重要的要点。
人身攻击	你的谈判对手攻击你的专业能力、谈判风格或想法，或者对你进行侮辱和贬低。	首先，你要做的是“去阳台上”。如果你现在保持冷静，那么你会变得无坚不摧。最好是忽略对方轻度的攻击，不要在谈判桌上过于敏感。但如果攻击超过特定阈值，则必须进行干预。你可以挑明对方的这种行为并讨论可能的游戏规则。同时也要给你的谈判对手留个台阶下。你能否用对这种错误行为的保密换来其未来行为的改变？
威胁	你的谈判对手威胁你，如果不满足他的要求，会导致严重后果。	你该如何反应，在很大程度上取决于后果的现实程度。你可以向对方指明威胁的后果。如果对方采取了威胁策略，这会让双方关系变得紧张。威胁者可能会对自己造成更大的损失。你需要挑明这一点，指出这是无效的谈判行为，并提议一个更有效的方式。

续表

战术	描述	巧妙提问及应对措施
模糊记忆	大多数口头协议在后续过程中被对方以有利于他们的角度重新阐释，甚至歪曲。	与谈判对手进行谈判时，你应该避免在没有见证人的情况下一对一的谈话，并且要尽快以书面形式达成协议，提防对方解释性的表述。
不理性的表象 /“赫鲁晓夫的第三只鞋子”	你的谈判对手给你的印象是他是一个不理性的人，在最坏的情况下，他甚至可以接受自我伤害。苏联领导人赫鲁晓夫就是一个很好的例子，他在一次联合国大会上用一只事先带来的鞋子敲起了桌子。当这样一个无法自控的人也能够发射核导弹时，这似乎让人恐惧。实际上，这个举动是精心安排的。	首先，请考虑你的谈判对手是否真的不理性，或者他们只是受到第三方的限制或者有一些你不知道的信息。如果你的谈判对手真的是把不理性作为一种策略，那么，你要尝试着让更多其他的人加入谈判对手那一方和你自己这一方。监视有助于控制非理性。此外，你还应该以书面形式记录谈判过程和你的公平报价。
防守	你的谈判对手拒绝任何协商或者不改变自己的立场。“我有委托人给出的明确规定，我不能偏离。”	向对方提出问题，以便尽可能地了解对方采取防守策略的原因。从第三方获取信息，核查对方给出的原因是否真实。对这一策略做出新的解释，即这是因为你的谈判对手担心谈判可能不会成功。给对方直观地展示你的 B 计划。
恭维	通过恭维谈判对手，使其做较大的让步。	接受对方的赞美，简短地表示感谢，不为所动地继续谈判。

表 11：17 个谈判战术

在与你不了解或声誉不佳的谈判对手进行重要谈判之前，你可以再看一遍这个列表，让自己意识到对方可能采用的战术，并考虑好你应该做出什么样的反应。此列表并不详尽，实际上一共存在数百种战术，如罗杰·道森的著作《优势谈判——一位王牌谈判大师的制胜秘诀》中列出的。这些策略可以在不同的情况中组合使用。你不必为每一个战术做好准备，更有意义的方式是掌握一些在任何情况下都可以帮助你回到建设性的模式的策略。现在，就让我们看看你可以用到哪些策略。

不要对攻击和战术做出直接反应

面对攻击和战术的首要原则是保持镇定，深呼吸，不要做出直觉性的反应。大多数战术旨在使你在压力下犯错或给你造成认知偏差。此时，你要做的是去威廉·尤瑞提出的著名的“谈判阳台”。具体来说，这意味着你在思想上从谈判的乒乓球模式中走出来，从上方观察正在发生的事情，就像未参与到谈判中的第三方。你需要让自己从受影响方的视角以及被触发的情绪中抽离出来一会儿。这并不总是那么容易的一件事，需要进行练习，尤其是在你情绪高涨的时候。你需要保持沉默，以中断“刺激—反应”的模式。你可以提议休息一下或者将谈判延期。如果你觉得贸然提出休息很尴尬，也可以以喝咖啡或吸烟为由提议休息。你要跟一个团队伙伴说好，当他发现你想要对攻击行为做出直接反应时，就提议休息。

反击并不能发挥作用。当你对谈判对手做出反击时，你会自动陷入防御状态，然后被对方带节奏。通常，人们会把另一方的战术理解为允许自己使用花招和诡计的信号，这意味着你交出了行动权。你的谈判对手制定了游戏规则，而你在遵守他们的规则，冒着失去信誉的风险。到最后，没人记得谁是始作俑者。

使用四种有效策略，与难对付的谈判对手进入解决问题的模式

冷静下来后，你便可以使用五种经实践证明可行的策略，使谈判重新回到建设性的道路上：重新解读谈判对手的战术、不理会对方的战术、参与这场游戏并揭开真相、与谈判对手协商游戏规则、尽早考虑如何给谈判对手台阶下。

重新解读谈判对手的战术。将谈判对手的要求或解决方案解读为不切实际的幻想。我经常会遇到谈判对手在谈判之前由决策机构做出决定的经历。例如，工会秘书说，劳资委员会已决定，最后的协商结果中加薪不得少于5%。你可以回答："这对你们来说当然是一个很好的结果。我们的董事会也希望在不超过通货膨胀率的情况下做出补偿。每个人都有自己的心愿。最终，我们都得切合实际。从你的角度看，除了通货膨胀率，还有其他标准吗？"

如果你的谈判对手对你进行人身攻击，你可以将其重新解读为对问题的攻击。例如，对方的攻击可能是："我认为您缺乏必要的经验来评判此问题。"然后你回答："确实，如果有具备一定经验和知识的人来评估我们的建议，那是非常有价值的。您认为我们的建议还有哪些不恰当的地方？"

不理会对方的战术。你可以假装自己没有听到谈判对手的战术。如果对方给你下最后通牒，你就忽略它。例如，你可以换个话题或者提议休息。这也可以帮助你检验对方下的最后通牒是认真的还是只是一个试探。你也可以忽略战术的内容，而只关注情绪。如果你的谈判对手愤怒地以起诉来威胁你，你可以说："我感觉你很生气。你能解释一下原因吗？"当然，你不能忽略谈判对手的每一种行

为。对于严重的人身攻击或欺诈行为，你要严惩，否则可能会引起效仿。

参与游戏并揭开真相。如果你怀疑你的谈判对手正试图欺骗你，不要立即揭露。一方面，你可能是误会了。另一方面，如果你的谈判对手低估了你，那也不会造成任何伤害。你可以在你的谈判对手面前假定他对你是诚实的，同时，你完全可以让自己显得有些天真。你理所当然地假定对方是一个正直的人，这意味着他说实话，信守诺言，不对自己的权限撒谎，也不会提出已经得到回答的问题。你可以提出有针对性的问题以核实他说的话，不要以审讯员的态度提问，而要以困惑或缺乏专业知识为由进行提问。你可以向对方询问你已经知道答案的问题，然后注意他回答的细节和细微差别。你也可以向你的谈判对手提出对他来说毫无阻碍的请求（如果他是诚实的）。例如，如果你的谈判对手多次强调其财务状况的稳固性，你可以向他提出看其账簿的请求。通过友好但有针对性和持续的提问、通过调查请求并比对网络中获取的信息，你的谈判对手会察觉到你揭露了他。由于你没有公开对峙，因此他现在有机会挽回他的面子。大多数谈判人员在发觉自己暴露时就会放弃这一战术。于是，你们可以回到公平的、建设性的道路。

协商谈判的游戏规则。不要让自己受愚弄。在某些情况下，我们无法巧妙地重新解读或揭露一种战术。而当战术会导致重大后果，另一方又不放弃其战术或进攻行为时，不理会的策略也是无济于事的。那么，你现在还可以采取的策略是转到元级别，协商谈判的方式方法。此时，至关重要的一点是让你的谈判对手有机会留住他的面子，并从一开始就规划好通向建设性合作的退路。

选择一个私密的环境，尽可能营造轻松的氛围，开始元谈判。

给出反馈时始终将关注点放在谈判对手的个人行为上，而不要从整体上关注他们的个性。因为关于个性的反馈对谈判来说没有帮助。但是，个别行为是可以改变的。

尽早考虑如何给谈判对手台阶下，以便让他放弃战术。指明错误和误会是很合适的一种方式，也是在许多谈判中不可缺少的。“不是，说这话并不是要构成威胁。那时我只是很生气，所以表达得很直接。”或者说：“我们又看了一下会议记录，我不得不承认我们的约定没有我想象的那么明确。”

当然，你无法通过谈判技巧来应对每个难对付的谈判对手。那时，你就得依靠自己的负面杠杆：你的 BATNA 怎么样？你可以如何利用权利和法律？如果无法达成协议，你的谈判对手会损失什么？如果你仍然对谈判对手的让步抱有希望，你就可以将这些要点直观地阐释给他。如果不是这种情况，你就以专业的方式尝试使用你所有的方法。但是，你要确保你的谈判对手仍然可以在最后一秒钟联系到你。你可以关上门，但不要锁上它。

难对付的谈判对手清单

了解战术

最常见的战术：对底线的虚张声势、难以置信的好、看似重要的要求、权限谎言、好警察 / 坏警察。

心理战术：一致性陷阱、最后一秒、互惠圈套。

最具攻击性的战术：极端要求，小幅度让步；要么接受，要么走人。

最狡猾的战术：模糊记忆、不理性的表象、恭维。

不要对攻击和战术直接做出回应，而是“去阳台上”

返回到解决问题的模式，有四个策略

把要求理解为心愿。梦想是可以有的。

忽略对方的战术。

假设对方是一个正直的人，向对方提出天真的问题，直到对方感觉到要被揭露。

给出反馈，协商游戏规则。

自主应对顽固谈判者

识别这种模式：威胁 / 奉承等，此外一切都是允许的。

分析对方的权利情况。让最后通牒失效。展示你的 B 计划。

不要对每一次挑衅都做出回应。不要被奉承所打动。

采取非线性妥协。给自恋型的谈判对手以公开有效的方式做出一个对他很重要的让步，并让他付出高昂的代价。

流畅谈判小建议：不要被骗子和攻击者扰乱了节奏，尤其是不要遵循他们的游戏规则。你要继续留在高效谈判的道路上。这些诡计很容易识破，并且通常可以加以利用，为自己谋取利益。你要始终牢记你的目标：实现最大收益。

委托谈判：如何为他人谈出最优结果

在商业生活中，我们很少为自己进行谈判。大多数时候，我们都是受委托进行谈判。委托人可以是我们的客户或我们的上司，又或者是我们的公司或我们的组织。于是，我们代表委托人进行谈判。董事可以是我们的决策者，但他本人也可以担任公司的代表，因为他不是公司所有者。这种“委托人一代表”的关系也可以是多层级的。这通常会使事情变得更加复杂。如果想要在商业谈判中取得成功，就需要深入研究这种关系，并注意一些基本规则。由于委托人及谈判代表的利益和信息状况不同，因此在对接时经常会出现问题。房屋销售商希望房子能卖得高价，而房地产经纪人则希望不费力地达成交易。工会希望达成高额的协议，而工会秘书可能会希望回避罢工的麻烦。客户想赢得法律纠纷，他的律师可能想要结算更多小时的费用。

但是，在谈判中委托谈判代表有很多好处。我们的谈判代表通常会拥有我们所不具备的知识和技能，如反托拉斯法律师、投资银行家或消息灵通的房地产经纪人。也许他还具备我们所缺乏的沟通能力、分析能力或个人技能。又如作为文学代理人，他有着对我们尤为重要的关系网资源。即使他跟我们自己相比没有什么优势，他也可以节省我们自己的谈判时间。有些人会利用委托人和谈判代表之间的这层关系采取某种战术。例如，委托人展示的形象是有原则的、态度严厉的人时，而他的谈判代表却表达合作的态度。反过来，强硬的谈判代表可能会被他友善的委托人不时地叫停。这一点类似于“好警察/坏警察”。

另一方面，委托谈判代表也有缺点。通常，谈判代表会收取一定的服务费，不论是固定报酬、以小时计算的报酬还是佣金。这些并非唯一的费用。此外，还包括对谈判代表定期的监督和激励措施所产生的费用。最后，如果因为谈判代表有着其他的利益，从而导致达成的协议对委托人来说并非最佳选择时，还会产生额外的成本。例如，一项研究发现，房地产经纪人在出售自己的房屋时会比出售客户的房屋时卖得更好的价钱。原因很简单：在这种情况下，他们可以获得全部收益，而不只是收取6%的经纪人佣金。因此，对经纪人来说，投资必要的时间显然会更值得。

委托人及其谈判代表之间的关系面临三个基本困境。首先是信任困境。委托人越信任谈判代表，谈判代表获得的自由就越大。他得到的自由越多，滥用的可能性就越大。其次是灵活性的困境。如果委托人为控制谈判代表与其达成明确的协议，那么这会以牺牲他的灵活性为代价。而如果失去了灵活性，他就无法探索更好地满足委托人利益的解决方案选项。最后是创造性的困境。一方面，谈判代表应协商出创造性的解决方案；另一方面，如果这些解决方案与通常的标准相差太远，则谈判代表很可能在实施的过程中受到责问，并被要求给出合理的解释。

“委托人—代表”的关系在公司或其他组织中最为常见。公司中，每个谈判代表上方都有对应的决策者或委托人。为了有效构建这些关系，你需要注意什么？这种相互协调可以从两个角度来看：从谈判代表的角度和从委托人的角度。在本书的其余部分中，我们停留在谈判代表的角度。理想情况下，他需要对整个谈判流程负责，包括与委托人的协调。此外，我会为你提供一些技巧，说明作为委托人如何控制你的谈判代表。

委托谈判对沟通和结构化的要求更高。如果你从一开始就注意了这两个问题，那么就会大大扩宽你的战术选择，谈判心流也可能会出现。

与委托人商定增加自由的授权过程

在谈判中控制谈判代表的通常形式是谈判授权。最简单的方式是，你的委托人会告知你必须达到的最低价格或可以接受的最高价格。当然，只有在单一议题的谈判中才能做到这一点，而这种谈判很少见。即使从表面上看只是单一议题的谈判中，担保、服务或财务问题也会很快影响到整体的评估。因此更好的一种谈判授权形式会涵盖多个议题及其优先性。但是，即使是这样的授权形式也存在一些方法上的弱点。

如果委托人给出了确切的数值，则始终存在给谈判代表太多或太少自由的风险。如果他有太多的自由，那么他的野心可能会太小，或者他会对差不多可以接受但绝对称不上好的解决方案感到满意。如果他的自由度太小，那么他就不会充分利用创造性的解决方案，并且由于缺乏权威，谈判对手可能不会接受他。

如果在多个类别中确定了多个下限阈值或红线，则会产生多条底线。然而，这会阻碍谈判代表在一揽子方案的大框架中进行整体性思考。而这恰恰关涉涵盖所有议题的最大的谈判蛋糕。不同议题之间的交易或所谓的“滚木法”也会受到影响。这是很危险的，因为“滚木法”是真正获得有效谈判结果并充分利用协议空间以造福双方的最重要的方法。设置多个最低标准会导致更糟糕的解决方案，阻碍多个议题之间的交易。这里要提到那句谈判格言，妥协是真正好的解决方案的劲敌。

然而，最大的弱点在于，这种授权通常是由委托人在谈判开始之前交给谈判代表的。这完全否定了谈判是不同立场之间的你推我挡这一事实。每次谈判也是一个共同的了解过程，在这个过程中，我们逐步加深对谈判对手利益的了解。例如，如果董事会在大型战略性采购项目开始之前给其采购经理设定了理论上的最高价格，那么实际上会发生以下情况：由于掌握的信息不够清晰，偏离实际的委托人给谈判代表布置了十分具体的委托任务，这极有可能导致错误控制。如果给的目标过于雄心勃勃，缺乏灵活性，那么谈判代表可能从一开始就必须进行立场式谈判，从而导致找不到可达成协议的空间，在谈判桌上留下了增值潜力。以这种角度来看，我们很容易看出，在早期阶段，如此薄弱的信息基础很有可能导致做出糟糕的决定。然而，这是许多公司中的现实情况。如果双方在一开始都获得了固定的委托指标，那么谈判就是以相互试探的形式开局，而不是去了解双方的共同利益或制定可能的解决方案选项。每个人都只是想诱使另一方说出他们的底线。在复杂的谈判中，这种交流方式会导致最后取得的结果不佳。

将委托任务的发布设计为动态的对话过程。因此，最重要的是认识到，不能将委托任务的发布理解为一次性的静态过程。最好将委托人和谈判代表之间的委托过程设计为动态的对话过程，在此过程中要不断对授权书进行调整。一开始，谈判代表只会得到一份谈判授权书。他的任务是与他的团队组织有效的谈判流程。根据现代谈判技巧，在谈判桌上和谈判桌之外，他都必须对谈判对手的利益、双方可能采取的解决方案选项、公平的标准以及可能的替代方案有深入的了解。此外，委托人应要求其谈判代表与另一方建立起有效的、充满信任的工作关系。在为良好的谈判流程创造这些先决条件之前，至少在内部，他无权做出具有约束力的协议决策。刚开始时，谈判代表还会利用委托对话的机会来加深对委托人利益、优先级和替代方案的理解。客户通常会提供关于可能的选项和关于客观标准的有价值的信息，谈判代表也会很感激地接受这些信息，但是同时他们不会放弃自己对这些基本议题的调查和思考。重要的一点是，也要与委托人讨论如何处理谈判僵局或谈判失败的情况。提前问问他可以使用哪些标准来共同衡量协议是否成功。此外，这也是讨论不同角色的好机会，尤其是应明确委托人在谈判中的角色。在下一章中，我们会聊到谈判团队中的不同角色。

遵循增加授权的原则。随着谈判进程不断前进，双方了解程度加深，谈判授权可能会转变为协议授权（视情况而定）。在这种情况下遵循增加授权的原则是很有意义的：“我们现在已经对情况非常了解了，你可以直接接受以下的谈判方案或类似的方案，不用再与我们商谈了。”

如果委托人与谈判代表之间的委托对话持续有效地进行，那么谈判代表可以透明地将其授权书告知谈判对手，例如：“形式上，我可以（或不可以）与你达成交易。但这不是至关重要的。对我们双方来说，重要的是我的委托人完全支持谈判的结果。这样可以确保你稳妥地、顺利地执行谈判的结果，而不用花费任何额外的时间。我与委托人持续保持着密切联系。你可以放心，我们在谈判桌上达成的每一个谈判结果，我都会亲自在委托人那里争取到支持。同时，我与委托人协调得非常紧密，你基本上可以认定此结果会受到我的委托人的认可。”

将委托人与谈判代表之间的对话视为进一步的谈判流程

当你受到委托进行谈判时，你至少会坐到两张桌子上：与你的谈判对手在“前桌”上，与你的委托人在“后桌”上。实际上，两张桌上进行的都是谈判流程。在复杂的大型组织中，你很容易将多达 80%的谈判时间花费在“后桌”上。委托人及其谈判代表之间的协调过程显示了许多谈判流程的特征。双方都有自己的利益，需要巧妙地联系起来。双方都有掌握不同的信息状况，需要进行平衡。为了使委托人和谈判代表成为一个高效的谈判团队，他们需要交流利益和信息，这一点至关重要。

开展关于彼此利益的对话。一方面，需要注意的是，谈判代表会遵循自己的利益。他在薪酬方面有自己的利益，也许在时间方面还有自己的喜好，或者他对自己的声誉十分依赖。另一方面，为了进行有效和理性的谈判，谈判代表必须了解其委托人的利益，以便能够准确地代表他们进行谈判。委托人往往会与他们的谈判代表谈论他们的立场，但很少谈论他们的利益。那么该怎么做呢？最好的办法是委托人与谈判代表之间开展持续的对话，对话以探讨彼此的利益为主。

委托人要关注谈判代表的利益。当然，他可以建立激励机制，如佣金、奖金或遵约制度，以使得谈判代表的利益与自己的利益保持同步。选择和管理谈判代表时最好关注他的一些基本利益。他有什么实质性的利益，即对他个人而言真正重要的是什么？他在谈判中是更倾向于对抗还是包容，或者是根据需要“双管齐下”？他有什么样的时间限制？许多令人吃惊的让步和决策都是因为谈判代表有其他的安排而造成的。例如，他要休假或者对他而言有更重要的其他谈判。因此，作为委托人，你需要更好地了解其时间上的安排。

另一方面，委托人和谈判代表在开始对话时应深入地探讨委托人的利益。在这两个角色中，你都应确保在此问题上投入足够的时间。其中每一分钟的投资在进一步的谈判中都会为双方带来数倍的回报。委托人增加了谈判代表找到真正符合其利益的创造性增值解决方案的可能性。谈判代表增加了用符合其利益的解决方案来使委托人满意的可能性。对此，一个十分有价值的工具是利益研讨会，正如我们在第二章第二节中了解的那样。

建立高效的信息交流流程。快速、畅通地交流信息对于“委托人—谈判代表—团队”的成功至关重要。因此，双方都应定期进行交流。此外，互相的信任对成功也很关键。你不可能每次都对你的谈判代表很了解，例如房地产经纪人或新顾问，在这种情况下，我建议你像在第二章第二节中介绍的那样，把对方当作谈判对手，与其进行递增互易式对话，以逐步增加彼此的坦诚度。

根据委托人和谈判代表各自的情况做出调整

上文提到的委托人增加对谈判代表的授权的流程是理想情况。核心要点是：尽早与委托人深入讨论利益、谈判流程以及各自在谈判中的角色；让自己定期了解最新情况；只有当你与谈判对手互相了解的过程进行得差不多了之后，才可以就固定的谈判框架（如果有的话）达成一致。

如果委托人和谈判代表经验丰富并且彼此之间具有信任关系，

则无须进行如此复杂的程序。达到这种状态的最快方法就是通过上述理想的流程。

但是，并非每次都有机会可以组织这样的流程。如果无法联系到你的委托人或者委托人的时间有限，该怎么办？如果你无法与委托人取得联系，我建议你根据自己所推测的委托人利益来设计目标体系，并以书面形式交给他。在第二章第一节中，我详细介绍了如何根据自己的利益建立目标体系。如果你只有一次与委托人对话的机会，你要准备好目标体系并做简单的介绍。此时，你应该提出的重要的问题是："这次谈判对您而言真正重要的是什么？我们如何衡量谈判是否成功？签约前我该如何联系您？我们双方在这个过程中各自担任什么角色？我们如何应对谈判失败？我们有什么替代方案？您能给我多大的谈判空间，以便我能通过巧妙的重组真正找到最佳解决方案？如果我在谈判过程中得到了额外的信息，使得我们需要调整目标体系，那么我们该如何处理呢？"如果你的委托人在立场方面有很强的信念，我建议你针对各个立场与委托人商定一个目标值或目标，并额外设定一个底线，并告诉委托人，你自然会以目标为导向，而不是底线，但是，为了能重新组合各议题并探索最佳的解决方案，可能需要有退让的余地。

注意你的谈判对手如何处理委托人与谈判代表之间的协调工作

谈判对手的某些谈判诡计利用了委托谈判的特殊性。要么对方利用了你和你的委托人之间的弱点，要么他给你反映的与其委托人相关的事实与现实不符。

例如，如果另一方的谈判代表是一个只受其委托人不完全监督的交易撮合者，那么谈判对手会很高兴。因为交易撮合者往往以达成交易为导向。为了提高其个人交易率，他愿意承受风险和接受不完整的交易。在大型组织中，通常对此存在一种扭曲的看法：只要是达成交易，不论其评估结果如何，都被视为成功。另一方面，任何谈判的失败往往都被视作谈判代表的失败，尽管他可以证明该结果是完全合理的。当谈判代表表露出交易撮合者的特征时，那么，这一点会被谈判对手有意利用：一方面，谈判代表的自我意识会被有意提及，高交易率也使他受到另一方的称赞；另一方面，他也经常会被对方暗示，过强的反抗会长远地损害他的交易率和正面声誉。"我想，您很自豪的一点是自己在艰难的处境中依旧能取得成功吧。"这就是从一开始就要与委托人保持密切的信息交流的原因。在交流过程中，要以书面形式确定明确的标准，用于衡量交易是否成功。此外，谈判代表应该从一开始就与委托人谈一谈，在什么前提下，失败是可以接受的以及如何应对谈判中断的情况。

另一个诡计是让谈判代表产生积极的情绪。在足以打动谈判代表的情况下，为什么还要费力取悦另一方的委托人呢？这可能是一个具有讽刺性的问题。从奉承到小恩小惠，再到严重的腐败，一切都是可能的。对此，明确的协议和遵约制度是较为合适的对策。最简单的方法是在两个平等的代表之间建立有效的四眼原则。

其他的诡计可能是，有意破坏委托人与谈判代表之间的信息交流，以便利用你的不知情。如果你的谈判对手发现你获取的信息是不正确的，他可能会故意转移你的注意力，让你不去咨询委托人。

最后，另一方的谈判代表可能会使用我们在上一章中了解到的与委托人授权有关的战术。他可以先给人一种他有权签约的印象，但实际上他并没有签约权。然后，他又告诉对方，他的委托人还有别的要求。民主委员会中的一种经典情况是：我们向委员会介绍了谈判结果，但遗憾的是，他们拒绝接受。在以下方面我们还得再做出改进。或者他声称委托人给出了一个对立的框架条件，而实际上这是不存在的："很遗憾，我无法将其传达给董事会。他们通过了一项明确的决议，而这对我有约束作用。"请注意，这些并非每一次都是诡计。正如你承诺会全力支持谈判桌上取得的解决方案一样，你也应该允许谈判对手这样做。谈判代表不仅仅是其委员会与另一方之间的调解人，也是谈判的领导者。

如果你是受委托进行谈判，那么不可避免地要与委托人组成一个团队。在下一章中，我们会探究团队谈判中需要注意的要点，以及在谈判团队中存在哪些不同的角色。

委托谈判清单

协商增加自由的授权过程

在授权的基础上进行谈判，这会让你更有底气，让你的表现更透明。

委托任务的发布不是一次性的事件，而是动态的对话过程。

委托人要求谈判代表组织有效的谈判流程，包括建设高效的工作关系。谈判代表需要对委托人的利益、优先性和替代方案有更深入的了解。

随着谈判流程的进行，谈判代表的权利可能会增加。即遵循增加授权的原则。

将委托人与谈判代表之间的对话理解为理性的谈判过程

一开始，就彼此利益进行深入的对话。

把委托人—谈判代表—团队看成一个整体，让信息快速、畅通地双向流动。

关注委托人与谈判代表之间的协调工作

你的谈判对手是否有意利用委托人的存在使用授权的诡计？

你的谈判对手是否试图将你与委托人分离？例如，通过对你的奉承故意破坏你们之间的信息交流。

流畅谈判小建议：如果你成功地与委托人组成一支高效的团队，并在团队中持续坦诚地交流利益、优先性和授权问题，那么你在谈判桌上会变得所向无敌。为此，你需要花时间和精力组织这一流程。在这一问题上，任何的绊脚石都会导致次优的谈判结果。

团队谈判：如何在团队中取得谈判成功

团队谈判是当今商业环境中的常态。谈判相关的书籍中对这一话题的探讨还比较少，就算有的话，个别作者也试图将人质谈判领域的简单的角色概念应用到商业谈判中。而这一话题具有重要的实践意义。因此，我们有足够的理由更深入地研究这个话题，尤其是通过实践我们认识到了相关的概念以及有效的方法。

团队谈判的优势是什么？我认为主要有三个优势。第一个优势是有机会将更多的专业知识和技能应用到谈判桌上和谈判准备中。从技术人员到财务专家，再到律师再到技术专家或跨文化专家，谈判团队将广泛的技能集中到了一起。第二个优势是，谈判团队可以采用更为复杂的策略。只有通过团队的形式，才有可能同时与多个谈判对手或者在不同的工作小组中与一个谈判对手进行并行的谈判。团队可以在沟通、分析和关系管理的层面上进行更深入的研究，并且能够同时在多个谈判桌上组织谈判活动。第三个优势是，团队可以做出更好、更理性的决策，并提出更具创造性的解决方案。如果团队成功地就重要问题进行了坦诚的、有充分根据的讨论，发生人为错误或认知偏差的可能性就会变小。团队中各个成员具备的不同观点和专业知识也有助于提高决策质量。人越多，就会产生越多的好点子，以便获得合作收益和基于利益的解决方案。如果重要的利益相关者也参与到谈判流程中，协议结果的接受度和执行工作的质量也会提高。

但是，谈判团队不是只有优势，它需要一定的协调工作，而这会耗费大量时间，因此在关键时刻常常会忽略这方面的工作。当团队组织不善时，这一问题尤为突出。如果团队无法解决内部冲突，那么协调性的缺乏很容易蔓延到谈判桌上，这会导致严重后果。在某些情况下，也会出现可怕的“群体思维”。有能力的人做出错误的决定，因为他们屈服于巨大的一致性压力。特别是当小组中存在占主导地位的意见领袖时，就会发生这种情况，从而导致以下后果：过分乐观、对错误决策和缺乏专家或局外人监督的问题的掩饰。在谈判团队中，我们可以借助“魔鬼的辩护士”这一角色来防止群体思维的产生。他的任务是对小组的建议故意采取反对态度，收集反驳论据。此外，客观地准备信息并分析决策优缺点的系统性工作流程也是有帮助的。

根据我的经验，如果你注意以下四点，就可以显著提高团队的绩效：确保重要的角色不空缺，并且每个人都了解自己的角色；制定固定的工作流程，发挥其导向作用；在与谈判对手会面之前解决内部团队冲突；商定游戏规则，尤其是在谈判桌上、团队内部和组织内部进行交流时。

明确谈判团队中的角色

谈判团队通常是为了完成一个项目而组建的。团队成员一般来自组织中的各个部门。他们在谈判团队中跨职能地进行合作。大多数情况下，不同的层次级别得到了统一，团队中通常还会有更高级别的负责人。在这种情况下，团队的认同和标准化阶段要花费大量时间。而这种时间你往往是没有的，因为组织依赖于谈判的结果。对此，我明确地建议你，不要总是发展新团队，尤其是当团队已经有了关于高效合作的经验时。当我加入一个谈判团队时，我会问所有人一个问题，他们在团队中有什么样的任务。团队成员通常会向我介绍他们的职责或技能。然而，至于如何适应团队结构，以避免重复处理和未处理的情况以及不明确的决策方式和沟通渠道，他们并不清楚。团队中的每个人都要有自己的角色，并且每种角色都不能空缺。

区分决策者、谈判者和专家的角色。为了保持清晰的思路，在这三个角色类别之间进行区分是很有帮助的。它们都遵循不同的决策逻辑。谁是决策者以及需要哪些专家角色始终取决于谈判的主题、你的组织以及具体的情况。不同的谈判角色行为方式不同，但这些角色总是必需的。对此，稍后再进行更多说明。

如果你是为自己进行谈判，那么你同时是决策者、谈判者和专家。我们可以看到这三个角色重叠。如果你是按照商业领域的惯例受到委托进行谈判，那么至少存在决策者和谈判代表的角色。如果你没有团队，那么，你既是谈判代表，又是专家。在上一章中，我们详细讨论了决策者和谈判代表之间的关系。决策者以鸟瞰视角观察谈判。根据谈判代表取得的结果，他有三种选择：他可以同意结果，可以拒绝结果，或者可以要求进行进一步的谈判。虽然在委托谈判时始终有决策层面和谈判层面的角色，但专家的角色是可选的。理想情况下，谈判代表本人就具有必要的专业能力。但对于高难度且复杂的问题，这一点是不可能实现的。那么此时，就需要邀请内部或外部的专家参与进来。他们只贡献自己的专业能力，但不做任何决策。首先，让我们看一下谈判角色，这些角色在每一次的谈判中基本相同。

分配谈判角色。谈判中有许多任务需要完成。如果你独自谈判，那么就得自己一个人完成所有的这些任务。在大型而艰巨的谈判中，将这些任务交到不同人的手中是有效的一种方式。这样一来，谈判代表减轻了自己的负担，同时又可以有更多的专业的人参与到谈判之中。

多个任务可以分配到典型的谈判角色中。这些可以提供参考作用。但你的谈判中具体有哪些角色以及这些角色各自的任务是什么，取决于你的具体情况。影响你的角色分配的三个因素是：你有多少人的资源？你的团队成员具备哪些个人技能？你的谈判问题的重点集中在什么层面？

在大型的谈判项目中，一个角色也可以由多人担任。在这种情况下，就需要指派其中一个人成为领导者。他的职责是协调角色中的任务分配，关注角色的整体情况并随时向谈判代表报告。

你需要提前将角色及任务分配给现有的团队成员，这一点很重要。同时，你还要设定一个原则，即将角色分配给这种情况下最能胜任该角色的人。你要考虑到个人的正式任务和等级地位，但这些不应起决定性作用。如果你经常在相似的情况下或与相似的人进行谈判，则有必要为你的组织量身定制一个分配方针。

让我们看一下典型的角色以及与这些角色相关联的任务。根据具体情况，也可以将个别任务分配给其他角色。

下表为你提供了 8 个角色的初步概览（见表 12），这些都是经过实践检验有效的角色。这些角色适合于所有类型的团队谈判，无论是采购谈判、劳资谈判还是国际谈判中。有了概括性的了解之后，我会再对各个角色进行具体介绍。

序号	角色	职责介绍
1	谈判代表	在谈判框架内做出决策； 领导和主持谈判对话； 确定后续步骤，包括谈判结构； 与另一方的谈判代表沟通； 与决策者沟通； 确定谈判节奏； 对谈判结果负责； 实现团队中的信息透明。
2	谈判分析师（战略官 / 指挥官）	支持谈判代表； 把握总体情况； 制定并更新谈判模板（议题 + 选项）； 制定对话议程； 对后续步骤给出建议，包括流程管理/谈判结构； 把控团队流程； 制订时间计划； 分析另一方的情况。
3	评估员（经济学家 / 控制者）	从经济角度评估解决方案选项； 制定评分表； 评估经济后果。
4	编辑（合同设计师）	分析法律框架； 起草条款； 设计合同； 评估法律后果。
5	信息管理者	制定信息收集列表； 以结构化的方式收集和分发信息； 保障文档管理； 写结果记录； 制定待办事项清单。
6	关系管理者	观察另一方； 评估另一方的反应； 评估交易对双方关系的影响； 促进非正式对话。
7	沟通者	监控媒体报道（包括社交媒体）； 编辑和发布媒体消息。
8	组织者	活动管理（谈判地点、房间、餐饮）； 预约管理； 参与者管理（谁参与哪个角色）； 保障 IT 基础设施。

表 12：谈判角色及职责

考虑一下是否要以及如何将决策层面的角色带到谈判桌旁，不过要遵循的基本准则是不要将决策者带到谈判桌旁。这样做的主要原因有三个：

第一个原因：决策者的任务是理性地判断谈判结果是否符合其组织的利益。而谈判桌上的任何人都有可能把情绪带入到谈判中。在谈判过程中，谈判对手可能会巧妙地动摇你作为谈判代表的参考标准。例如，他提出了很高的要求，而你为自己成功去掉部分要求感到欣喜。但是，你仍然达到最初的目标了吗？坐在谈判桌旁的人总是会有陷入沉没成本思维误区的风险。至少投入的工作时间应该得到回报，对吗？在为未来的事情做决定时，你不能把过去的成本算进来。浪费的谈判时间也是一样。其中的危险性在于你会把过去的成本当作理由来证明不符合你自己利益的结果是合理的。因此，一个中立的而又不参与其中的决策者有助于谈判质量的保证，他可以认清事实并在此基础上做出决策。别误解我的意思。在谈判期间，可能会有新的发现或变化的事实表明偏离原始目标体系是合理的。但是，恰恰是这种时候，必须与决策者进行相关讨论。

一旦你的谈判对手希望将冲突升级到决策者层面，他会出于直觉地或有意识地以破坏这种质量保证为目标，让你的决策者受到情绪影响。如果谈判对手成功升级，即实现让步，这会大大损害谈判代表的声誉。而扩充的方式比升级要好得多。具体如下：谈判代表从决策层选择一名代表带到谈判桌前，让谈判对手相信，谈判代表得到了决策者的支持，并且对其委托人有了充分的了解。决策者凭借其专业知识可以为开发新的解决方案做出宝贵的贡献。另外，决策者可能会发现议题间的内在联系。注意：在扩充后，原来的谈判代表会继续担任他的角色。只要谈判对手在场，决策者就不会做出任何决定，他只参与信息交流。在后续过程中，他可以根据自己的新发现给予谈判代表更多的谈判空间。优秀的谈判代表往往会事先与决策者保持紧密的关系，早早地挖掘这种谈判空间。扩充的目的不是带来更多的发现，而是证明决策者和谈判代表之间的出色协调。

第二个原因：决策者雇用你作为他们的谈判代表通常有着充分的理由。他可能想将自己的宝贵时间用于其他事情上，并且依赖于你的谈判技能。如果他亲自上阵，便无法充分发挥这两种优势。相反，还会存在风险，即精明的谈判对手利用决策者缺乏专业知识的弱点，获取口头上的承诺，而决策者无法评估其后果。

第三个原因：在大型组织中晋升为高级决策职位的能力通常与竞争特征相关。正如我们已经看到的那样，在平等谈判中，竞争性的表现会带来危害。合作收益没有增加，执行工作也通常会因为过于以权利为导向的谈判风格而受到影响。因此，打造一个能够掌握多模式谈判的谈判代表很有意义。他是决策者和谈判对手之间的纽带。

不过，至少存在两个原因可以让决策者加入谈判团队。

第一个原因：如果你的谈判对手觉得自己的谈判代表没有平等的地位，那么让决策者部分参与进来是有意义的，例如在开局阶段和某些具有重要意义的节点上。上文提到的要点同样适用于此：请勿升级或替换谈判代表，而是通过让决策者加入从而扩充团队。

第二个原因：决策者拥有特殊的知识或技能，这些恰恰是谈判桌上缺少的知识或技能。从这点来说，他不仅是决策者，而且是重要的输入源。如果不可避免地需要决策者参与进来，则建议采取防备措施。如果你的谈判对手不知道谁是你的决策者，那么可以直接让决策者加入谈判团队，隐瞒其身份。我们称其为幕后操纵者。但要小心：训练有素的人会关注对方在谈判桌上需要做出决策时，询问的眼神看向何处。由此，你也可以了解到另一方的非正式的决策结构。在这种情况下，最好进行私密的聊天或通过网络会议进行谈判。出席的决策者会明确地表示对谈判代表的支持，并强调其决策框架，他会清楚地给出其出席的时间范围。同样，这里的指导原则是谈判团队的扩充，而不是谈判过程的升级。有时，明确阐释关系也有助于保护在场的决策者代表。在大型组织中，通常由合议机构，即董事会或管理委员会做决策。那么，来自合议机构的个人实际上是不允许单独做出决策的，他只是一个代表，他个人无权做决定。所以，从一开始就将这种关系呈现给谈判对手很重要。

考虑一下你想聘用多少个谈判代表。在这一问题上，需要用到高地人原则，即只能有一个谈判代表。其优势显而易见，在需要做决策的情况下，决策速度会很快，不存在冗长的协调过程或观点分歧。一旦制定了策略，就可以贯彻实施。此外，也避免了由于谈判代表的不同观点而采取分散的甚至相互阻碍的策略。结果的负责人很明确。与委托人、谈判团队和谈判对手的沟通只有一个人，因此不会出现模糊不清的情况。

但是，也存在需要多个谈判代表的情况。我已经提到过：有时为了给谈判对手创建平等的基础，需要部分高层管理者的参与。只要两个谈判代表能融洽相处，其中的优势是不可否认的。通过熟练地移交谈判工作，个人的压力得以减轻。不发言的人可以倾听对方或计划下一步，类似于分析师的角色。此外，这种方式也可以将不同个性的互补性专业技能和风格技能结合起来。

我认为，共同领导谈判有四个前提：

两名谈判代表处于平等地位；

他们能够进行有效的沟通并做出决策；

他们具有互补的技能；

他们之中能够选出一名首席谈判代表，如有疑问，他拥有最终的决策权。

如果只有两个人参与谈判，那么在上述前提下，由两个谈判代表组成的团队会是一个明智而多样的选择。如果还有更大的团队要领导，我建议明确地将谈判代表和分析师这两个角色区分开来。你可以实现 80%的共同领导谈判的优势，并可以避免 100%的劣势。如果角色分配不明确，那么你自己的团队以及与谈判对手和委托人沟通的成本特别大，特别是因为谈判代表的角色并不意味着只有他有权在谈判桌上讲话。他也可以将话语权移交给分析师或其他相关方，即使会让对方感到压力："这是一个有趣的观点。× 女士（分析师），您会接受吗？我们议程中的下一个项目是什么？"

让自己拥有更多的谈判角色。如果你是唯一的谈判成员，那么你必须自己一个人担任我们表中的所有 8 个角色。你是自己的分析师、评估者、编辑等。这表明了唯一的谈判成员的角色有多么高的挑战性。这些角色中的每一个都很重要。对于重要的大型交易，这些谈判角色中的每一个都应至少由一个人担任。如果你没有 8 名或以上的谈判专业人员，你从何处获得这些资源呢？如果你只有一个规模较小的小组，那么一个人可以担任多个角色。并非每个角色都需要由自己的小组成员担任，但是每个角色都需要分配。此外，我认为还有其他三个来源可以填补你的谈判角色空缺。

如果谈判的主题对组织很重要，通常很快就能找到几个愿意参加谈判的人。他们中的许多人都是特定问题的专家。你可以额外根据他们的个人契合度给这些专家分配谈判角色。

有时，会出现不清楚某人属于谈判团队的哪个角色的情况。你需要给这些人安排一个角色。如果某人既不想成为专家，也不想担任谈判角色，那么他就是一个谈判游客。对于游客，最好让他们留在家里。

最后，你也可以将这些角色分配给组织外部的专业人员。如果你只是偶尔有一个重要的谈判项目，那么这是个很有用的办法。在这种情况下，长期建设团队资源是不值得的。同时，你也不想接受谈判成果方面的任何削减，特别是当另一方有经验丰富的专业人员时。外部的专家可以带来你的组织中可能不具备的专业知识和思维。对他们来说，采取中立的角度更容易，并且在情绪上也不会轻易受到影响。

以专业的态度对待你请来的专家。在谈判涉及的领域极其广泛的情况下，谈判代表无法拥有跟所有议题相关的专业知识，他需要依靠他的专家。但是，对谈判代表来说，自身具备专业知识很重要。他需要利用准备时间来系统地了解谈判内容。此外，他的任务是组织后台，以便其他人尽可能直接地向他提供必要的专业知识。你应该如何与专家打交道？对我来说，在早期阶段让专家作为谈判团队的一部分参与到工作中来很重要，这可以帮助他们能更好地了解背景知识。为了可以针对不同的情况做准备并开发出不同的解决方案选项，他们需要始终了解团队的最新进展和时间表。另外，让他们对决策过程施加影响也是有意义的。这可以让他们产生责任感并激励到他们。

一些具体的建议：在谈判回合开始时，你可以向专家阐释你的优先利益和策略。这方面的了解可以帮助专家做出更好的评估并省去了额外的烦琐的工作。你可以表达对角色的期望：专家对什么方面的问题最在行？他以什么形式提供其专业知识？预期在什么时候给出结果？你需要让专家允诺遵守约定的规则进行交流并履行保密义务。反过来，你也应该让专家像其他谈判团队成员一样，持续了解到当前的谈判状况。

在专家出现在谈判桌上之前，先给他们做出明确的指示。对我而言，很有帮助的一点是，要求专家只有在谈判代表的主持下才贡献自己的意见，哪怕是谈判对手直接向他们提问。你需要给你的专家划定明确的限度，即在特定时间与对方分享多少信息。同时，你要事先查看要分享给对方的文件。在有疑问的情况下，专家应要求暂停或者谈判代表应提出暂停。这也适用于工作组或类似的补充谈判的讨论中。谈判代表的任务是把控全局并根据战略调整信息交流的速度。对擅长个别专业领域的专家来说，很难掌握整体情况或者评估下一步该做什么，以持续推动高效的谈判。

组织你的谈判团队。在谈判的最后，只会剩下二到六个人，最多只能有十个人在谈判室中，对棘手的问题进行讨论。即使各自的谈判团队由 100 人或以上的人员组成，最后，留在桌旁的人数极少，这在政府磋商或劳资谈判中并不少见。因此，我建议你在谈判一开始就考虑好，你这一方派哪些人留到最后，他们好组成最小单位的探索委员会或高层谈判团队。

你需要先从这个最小的单位入手，然后再考虑如何组织整个团队，使得所有信息最终都捆绑在这个最小的单位中。具体的做法取决于你的实际情况。

密切关注有效的小组人数。在进行机密谈判的情况下，谈判室中只留二到六个人（最多十个人）是有意义的。十到十四个人的人数适合组建工作小组或开展头脑风暴。只要有一名或多名主持人，基于信息交流的讨论组最多可达到 20 人。一般来说，你需要一个小规模的高层谈判团队（每方一到三个人）一起进行高层对话、一个谈判委员会（每方五到七个人）一起进行信息交流和想法的探索以及组建一个后台团队。

后台团队成员部分在现场，部分待命或者远程参与。后台团队成员是谈判专家和技术专家，他们根据自己的角色需要（例如组织者）不出现在谈判桌前。如果决策者不在谈判桌前，但是在谈判地点，那么他可以成为后台的一部分。谈判团队会定期向后台报告谈判情况，并不断征求他们的建议。在大规模后台团队中，往往需要一个人负责协调后台的工作。

在某些情况下，谈判代表需要组建一个或多个主题工作组。每个工作组都必须细致地讨论存在哪些有效的游戏规则、委托任务是什么以及存在什么内容和时间上的框架条件。工作组有助于进入一种更具包容性的模式，在这种模式下，成员们可以共同制定出创造性的解决方案。另外，由于各组工作是并行的，因此这种形式可以提高工作效率。

你还需要考虑哪些成员要在现场。你的目标是在谈判现场拥有一个强大且易于协调的小组。在这里，也要区分决策者、谈判者和专家。决策者不属于谈判桌。在不断变化的情况下，如在巨大时间压力下进行的谈判冲刺，决策者或者由你授权的人员或委员会可以保持随时联系，甚至在谈判地点待命也是有一定意义的。担任谈判者角色的人则需要一直在现场。谈判代表和谈判分析员需要坐在谈判桌旁，其他角色取决于具体情况。至于专家，在个别情况下，你需要决定是让他们去往谈判地点还是保持待命，以及是否需要他们坐到谈判桌前。在部分情况下，技术专家远程参与就足够了。例如，这取决于专家所擅长的主题的重要性，是否需要他发挥他的创造力来寻找解决方案以及他需要花多长时间来评估此类问题。

考虑与你的谈判对手共用第三方的角色。几乎每个谈判者角色都可以委托给具有专业知识的中立的第三方。对于这张王牌，你应该留一手。这会让你在艰难的处境中依旧能创造推动力以及对流程的信任。中立的分析师可以给谈判议题带来结构性和秩序性。中立的评估者可以建立一个双方都信任的事实基础。为什么我们在达成解决方案后，还要花时间和精力去进行合同谈判呢？更有效率的方式是请优秀且中立的合同律师制定相应的合同草案。

让团队遵循结构化的工作流程

为了使谈判团队高效地工作，你需要让其遵循统一的工作流程。这会大大提高团队的绩效。每个成员立即就会知道自己该做什么，并了解到整个流程。这样还可以避免重要的步骤被遗漏或被重复执行。如果你经常在这种情况下工作，那么你可以不断地完善该流程并做出调整以适应不断变化的环境。谈判流程具体是什么样，取决于你的组织和你的实际情况。在这里，我只是概述你的流程应包括哪些元素。在你的组织中，可能还要注意其他步骤。你应该为每个单独的元素制定一份清单，并定期进行修订。此外，你还要为每个元素准备草案。对于每个元素，你都需要根据谈判角色（参见表格）确定主要负责人。以下要点都是长期任务，在谈判冲刺之前你可以不断对其进行优化。在不断更新的“活”文档中收集你的发现。

了解概况：首先，你要弄清楚基础信息。谈判的动机是什么？谈判的主题是什么？谈判方是谁？我们讨论的是多大规模的问题？

决策者是谁?

明确利益：你的利益是什么？你的谈判对手有什么利益？对利益进行优先级排序。

确定人员：组建你的谈判团队。与每个团队成员协商并明确其谈判角色。记录谈判对手的团队成员。

制定时间表：持续记录谈判项目的所有相关日期和时间。提前设定好整个谈判流程的时间。

确定目标 / 委托任务：根据你的利益设定目标体系。如果你是受委托进行的谈判，与你的委托人协商好委托任务。

客观标准：为你的分配问题收集客观标准。

表达核心信息：如果你必须与第三方沟通，将己方的利益作为核心信息表达。

整理杠杆 / BATNA：确定你和谈判对手的正面杠杆、负面杠杆和规范性杠杆。研究你的 BATNA，留意并影响谈判对手的 BATNA。

公平交换清单：收集你想要从谈判对手处获得或可以给予他的所有条件。

组织信息管理：持续地、有条理地收集重要事实。确定你还想要获取的信息（整理信息收集清单）。

更新谈判草案：编制所有议题的概览以及每个议题下的可能的解决方案选项，并不断对其进行调整。

更新评分表：在整体框架中评估可用的解决方案选项。

为合同起草做准备：提前拟定有关如何以合同形式确定谈判结果的可能条款，准备多种选择。

准备和跟进谈判回合：准备有关如何系统地准备和跟进各个谈

判回合的清单。考虑如何进行活动管理以及内容上、情绪上和交流上的准备和跟进工作。

为谈判对话做好计划：确定对话的目标、议程和结果。准备好信息和问题。

保障实施：制订有关如何实施谈判结果的项目计划。

总结经验：与你的团队讨论你在这次谈判中学到了什么。哪些地方可以保留？哪些地方要做改变？调整你的清单和流程。

为你的团队建立沟通规则

在谈判项目开始时，你需要与团队阐明三个沟通层面：团队内部的沟通、团队与委托人之间的沟通以及团队与谈判对手之间的沟通。该措施的目的是让谈判代表和团队能够采取协调一致的谈判策略，从而减少错误、薄弱点和不必要的重复循环。

首先，让我们看一下团队内部的沟通。对此，有几个重要方面需要注意：

在与你的谈判对手会面之前，你应该解决好团队冲突。为此，有必要就谈判项目达成与内容有关的共同目标。通常，一个谈判团队由来自不同领域的决策者和专家组成，如人力资源专家、律师、财务总管、采购员、销售代表、生产专员等，他们有着不同的观点和利益。因此，你需要在一开始花点时间去了解他们的利益，将这些利益尽可能多地融入目标体系中，并讨论目标体系。最后，并不是每种利益都可以顾及，不是每一个目标冲突都可以解决。尽管如此，制定一个清晰明确的目标体系还是很重要的。不得已时，可以由决策者或谈判代表决定目标体系。明确指出，即使个人利益不同，你也希望所有团队成员都遵循这些目标。在后续进程中，注意遵守此规则。

团队内部沟通的第二个方面和第三个方面是相互依赖的，即透明性和机密性。高绩效的团队需要快速、完整和精确的信息基础。然后，才可以独立地准备不同的方案，将不同内容巧妙地联系起来并组织紧凑的流程。谈判代表的任务是管理透明性。其中一个要点是详细告知团队成员当前的谈判情况。与不在谈判桌前的成员就谈判回合开展一场系统性的、公开的汇报是这项任务的重要组成部分。谈判代表还需确保所有团队成员都有机会在团队内部分享重要信息。如今，团队中的信息交流还包括在共享 IT 平台上系统性的、基于规则的沟通与合作，这种平台具有聊天功能、任务工具或日历。你要关注这些系统的效率。

另一方面，这种透明性要求在团队外部提高机密性。如果某些信息过早或在没有整理好的情况下公布给你的谈判对手和公众，可能对你的团队造成可怕的后果。如果你的谈判对手过早知道了你的保留价格，你将很难取得谈判的成功。你要让你的团队注意这一点。为此，始终要标记出高度机密的信息，包括口头上的强调。商讨团队成员与上级或同事分享信息的方式，仅仅在需要知道的基础上进行共享。

保密性问题直接导致团队中另外两个层面的沟通：与谈判对手的沟通和与决策者的沟通。对于这两者，我建议你注意谈判代表的优先权。这并不意味着只有谈判代表才能与对方以及决策层沟通。我认为在不断变化的组织和情况中，这是不现实也不高效的，这有可能成为瓶颈。谈判代表应该与他的团队协调，设定团队外部沟通的框架条件和时机。如果有任何疑问，团队成员最好再与谈判代表商定。谈判代表要定期说明，哪些信息需要有针对性地传递，哪些信息是绝对不能共享的。如果团队成员在团队外部进行交流，需要保证透明性。主持原则在谈判桌上是很有效的，即在你这一方的谈判代表或发言人的主持下，己方进行发言。

特别是在远程谈判中，例如通过网络会议，谈判代表的主持尤其重要。并非疫情暴发以来，数字谈判才变得越来越重要的。关于这个话题，我们会在下一章中介绍其基础知识。

团队谈判清单

明确团队角色

区分决策者、谈判角色和专家角色。

分配谈判角色：谈判代表、谈判分析师、评估员、编辑、信息管理者、关系管理者、沟通者、组织者。

不要将决策者带到谈判桌前。决策者提供质量保证，不受谈判中情绪的影响，但是也存在例外。

明确谁是谈判代表。通常情况下，只有一名谈判代表。在特殊情况下可以采用共同领导谈判的形式。

专业地对待专家。持续为专家提供背景知识。控制专家与另一方分享的信息量。

将大型谈判团队分为不同的单位：高层谈判团队、谈判委员会、后台团队。

与你的谈判对手共同设置中立的谈判角色，如经济专家或合同律师。

为团队建立结构化的工作流程

进行初步分析：明确谈判的主题、利益、参与人员，制定时间表。

准备谈判工具：确定目标/委托任务，收集客观标准，拟定核心信息，分析谈判实力，组织信息管理，更新谈判草案/评分表。

准备和跟进谈判对话。

讨价还价：保障实施，总结经验。

建立明晰的沟通规则

了解团队内部的利益冲突，制订清晰的目标体系。

保障团队内部的透明性，同时提出保密性的要求。

确保所有信息都会通过谈判代表这一环，但又不让其成为瓶颈。在谈判桌上谈判代表负责主持对话。

流畅谈判小建议：团队谈判是商业谈判中的常见形式。但仍然有许多谈判团队只是随意地组建到了一起。如果你能够有效地组织团队致力于共同的目标，那么你就发掘了巨大的潜力。谈判团队有其特殊的要求。你要同时设置多个杠杆，并为团队心流和谈判心流的体验创建基础。

远程谈判：如何通过网络会议赢得谈判

有经验的谈判者都知道，在具有挑战性的谈判中，人们会面对面地在现场进行谈判。对此有明确的研究表示，当双方面对面进行谈判时，能很快建立起信任。因为这会产生更多的合作和更好的结果。这样的谈判很少会陷入谈判僵局，失败的可能性也不会很高。

但是，并非每次都可以在现场进行面对面的谈判。网络会议是面对面谈判的有效替代形式。我们在这里主要讨论的是使用 Zoom、GoToMeeting 或 Microsoft Teams 等软件的网络会议，而不是传统的视频会议，它们需要相应的硬件解决方案，在家庭办公室中是无法使用的。

注意面对面谈判和网络谈判之间的差异

沟通渠道对于谈判的结果很重要。这一点得到了研究的证明。许多研究将面对面的谈判与通过电子邮件或电话进行的谈判进行了比较。令人惊讶的是，很少有关于视频谈判或网络谈判的研究。研究设计者可能认为面对面谈判和网络谈判在本质上是同一回事。谈判从业者知道：这是不正确的。为什么视频电话普及缓慢，与预测的情况不一样，这是有原因的。从苹果公司 2010 年推出视频通话

FaceTime 以来，该技术才慢慢进入市场。

让我们看一下通过网络会议进行谈判的优势：我们不会在我们的谈判对手患病时受到传染。自从疫情发生以来，我们十分重视这一点，在后疫情时代会更加重视。此外，网络会议省去了差旅时间和费用，二氧化碳排放量低。在许多应用程序中共同处理文档甚至比在现场谈判更为成功。在谈判团队非常庞大的情况下，你可以持续关注到屏幕上的面孔，并通过面部表情获得即时反馈。在大型劳资谈判中，在长长的谈判桌上，这几乎是不可能的。最后一点是，我们可以很容易地关闭声画功能。这可以让你在困难的情况下获得情绪上的缓冲。

与电话和电子邮件不同的是，网络会议属于富媒体通信。在第一章第一节中，我们已经了解了阿尔伯特·梅拉比安提出的 7-38-55 法则。她通过实验发现，接收者对消息的积极感知，只有 7% 来自说话的内容，有 38% 来自说话的语调，而 55% 来自肢体语言。因此，电话谈判时会丢失 55% 的上下文信息，而通过电子邮件谈判时会丢失 93%。这会产生一定的后果。

研究表明，当我们通过电子邮件进行谈判时，我们生气的可能性是原来的八倍。在没有人际控制的情况下，我们往往会表现得更具攻击性。在多次阅读和修改的过程中，我们爱上了以书面形式表达立场。这就降低了我们在寻找解决方案时的灵活性。最重要的是，这种情况下，我们不能立即澄清误解和纠正错误的假设。

电话形式会稍微好一些，却缺少即时的视觉反馈。我们既无法看出对方的坏心情，也无法看到对方的惊讶眼神。由于缺乏视觉上的提示，我们往往会在电话中陷入独白。我们减少了友好仪式，从而减少了与谈判对手之间的社会连接。而这些可能会对解决复杂问题有决定性的作用。

通过网络会议进行谈判时，我们至少会收到图像信息和声音信息，但是，网络谈判中 38％的语调和 55％的肢体语言能达到与面对面谈判相同的程度吗？

让我们看一下视频谈判相对于面对面谈判的弊端。

我们要说明的第一点是低质量的图像信息。尤其是在网络紧张的情况下，图像清晰度难以让人满意。画面很抖，发送和接收之间存在延迟，即“lag”。通常，这些缺陷可以通过高质量的摄像头和麦克风技术以及网络高带宽来降低。但是，无论传输质量如何，仍然存在其他限制。

笔记本电脑或网络摄像头仅传输一小部分图像。我们只看到头部和上半身，即“会说话的头”（Talking Heads）。

光线的入射角度还会影响视觉效果。

眼神交流是行不通的，那或许只是一种错觉。你的摄像头和交流对象的视频画面通常不在同一个位置。我们只能望向头顶上方或下方，或者互相看着对方的头像，或者直视摄像头，而不能看着对方的眼睛。

声音方面也存在其他限制，但并不像图像方面的限制那么大。特别是当两个或两个以上的人同时讲话时，它的效果比现实情况差。声音可能会因为麦克风的位置不对导致过于低沉或小声，或有沙沙声。

除了图像和声音方面的技术问题，技术和应用程序的操作方面也可能具有一定的挑战性。如何再次登录该平台？我需要下载应用程序还是可以在网站上使用？我可以与外部人员连接吗？我如何让退出的人重新进入？如何共享文档以及如何同时处理多个文档？如何鼓掌？

如何调整实时图像？如何快速可视化？聊天功能在哪里？等等。

此外，在视频谈判时，我们还得考虑安全性问题，这一问题在面对面谈判中是不存在的。视频会议平台可能会遭到黑客入侵，例如所谓的“Zoombombing”（因平台安全漏洞而出现的视频电话被其他人侵入）。一些供应商宣传他们采用了256位端到端加密技术。但是，无论他是通过特别安装的第三方软件还是通过将手机放置在盲点再开启视频功能，你都不能阻止你的谈判对手违背你的意愿进行录制。在摄像头盲点处，可能还会有一个或多个未经允许的人员在听你们的对话并给予你的谈判对手帮助。

偶然事件在面对面谈判中发挥重要作用。谁都会有在咖啡机前或走廊上相遇的情况。我们在一起吃早餐时或者在酒吧里喝啤酒时，可以达成很多交易，而在线谈判中不会有这样的机缘巧遇。

至于远程谈判缺少触觉信息（如握手）或动力学信息（如突然走到挂纸、白板前），目前还没有相关的研究。我们可以假设这些因素在面对面谈判中也起着作用。

网络谈判是一种富媒体通信，这是优于电子邮件和电话的地方。但是，与现场谈判相比，也存在一些限制因素。这些限制会对心理安全感或亲近感等问题产生负面影响。信任的建立会很缓慢。我们会对谈判对手有疏远感。然而，信任是进行复杂的综合谈判的前提。网络谈判的远距离增加了不承担责任的风险，从而增加了谈判失败的风险。因此，有必要克服这些与面对面谈判相比的不利条件。

专门为网络谈判做准备

注意眼神交流。眼神交流是非语言交流的重要组成部分。它有助于提高亲近感和可信赖性。在面对面的谈判中，眼神交流是相互的。而这一点在网络谈判中要实现的话，充其量也是有限的。只有当你看着摄像头时，才会出现眼神交流的错觉。你需要将摄像头放在与眼睛平齐的高度，以便你不用朝上或朝下看对方。你需要将对方的视频画面移到摄像头附近。你要直视镜头，又要看着谈判对手的脸。这就需要你在摄像头和对方的视频图像之间来回切换。你要控制你的面部表情，不要因为是远距离就散漫地社交。即使你不是焦点，你也要始终顾及有人在看着你。你要一直看着摄像头或者看着放在摄像头附近的对方的视频画面。至于你自己的画面，你只需要偶尔看一看，检查一下你的位置。

把摄像头自带的方框作为你表达肢体语言的场地。你不能在此区域外挥手。你要静坐，不要过于频繁地移动上半身，不要做别的事情，不要摆弄别的东西或电话。注意不要摇晃摄像头。

你要注意正前方或斜前方角度的柔和的漫射光。充足的光线可以有效减少图像噪点。你要避免显示屏上的光线反射到你的眼镜上，如有必要，把显示屏调暗。此外，还要在网络谈判开始之前测试好光线。

使用高品质的无线耳机，这样可以提高通话质量，尤其是在长时间的谈判中，这可以使参与者放松下来。说话时要有重音，要更洪亮，在句与句之间留出更长的停顿时间。

根据具体的情况调整你的着装和房间。谈判时通常是在专业环境下，你的着装和室内布局都应突出这一点。但是，不要过于夸张。谁要是坐在家庭办公室，还穿着黑色西装、打着领带，看起来会很傻。关键在于要同时适合专业的和私人的环境。在着装方面，你可以给自己定位在“星期五便装日”。你不必进行改建或搬到其他公寓。但是，你可以有意识地控制网络摄像头的视野，把你想给谈判对手看的私人区域展现出来。

有意识地使用图像信息。你要准备好你想展现在镜头前的物品。与你的谈判对手约定好，在较大的群体中使用带有主持提示的标牌（如“请重复”“我想发言”或者“我们应该对此进行记录”）。通过触摸屏或平板电脑使用电子白板进行可视化展示。

在开始艰难的谈判之前，你可以练习使用网络会议作为媒介。你可以先在内部进行较为简单的谈判，并试着一步步进行改善。如果可能的话，可以参加在线的谈判培训，进行模拟谈判。

为你的网络谈判养成高效的习惯

在网络谈判开始时，我们经常会遇到混乱的阶段，一直到每个人都成功接入，相关的技术成功运行。为此，你要设定一个目标，让自己在开始前五分钟做好技术准备。你可以使用平台的测试功能，看看声音和画面是否正常。在议程中安排五分钟的时间，让一切准备就绪。利用此阶段观察其他的参与者并调适自己的情绪。

采取措施，有意识地缩减社交距离。在每个较长的谈判回合开始时，再拿出五到十分钟的时间进行闲聊，并有意识地讲述一些关于你个人的事情。例如，有意识地利用房间中的私人元素来开启你的对话。如果参与者彼此不认识，那么在开始时进行一轮介绍很重要，在之后的休息环节，留出一些时间来聊天。这可能会制造出偶然事件，就像在面对面的谈判中那样。

将技术方面的困难作为讨论的主题。坦诚地与你的谈判对手聊一聊，有什么让你觉得困难的事情。你们可以着重讨论这一媒介与面对面谈判相比存在的弊端。例如：“尽管我们存在一定的空间距离，但我们所有人都能见到彼此，这是很棒的一件事。当然，如果我们可以面对面会更好。让我们充分利用这样的机会。如果画面出现抖动的情况，或者我们说话的声音太小，请给我们提示。您能理解我们的意思吗？”假设你的谈判对手对这一技术的使用感受比你更不适，你要帮助他，这有助于提高他的流程满意度。因此，你还应该确认，事先给你的谈判对手提供一些文件是否有意义。

在网络谈判开始时，与你的谈判对手商定与媒介相关的游戏规则。例如：“我们不互相打断，让彼此把话说完。”“我们不录制谈判。”“我们不独白。”“我们每 45 分钟休息一次。”尽管制定了规则，你也要考虑有人录制对话的情况。做最坏的打算，不要说任何你无法接受被放到视频网站上的事情。

计划出比面对面谈判多三分之一的时间。技术问题、更少的动态交流和更多的休息会让你的谈判进程变慢。因此，你应该从一开始就与你的谈判对手约定额外的缓冲时间。其中的经验法则是：面对面谈判中的一天对应网络谈判中的三个半天。

谈判时，我们往往会对谈判对手进行反动贬低。这意味着我们仅仅会因为这条言论是来自对方而给予其负面评价。这种思维误区有据可查。而网络谈判的媒介更是加重了这一问题。在这种情况下，谈判对手对我们来说会更加疏远。我们会把技术错误归咎于他本人：“偏偏他的画面总是在抖。”这种媒介会吞噬掉细微的差别。我们必须积极地克服我们反动贬低的倾向。在线谈判时你要给你的谈判对手疑点利益，换句话说，对可疑情况无把握时不对谈判对手做不利判定。

与面对面的谈判相比，网络谈判要求我们进行更准确的沟通。你需要让你的谈判对手先行，向他有力地提问开放性问题，不要打断他。所谓的重述策略在在线谈判中尤其重要。听完后，你要用你自己的话语总结谈判对手的陈述，并要求他提供反馈："如果我理解得没错的话，那么对你来说很重要的是……我说得对吗？"

使用其他技术丰富网络谈判的交流。你可以使用会议应用程序的聊天功能，与另一方的谈判代表建立一个沟通通道。

在网络谈判之后，我们常常会感觉谈判结果会逐渐消失，难以记录下来。我们知道每种形式的口头谈判都会有这种影响。空间距离和网络传输的缺陷会加剧这种影响。因此，要养成一个良好的习惯，在每次网络谈判之后都要再进行简短的书面跟进。你要从你的角度总结谈判的主要结果，记录商定好的后续步骤，列出还未解决的问题和遗漏的事实，再次给谈判设定所需的框架，请求对方对你的总结给出反馈，然后致电谈判代表，确保对方没有出现误解。

为团队谈判中更高的需求做好准备

在网络条件下，大型的团队谈判会变得更具挑战性。因此，我想给你一些特别的提示。

在每一方中都安排一个专门负责IT和技术性基础设施的专家。在谈判开始之前，他为团队进行技术方面的介绍。在谈判对话中，他负责技术方面的指导。所有摄像头的位置都摆对了吗？参加者听得是不是够清楚？是否需要增设其他虚拟谈判室？宽带是否合适？你需要认真对待这个角色。

进行谈判之前，你要考虑需要哪些虚拟谈判室。是否要开大型的全体会议？是否需要工作组？是否需要为了探讨和一对一谈话设置单独的房间？有后台或后台渠道吗？作为谈判代表，你要特别注意让各个利益相关者团体保持通信流畅。他们在后台也会面对技术难题。

在这个困难的框架中，进行良好谈判的品质尤其重要。你要事先与你的谈判对手商定明确的议程，并确保遵守该议程；从一开始就计划好休息时间；在一个回合结束之前，确定好要共同处理哪种形式的谈判结果；考虑让主持人主持议程。

明确的角色在这种情况下也具有特别重要的意义。你要任命一名发言人来领导谈判。他的工作是领导己方与另一方的对话并把控流程。他适时邀请己方的专家发言，并在必要时收回其发言权。

使用功能强大的网络会议应用程序，包括白板、文本聊天、分组讨论、数字手势和文档共享的功能。最好避免使用专有的公司解决方案。在大型团队谈判中，会有许多外部参与者。所以，选择不依赖于特定公司平台的解决方案很重要。对我来说，这是平等和信任的要求。

确保你的团队在谈判时可以使用文本聊天渠道。而这一渠道一定不能被另一方看到。面对面谈判时，你们可以互相交流眼神、交换笔记或在耳边细语。为此，你需要相应的数字化替代方案。

自疫情危机以来，网络会议一直是大家关注的焦点。你需要注意此媒介的特点，克服社交距离和技术障碍，特别要注意在谈判中保持良好谈判的品质。

网络谈判清单

网络谈判是一门独立的学科。其信息丰富度比通过电话和电子邮件进行的谈判更高。但其信息密度比不上面对面谈判的信息密度。

对于高难度的谈判，弥合这一差距很重要。信息的缺乏和感知社交距离的不足会对结果产生负面影响。

深入探究多个技术细节，要特别关注图像、声音、灯光和软件。

针对该媒介建立特殊规则，确保其动力；解决社交距离的问题；规划闲聊时间，安排充足的缓冲时间；与你的谈判对手讨论如何应对该形式的挑战。

通过网络进行的大型团队谈判还面临其他挑战。你要指派技术专家和主持人（如有必要）的角色；以书面形式准备并跟进谈判；针对不同的情况设置多个不同的虚拟房间。

流畅谈判小建议：你在数字谈判时也可以进入心流。但是，这种形式的谈判需要更多的组织性、耐心和准备。特别是在开始和谈判冲刺前，我建议你交流一下个人私事，有意识地在对话中融入个人元素，以抵消媒介的社交距离。

第四章

成为一名谈判专家

从书本上是学不会驾驶飞机的，谈判也是如此。在训练过程中，飞行员会深入研究飞行的基础理论。在整个职业生涯中，他们都会复习这些基础理论，一遍又一遍地做练习，并为每次飞行做好充分的准备。此外，他们会定期进入飞行模拟器，练习例行程序和应对极端情况，这些情况如果是在真实的飞行中进行模拟就太冒险了。此外，他们在整个职业生涯中都会积累经验，并从一开始就学习如何坦诚地给彼此反馈。

如果你想成为专业的谈判代表，我建议你做类似的事情。研究表明，经验可以提高你的谈判绩效。如果你把自己的经验运用到现有的系统性结构中，则可以提升收益。在本书中，我为你提供了许多结构。你需要确定哪种结构适合具体情况和你的个人风格。使用哪种结构并不重要，重要的是利用一种结构。利用结构是开始经验积累的第一个推动力。例如，将行为归类到五个冲突模式。问自己一个问题：你在哪个地方要用到帕累托最优？检查内容、流程、关系三个层面中哪个层面花费的时间太少。或者问自己：你是否成功实现了谈判流程的设计原则和要素？

促进经验积累的第二个推动力是定期取得有关你在谈判中的行为的反馈。我们常常会看不见自己最大的错误。

改善谈判表现的第三个推动力是谈判模拟。你可以在无风险的环境中积累经验。

通过这三个推动力——系统、反馈、模拟——可以加速你的专业化提升，你可以更轻松地应对复杂的谈判。这为更快速、更频繁地进入谈判心流奠定了基础。

专注：从你想要改变的每一件事开始

你在谈判中并不是从零开始。我们生来就掌握一种直觉式的谈判方式。此外，你已经积累了自己的经验，并且在不知不觉中形成了自己的谈判结构。在本书中，我为你提供了更多与结构相关的建议，包括策略、模型、工具或清单。第一次阅读它们时，你会消化掉一些想法，而另一些则需要你多次查看。有些建议可能与你的情况或信念不符，这完全没关系。在我的研讨会中，参与者证明了以下方法可以帮助自己扩展谈判方式，你可以按照兴趣原则进行。你可以写下本书中的五到十个你觉得不错的想法，完成这一件事后，你可以回到列表上选择一件你想在谈判中改变的事，这时不要同时做多个选择。你只需要关注其中一件，深入地进行探究，直到起作用。最后，在笔记中简短地写下你的发现。顺便说一下，这本书就是这样诞生的。如果该方法不适合你和你的想法，你要始终考虑如何在组织中提倡新想法。

如果在组织中只有你一个人有了新的发现，并不会有多大的帮助。想象一下，你自己意识到零和博弈是一个思维误区，你需要通过做大蛋糕的策略来协商出最佳解决方案。而你的老板还没有认识到这一点，那么，你必须先说服你的老板加入你的队列。

有关如何在组织中强化专业的谈判管理的三个技巧：

取得组织的理解。从长远来看，采用专业的谈判方法的好处是可以增加组织的收益。你需要展示有哪些具体的收益。这可以是更低的单位成本、更快的流程、更满意的客户或更少的罢工。你需要利用你的组织的利益和价值观进行论证。

为组织中的其他人提供关于你的“最佳实践”的证明。在团队会议中介绍你的谈判方法。为你的同事提供适合组织的、促进专业化谈判的清单和表格。在内部进行以谈判为主题的集体磋商，并使用专业的谈判词汇和工具。

寻找盟友。谈判不仅仅是坚持自己立场的争夺，这种认识传播得缓慢但是稳定。专业谈判策略的优势得到了越来越多的科学证明。越来越流行的敏捷方法和专业谈判也互相契合。你需要利用这种有利趋势，要求谈判团队与谈判对手一起审核谈判流程并接受专业培训。

清单：作用比你想象的更多

在团队合作和纪律至关重要的领域中，清单是一种很有效的工具。飞行员始终都会使用清单，并由此大大提高了飞行安全性。一方面，飞行员将其清单用于标准操作（例如起飞或着陆），另一方面用于诸如发动机故障或机舱冒烟等事件。在两人座舱中进行商业飞行时，不负责控制飞机的飞行员通常会朗读清单。控制飞机的飞行员则根据所读的要点进行工作。这样，飞行员可以确保所有设置都是正确的，并且不会遗漏任何要点。在外科手术中，清单也发挥着重要作用，清单可以防止不知情的现象以及在压力下忘记实际已知的主题。

我的建议：团队合作和纪律对于取得高难度的谈判成功至关重要。你要为自己制定关于重要流程步骤的清单。你可以将清单用于个人的和团队的准备工作。个人清单非常有用，例如，在准备谈判对话时。你在团队中使用的清单需要适合组织的要求，最好在团队研讨会中制定。谈判流程的五个设计元素非常适合使用相应的清单。你要为后勤计划、战略框架的定义、谈判草案的开发、最终的盘点或谈判冲刺准备清单。

注意一些简单的清单设计原则。首先，清单有一个明确的起因，例如谈判的后勤准备。总的来说，清单包含五到九个需要处理和检查的单个要点。你需要以问题的形式提出要点，并确保使用简洁明了的语言，避免任何内容上或视觉上的干扰，如颜色或符号。一份清单往往是一页 A4 纸，最多两页。在每个谈判项目的结尾，都有一个经验教训环节。该环节的目的是检查现有清单，并在必要时进行调整或扩展。重要提示：清单是针对专业人员的，可以假设他们已经具备基础知识，而不必从最基本的信息开始。此外，一定不能拘泥于清单而将流程限死。在个人评估情况时，总存在一定的灵活空间。

清单在谈判中是一种有效的工具。正确使用它有助于形成一种纪律和团队合作的文化。它可以改善沟通并防止出错。它可以使流程变得可委托和可控制。同时，不要忘记把清单看作是专业人士的助手。如果它没有帮助，那么就不应使用它。

练习：定期进行模拟谈判

提高谈判技巧的最有效的方法是参加模拟谈判。每个高品质的谈判培训课程都包含模拟谈判。与其他任何教学形式相比，它的优势是不可比拟的。

在真正的谈判中衡量你的实际表现是不可能的。如果你实现了目标，那么你的目标可能还不够宏大；如果你没有实现目标，那么设定的目标可能过于雄心勃勃了。每一次谈判都是唯一的，所以无法进行比较。但模拟就不一样了。模拟谈判的一个优势是，研讨会的参与者可以同时就同一事实进行谈判。例如，两人一组，在十对参与者中同时进行，随后统一进行汇报。与现实情况不同，我们有十个可比较的结果。由于参与者的不同结果，你会得到丰富的灵感。通过这种方式，可以首次衡量和比较谈判绩效。但是，要避免过于简单的分析。我们必须从内容、流程和关系三个方面来评估。

另一个优势是在低风险的情况下进行谈判。真正的谈判不允许犯错，这涉及真实的人和真实的钱。而模拟谈判的不同之处在于：你可以在受保护的空间中尝试新的策略。合作型谈判者可以测试一下他们的竞争能力。竞争型的谈判者可以尝试合作，看看会发生什么。你可以利用这个机会来扩展你的谈判方式。

模拟谈判具备所有的形式。你可以模拟简单的价格谈判，测试锚定策略。你可以模拟复杂的多主题谈判，训练做大蛋糕、实现帕累托最优的技能。你可以模拟两方、三方或多方谈判，体验联盟和 BATNA 的不断变化。有些谈判只有一轮，有些谈判要进行多轮，由此你可以模拟谈判对手之间长期关系的特殊性。最具有挑战性的是拥有 20—70 名参与者的复杂的全天模拟。其特点是高度的现实性和互相交织的谈判链。在这里，你会体验到，由于多重负担而陷入认知旋涡，面临网络效应或面临决策的级联效应意味着什么。根据你个人的成熟程度，选择适当的模拟形式。

当然，模拟是在实验条件下进行的，它不能完全反映现实。但是，模拟需要你提供真实的行为，并且你会犯真实的错误，这些错误会激发你非常有效地学习。良好的模拟谈判是接近现实的。模拟完成之后，由经验丰富的谈判者进行透明的汇报，他会将你的表现归类到有效的结构和框架中，并将其与其他参与者进行比较。你会收到专家和同行的反馈，因此，你要定期利用这个机会，像一名优秀的飞行员一样。专业的谈判代表会在整个职业生涯中致力于其技能的提升。

习惯：随时记录谈判中的细节

从你的谈判经历中系统地学习。学会谈判的最后一步是，你要养成记录你所获得的认识的习惯。为了实现高效率，以下四个原则很关键：保持此步骤的简单性，并专注于最主要的认识；始终以书面形式执行此步骤；将你的认识整理到上级结构中；调整你的清单。你可以单独执行此步骤，也可以在团队中执行。

经验表明：如果我们对这一步骤的解释过于烦琐，那就不会实现了。两个简单的问题特别有用。首先，什么运作得良好？为了方便记忆，可以用 WWW 的缩写表示“What Worked Well”。你可以记下你希望在未来谈判中保留的一两个要点。其次，你下次会做出什么改变？这里可以用 WWYDD 的缩写表示“What Would You Do Differently”。记下你下次会做出改变的一两件事。

你可以把七个谈判原则用作上级结构。你是否为自己和你的谈判对手在谈判中实现了最优化？你的知情程度如何？你成功领导了吗？你是否有效地合作并创造了价值？你是否很好地解决了谈判困境？你保持了理性吗？有足够的理性空间吗？

最后，你要问自己，哪些清单需要调整，以确保将新的发现应用到之后的谈判中。

反馈：征求谈判对手和团队的意见

我们看不到自己的盲点。盲点指的是我们自己没有注意到，但同伴注意到了的行为。发现这些盲点的唯一方法是从他人那里获得反馈。反馈是一种帮助我们成长和改进的好方法。但是，对我们很难的一点是收到反馈。被接受和被尊重对我们很重要，特别是被我们的谈判对手和团队同事接受和尊重，这就是反馈令人痛苦的原因。如果你确实想提升自己的谈判表现，那么这点痛苦是值得的。

向他人提供反馈并不是至关重要的，关键是要为在谈判期间和之后获得高质量的反馈做好准备。以下三个技巧会帮助到你。

让你的谈判对手和同事尽早知道，你希望他们针对你的行为给出坦率而诚实的反馈。这样可以减少他们给出实际反馈的障碍。反馈提供者始终可以选择这样的开始方式："您要求我提供坦诚的反馈。"你可以提议 48 小时规则，即关键事件发生后不必在五分钟内给出反馈，但最迟在 48 小时内需给出反馈。否则，会失去特定的参考，并且积累不必要的挫败感。

如果你在提出此请求后仍未收到任何反馈，你就用更直接的方式，在适当的时候，问对方："我在哪方面做出改变可以对你有所帮助？"

在每个谈判流程的最后阶段，你要安排最后一个流程步骤，即相互给出有关谈判流程方式的反馈。与谈判对手以及你的谈判团队分别计划该步骤。这样增加了执行此重要步骤的机会。如果你在谈判后直接与你的谈判对手取得联系并征求反馈，那么你很有可能会成功获得反馈。对此，还没有一个谈判对手拒绝过我的请求，相反，他们中的大多数人都非常乐意执行这一步骤。你可以试着根据谈判对手的反馈做训练。

由此，你获得了五种策略，以逐步改善自己的谈判表现并成为一名真正的谈判专家。你可以一个接一个地使用本书提出的建议。清单和谈判日记会让你更轻松地将这些习惯融入日常生活中。定期的培训和反馈会开阔你的视野并促进你的个人成长。这样你就可以更快、更频繁地进入谈判心流，并为你和你的谈判对手取得更好的谈判结果。希望你同时能收获乐趣！

致　谢

我要感谢每一个在本书项目中给予我支持和启发的人。

首先，我要感谢我的妻子多米妮卡。她激励我写下了这本书，并且持续给予我写作指导。作为一名空客 A380 飞行员，她在本书中关于飞行员的题外话部分贡献了一些想法，最后还对其进行了编审。我在德国国家图书馆进行研究和写作的日日夜夜里（疫情前），她一直是我背后强大的后援力量。我还要感谢我的孩子朱莉和雅各布的耐心和理解，他们为成为父母的好帮手所做出的种种努力，都让我很感动。

非常感谢 Giso Weyand 团队提出的最初想法，以及迈克尔·舒克林帮助我加深对本书概念的研究。我还要感谢瓦莱里安·克莱恩参与了本书内容和精确研究的深入讨论。

我要特别感谢来自坎普斯出版社的编辑斯蒂芬妮·沃尔特，她以其极大的耐心和能力陪伴我完成了这个项目。

我在本书中融入了自己谈判方面的经验和学术知识。因此，我要感谢我的上级、同事、客户、谈判老师和谈判对手，我从他们身上学习到了很多，也获得了他们多方面的支持。

我的许多老板和上级都是出色的谈判者，他们中有些人采用的谈判方法完全不同。我从中受益匪浅，对此我深表感谢。也因为他们的谈判技巧，他们取得了非凡的职业成就。汉斯－赫尔穆特·埃伯斯巴赫、约亨·沃利斯奇、彼得·格伯、罗兰·布希、斯蒂芬·劳尔、卡尔·乌尔里希·加纳德特、迈克尔·尼格曼、贝蒂娜·沃尔肯斯和马丁·塞勒，非常感谢你们所做的一切。感谢贝蒂娜和彼得对本书概念提出的宝贵意见，以及为我提供的写作支持。

与出色的冲突调解员的相处也让我感触良多，深受启发，他们有：克劳斯·冯·多南尼、马蒂亚斯·普拉茨克、约尔格·里斯和霍尔格·达尔。从谈判对手那里，我也学到很多东西，无论是来自中国、俄罗斯或美国的国际谈判对手，当然还有工会方的优秀谈判代表。

在学术领域，我要感谢马特·马特福德、罗马·特洛舍尔、布莱恩·曼德尔、阿维德·贝尔、威廉·尤瑞和希拉·海恩所提供的专业知识。同样，我还要感谢法兰克福大学的许利亚·修斯萨河比和布塞留斯法学院的马蒂亚斯·雅各布斯在谈判管理方面提供的大力支持。另外，我要特别感谢我的学生，他们一直在激励我完成各种挑战。

最后，我要感谢我的父母，感谢你们一生的支持、陪伴与厚爱。作为三个兄弟中最小的一个，我从小就拥有一个理想的训练营，可以学习到先进的谈判策略。谢谢！